Análise estrutural da narrativa

Dados Internacionais de Catalogação na Publicação (CIP)
(Câmara Brasileira do Livro, SP, Brasil)

Análise estrutural da narrativa / Roland Barthes [et al.] ... / tradução de Maria Zélia Barbosa Pinto ; introdução à edição brasileira por Milton José Pinto. 8. ed. – Petrópolis, RJ : Vozes, 2013.

Título original: L'Analyse structurale du récit.
Vários autores.
Bibliografia.
ISBN 978-85-326-3669-0
1. Análise do discurso narrativo 2. Barthes, Roland, 1915-1980 3. Estruturalismo (Análise literária) I. Pinto, Milton José.

08-02485   CDD-809.3923

Índices para catálogo sistemático:
1. Narrativa : Análise estrutural : História e crítica   809.3923

Análise estrutural da narrativa

ROLAND BARTHES
A.J. GREIMAS
CLAUDE BREMOND
UMBERTO ECO
JULES GRITTI
VIOLETTE MORIN
CHRISTIAN METZ
TZVETAN TODOROV
GÉRARD GENETTE

Tradução de Maria Zélia Barbosa Pinto

Introdução à edição brasileira por
Milton José Pinto

EDITORA VOZES

Petrópolis

© 1981, Editions Du Seuil

Título do original francês: *L'analyse structurale du récit*

Direitos de publicação em língua portuguesa:

1971, Editora Vozes Ltda.
Rua Frei Luís, 100
25689-900 – Petrópolis, RJ
Internet: http://www.vozes.com.br
Brasil

Todos os direitos reservados. Nenhuma parte desta obra poderá ser reproduzida ou transmitida por qualquer forma e/ou quaisquer meios (eletrônico ou mecânico, incluindo fotocópia e gravação) ou arquivada em qualquer sistema ou banco de dados sem permissão escrita da Editora.

Diretor editorial
Frei Antônio Moser

Editores
Aline dos Santos Carneiro
José Maria da Silva
Lídio Peretti
Marilac Loraine Oleniki

Secretário executivo
João Batista Kreuch

Editoração: Dora Beatriz V. Noronha
Projeto gráfico: AG.SR Desenv. Gráfico
Capa: Juliana Teresa Hannickel

ISBN 978-85-326-3669-0 (edição brasileira)
ISBN 2-02-005837-5 (edição francesa)

Editado conforme o novo acordo ortográfico.

Este livro foi composto e impresso pela Editora Vozes Ltda.

Sumário

Introdução – A mensagem narrativa (Milton José Pinto), 7

Introdução à análise estrutural da narrativa (Roland Barthes), 19

Elementos para uma teoria da interpretação da narrativa mítica (A.J. Greimas), 63

A lógica dos possíveis narrativos (Claude Bremond), 114

James Bond: uma combinatória narrativa (Umberto Eco), 142

Uma narrativa de imprensa: os últimos dias de um "Grande Homem" (Jules Gritti), 170

A historieta cômica (Violette Morin), 182

A grande sintagmática do filme narrativo (Christian Metz), 210

As categorias da narrativa literária (Tzvetan Todorov), 218

Fronteiras da narrativa (Gérard Genette), 265

Escolha bibliográfica (Dossiê), 285

Introdução
A mensagem narrativa

Milton José Pinto
Escola de Comunicação da UFRJ

> *Dedico a Sebastião Uchoa Leite e Therezinha Castro.*

1. Cinco anos se passaram entre a publicação francesa dos ensaios reunidos neste livro e a sua tradução brasileira. Naquela época começava a esboçar-se apenas o que hoje me parece já ser uma aquisição (embora longo caminho ainda falte ser percorrido): uma teoria dos discursos, região essencial de uma semiologia tal como a anunciou Saussurre[1]. Proponho-me neste capítulo introdutório à edição brasileira da *Análise estrutural da narrativa* a mostrar o lugar e a vez da *mensagem narrativa* (que também se poderia denominar *efeito narrativo*) numa tal teoria. Para tanto, torna-se necessário postular alguns princípios de epistemologia estruturalista.

1.1. Seria ridículo tentar definir com precisão, dentro das dimensões deste ensaio, o que se entende, no contexto filosófico-científico de hoje em dia, como estruturalismo. Vou apenas introduzir algumas noções muito sumárias que facilitarão a compreensão do que se segue. A noção de estrutura em ciências humanas não difere muito do que em matemática se denomina um conjunto: um todo constituído por partes articuladas. As partes são chamadas elementos, as articulações definidas por uma expressão in-

---
1. Ver SAUSSURE, F. *Cours de Linguistique Générale*. Paris: Payot, 1969, p. 32-35.

dicadora de relações, por meio da qual é possível obter qualquer elemento do conjunto. Esta expressão recebe o nome de modelo. Assim, por exemplo, o conjunto dos números pares apresenta o seguinte modelo: Np = 2n, sendo n ≥ 1; o dos números ímpares, Ni = 1 + 2n, sendo n ≥ 0. Em ambos os casos n é um número inteiro. O estruturalismo procura fazer o mesmo com as ciências humanas: considera um determinado "objeto" (um enunciado linguístico, um mito, as relações de parentesco numa comunidade, etc.) como um conjunto formado de elementos e procura definir as relações entre esses elementos num modelo. Agindo deste modo, tal como a Física, por exemplo, ao analisar determinado fenômeno de seu campo, é obrigado a introduzir a noção de pertinência, isto é, a considerar como relevantes apenas determinados elementos, que são incorporados, deixando de lado outros como irrelevantes. O que não impede que, numa etapa posterior, a estrutura encontrada seja ela mesma considerada como um elemento e relacionada com outros elementos abandonados na primeira análise, produzindo uma estrutura mais complexa, dotada de maior poder de explicação, mas de menor generalidade. Pela própria natureza dos "objetos" dos quais se ocupam, as ciências humanas, ao lado dos modelos acima definidos, são ainda obrigadas a trabalhar com modelos qualitativos, em relações expressas concretamente: alto/baixo, cultura/natureza, cru/cozido, mas que cada vez mais tendem a ser consideradas como categorias apenas discriminatórias, isto é, formais[2]. Outra noção importante do estruturalismo é a de combinatória. Assim como a partir de um todo dado, por operações de segmentação ou partição e comutação ou substituição, se podem determinar seus elementos (e seu modelo), a partir desses elementos e do modelo pode-se reconstruir teoricamente o todo: esta segunda opera-

---

2. L'opposition entre nature et culture, sur laquelle nous avons jadis insisté, nous semble aujourd'hui offrir une valeur surtout méthodologique" (LÉVI-STRAUSS, C. La pensée sauvage. Paris: Plon, 1962, p. 327). Cf. ainda GREIMAS, A.J. Du sens – Essais sémiotique. Paris: Du Seuil, 1970, p. 32.

Introdução

ção é a combinatória. Uma combinatória generalizada de um número qualquer de elementos segundo determinado modelo fornece sempre uma quantidade muito maior de casos teóricos em relação às ocorrências empiricamente atestadas. Isto significa que um fator externo à estrutura (a "história") introduz restrições seletivas de escolha entre as combinações teoricamente possíveis: o emissor de determinada mensagem, por exemplo, além de selecionar uma entre as várias mensagens que poderiam ser transmitidas na situação dada, realiza ainda uma segunda seleção entre as combinações teoricamente possíveis dos elementos que formam a mensagem[3].

1.2. Deve-se chamar teoria (e somente nesta acepção a palavra me parece empregada adequadamente) a uma linguagem conceitual que especifica abstratamente a forma que devem ter os modelos (lógicos, matemáticos, linguísticos ou outros) usados como instrumentos metodológicos de transformação de uma linguagem factual ("objeto") numa outra linguagem ("interpretação"), que se convencionou denominar *conhecimento*[4]. Distingue-se assim teoria e metodologia, e estabelece-se a dupla pressuposição que as une: não tem sentido falar-se de uma teoria que não desemboque numa *praxis* concreta de análise, nem de uma coleção de procedimentos heurísticos que não sejam orientados por uma pertinência conceitual logicamente primeira. Deixam-se, portanto, de lado certas concepções epistemológicas muito comuns na etapa inicial de desenvolvimento do estruturalismo linguístico, em que, com frequência, teoria e método eram confundidos, ou se reduzia a primeira ao segundo. Com efeito, como mostra Noam Chomsky, os chamados métodos de descoberta criados pelo estruturalismo nascente (operações

---

3. É o princípio essencial contido em *Le Langage*, de Louis Hjelmslev, e retornado entre outros por GREIMAS, A.J. Op. cit., p. 103-115 e 135-156. VERÓN, E. *Ideologia, estrutura e comunicação*. São Paulo: Cultrix, 1970, p. 178 [Trad. de Amélia Cohn].
4. Cf. PINTO, M.J. "Por uma teoria da interpretação semântica dos discursos". In: *Estruturalismo e teoria da linguagem*. Petrópolis: Vozes.

de segmentação e comutação, sem o preestabelecimento de uma pertinência conceitual) são na realidade processos de verificação que pressupõem um conhecimento intuitivo daquilo que se vai encontrar[5]. O mesmo poder-se-ia dizer da grande maioria dos métodos de análise literária empregados na atualidade, quaisquer que sejam as correntes de que se reclamam (estilística, crítica temática, psicanálise, sociologia, etc.), que consistem na determinação de estruturas significantes imanentes à obra considerada, a partir de significações a ela postuladas, sejam intuitivamente estabelecidas, sejam colhidas no contexto histórico ou individual em que surgiram. Numa verdadeira teoria com vocação científica, a interpretação é a etapa final e não um pressuposto do processo cognitivo.

1.3. Discurso é um exemplo empiricamente atestado de linguagem (um filme, um conto, um romance, um poema, uma pintura, um fragmento de conversa cotidiana, etc. são discursos). Linguagem tem portanto aqui sentido lato: designa, como já sugeria Louis Hjelmslev[6], qualquer sistema semiótico. A característica fundamental dos discursos é a sua heterogeneidade do ponto de vista semiológico: todo discurso admite uma pluralidade de interpretações homogêneas, podendo-se pois afirmar que são constituídos pela imbricação de diversas mensagens. Um enunciado contendo uma única frase, "objeto" de eleição da linguística, admite já esta heterogeneidade, e mesmo fazendo abstração dos sistemas modeladores secundários que poderão deformá-lo no instante da comunicação (como a entoação), pode ser interpretado por três modelos semânticos (pelo menos): o fonológico, o denotativo (que A.J. Greimas prefere denominar semiológico) e o sintático (se-

---

5. Cf. CHOMSKY, N.A. *Syntactic Structures*. Haia: Mouton, 1957, p. 95s. • RUWET, N. *Introduction à la grammaire générative*. Paris: Plon, 1967, p. 75-77.
6. HJELMSLEV, L. *Prolégomènes a une théorie du langage*. Paris: De Minuit, 1958, cap. 22 [Trad. revista por Anne Marie Leonard].

mântico na nomenclatura de Greimas)[7]. O modelo sintático, constituído por um conjunto de operações lógicas que pressupõem implicitamente um sistema de codificação da "realidade", já é bem um nível de significação de segundo grau, do tipo que Hjelmslev denominou propriamente conotação, abandonando certas concepções muito difundidas mas ingênuas de que conotação era o emprego "afetivo" de um vocábulo[8]. Caso se aceite a denominação de *mitologias* para os sistemas conotativos e de *cosmologias*, para os denotativos (observe-se ainda que os sistemas fonológicos são também denotativos, pois remetem para uma organização de determinadas percepções), vê-se que um enunciado linguístico é constituído semanticamente pela imbricação de duas mensagens de tipo cosmológico e uma de tipo mitológico (pertencente a este grande universo mítico que se chama "metafísica ocidental"). A coisa se complica ainda mais quando a um enunciado se seguem outros enunciados, constituindo um discurso: organizações transfrásicas instituem outros níveis de significação de segundo grau, cada um deles pressupondo novos sistemas conotativos ou mitologias implícitas.

1.4. Podem-se criar modelos para interpretação das cosmologias e mitologias imbricadas em um discurso. Como estamos todos irremediavelmente presos ao universo da linguagem ("objeto", método, teoria e interpretação são linguagens), o discurso-interpretação será ele próprio formado pela imbricação de cosmologias e mitologias. Ciência e ideologia são duas formas de enunciar o discurso-interpretação. Enquanto a primeira "se define por uma luta constante e ininterrupta contra a conotação" pela "introdução de elementos que denotam as próprias operações realizadas pelo emissor"[9], neutralizando assim o efeito das mitologias (embo-

---

7. Cf. GREIMAS, A.J. *Sémantique structurale*. Paris: Larousse, 1966, p. 45-68. • GARRONI, E. *Semiotica ed estetica*. Bari: Laterza, 1968, p. 72-73.
8. Cf. HJELMSLEV, L. Op. cit., cap. 22.
9. Cf. VERÓN, E. Op. cit., p. 182s.

ra não as eliminando de seu discurso, o que seria impossível: o pensamento humano é essencialmente animista), a segunda se caracteriza por não explicitar os sistemas semânticos míticos que regem as operações que realiza. Pode-se dizer que a ciência persegue o ideal de uma denotação absoluta, tal como o Conceptualismo medieval, realizando uma tarefa de Sísifo: denotar suas conotações[10], enquanto que a ideologia se compraz em aceitar sua própria linguagem como um absoluto, preguiçosamente aceitando um Nominalismo de fato, iludindo-se sobre si mesma[11]. Uma nova precisão se faz necessária, que dê maior refinamento a esta distinção. Com efeito, uma análise mais apurada mostraria que a ciência não só explicita suas mitologias, como considera operatoriamente as categorias que as constituem de um modo apenas discriminatório, indicativo de operações formais[12]. Pode-se assim prever ao lado da ciência, que trabalha com categorias explicitadas e discriminatórias, e da ideologia, que utiliza categorias implícitas e qualitativas (isto é, "pesada" de significação), uma terceira forma intermediária de encarar o discurso-interpretação, a filosofia, que trabalha com categorias explicitadas, porém qualitativas. Ciência, filosofia e ideologia não são mutuamente exclusivas; pelo contrário, os discursos-interpretação trabalham simultaneamente com as três formas de enfoque (sobretudo nas chamadas "ciências humanas ou sociais"), com dominância ora de uma, ora de outra compondo formas híbridas que Piaget propôs denominar sabedorias[13]. Parece-me que o estruturalismo, com muitas hesitações, recuos e poucos e lentos progressos, vem conseguindo transformar os discursos-interpretação destas (pseudo)ciências em sabedorias com dominância da enunciação científica.

---

10. Cf. Ibid., p. 182s.
11. A comparação me foi sugerida pelo Prof. Luís Costa Lima, a quem dou o crédito.
12. Ver nota 2.
13. Cf. PIAGET, J. *Sagesse et ilusions de la philosophie*. Paris: PUF, 1968, cc. II e III.

Introdução

1.5. É preciso advertir no entanto contra dois perigos que rondam constantemente as interpretações estruturalistas. Chamar-se-á ao primeiro *pulverização*. Consiste numa fragmentação excessiva do todo, na ilusão de alcançar maior "profundidade" ou de "esgotar" suas possibilidades interpretativas, sem haver estabelecido aprioristicamente os modelos conceituais pertinentes para tal fragmentação, misturando de modo arbitrário cosmologias e mitologias ou delimitando-as de maneira imprecisa. O segundo perigo será denominado *normatividade* e consiste na descrição superficial (no mau sentido da palavra) das estruturas aparentes, sem possibilidade de generalização conceitual, mesmo quando emprega técnicas refinadas como a estatística. Ambos têm sua origem na confusão de teoria e metodologia de que já se falou, e estão largamente difundidos, constituindo no meu entender o principal defeito a apontar nos artigos que se seguem (com exceção talvez do artigo de Greimas), apesar do brilhantismo inegável de alguns (especialmente os de Barthes e Bremond). Constitui um tipo de enunciação ideológica considerar uma análise pulverizada ou normativa como objeto de ciência, ignorar os limites de sua validade, sua precariedade teórica. Mas cabe perguntar se não constituem etapa inevitável no desenvolvimento de uma ciência, em parte recuperável, desde que se superem determinados obstáculos que entravam seu avanço. A separação e a interpretação das diversas mensagens que imbricadas constituem os discursos devem, com o desenvolvimento da instância conceitual ou teoria, deixar de ser uma operação em risco de pulverização ou normatividade e transformar-se numa verdadeira experimentação, dirigida por modelos que lhe são logicamente anteriores e que visam, simultaneamente, a aperfeiçoar a compreensão das mensagens implicadas e a dos modelos empregados. Mas até que se alcance uma tal etapa, cabe ao experimentador a humildade de reconhecer e indicar suas próprias limitações.

2. O lugar e a vez da narrativa

2.1. A narrativa parece ser apenas um sistema conotativo transfrásico, uma mitologia, entre as diversas que se podem misturar para formar um discurso. Não é, portanto, um tipo de discurso, como afirma a retórica, e como parecem acreditar a maioria, se não todos, dos autores que colaboraram neste livro (pelo menos em 1966). Com seu estudo, não se esgotam as possibilidades interpretativas potenciais de um discurso, bem longe disso, e haverá mesmo alguns, sobretudo quando nos aproximamos da literatura contemporânea, em que sua eficácia interpretativa será muito reduzida. Entretanto, entre todas as mitologias e cosmologias que podem constituir um discurso, a narrativa é um caso privilegiado: mesmo que os modelos já propostos careçam ainda de aperfeiçoamento, constituem um corpo de teoria e metodologia em nada negligenciável, e creio que ela pode desempenhar, em relação à teoria da interpretação semântica dos discursos, papel semelhante ao que a linguística vem desempenhando no cômputo das ciências humanas, isto é, o de uma região teórica piloto na qual outras regiões possíveis em desenvolvimento vêm colher modelos heurísticos. É neste sentido que se orientam as proposições que se seguem. O tom dogmático por vezes presente neste ensaio deve ser encarado apenas como um exercício de ênfase retórica e não em absoluto. Quase todas as asserções que aqui se fazem são antes problemas colocados do que respostas dadas.

2.2. Uma teoria interpretativa da narrativa deve conter, como estabeleceu Lévi-Strauss para os mitos indígenas[14], dois componentes: a armadura, elemento invariante, espécie de gramática comum a todas as narrativas-exemplo; e o código, estrutura formal, constituída por um "feixe de categorias sêmicas redundantes" organizadas num sistema taxinômico que dá conta "dos princípios

---

14. Cf. LÉVI-STRAUSS, C. *Le cru et le cuit*. Paris: Plon, 1964, p. 205.

Introdução

organizadores do universo mitológico do qual é a manifestação realizada nas condições históricas dadas[15], isto é, um componente relativo ao contexto. Deve ficar claro que contexto aqui refere-se exclusivamente a uma situação linguística: o código é, em última análise, um dicionário em que determinados lexemas narrativos estão definidos por um semema (conjunto de semas). Estes dois componentes podem ser considerados como universais metodológicos[16]. A instância gramatical da teoria comporta dois níveis de profundidade: um conceitual, de caráter genérico, em que determinados lexemas-valores são afirmados ou negados em operações sucessivas que formam um algoritmo dialético, a partir do modelo teórico básico que parece presidir qualquer manifestação significativa[17], que se pode exprimir por uma correlação de contraditórios:

$$\frac{S_1}{\overline{S_1}} = \frac{S_2}{\overline{S_2}}$$

Outro superficial (no bom sentido), em que estas operações se transformam em ações realizadas por personagens antropomorfos, que são classificados em seis categorias por um modelo actancial[18]. As ações elas próprias agrupam-se em sintagmas narrativos, constitutivos de um modelo transformacional que articula as situações inicial e final da narrativa segundo as categorias *antes/depois*[19].

---

15. Ver, nesta obra: GREIMAS, A.J. "Elementos para uma Teoria de Interpretação da Narrativa Mítica".
16. Cf. PINTO, M.J. Op. cit. Ele mostra como estas categorias correspondem às que Hjelmslev denominou esquema e norma e às que Chomsky denomina gramática e dicionário. Parece-me ainda que podemos aproximá-la de efeito de presença e efeito de significação. BADIOU, A. "A autonomia do processo estético". In: *Estruturalismo – Antologia de Textos Teóricos*. Lisboa: Portugália, 1968, p. 321s.
17. Ver GREIMAS, A.J. *Du sens...* Op. cit., p. 135-155 e 160-162.
18. Ver, nesta obra, GREIMAS, A.J. Op. cit.
19. Ibid.

Como observa aqui mesmo Roland Barthes, estes modelos valem mais pelas possibilidades combinatórias infinitas que possibilitam, do que por sua forma canônica matricial: eles instauram a narrativa como um jogo regrado, e o narrador como o jogador que escolhe o próximo lance dentro das liberdades e restrições que lhe impõem as regras. O fato de que não dão bem conta da perspectiva do sujeito das ações, ressaltado ainda aqui por Barthes e Bremond, não me parece relevante: na maioria das narrativas existe uma perspectiva privilegiada dada na própria estrutura e cuja interpretação faz parte da descrição semântica. Nos casos em que esta perspectiva não existe, os modelos podem ser aplicados quantas vezes forem necessárias para dar conta do jogo de defrontações de valores que se instituem (e a ausência da perspectiva privilegiada do "herói" deve também neste caso receber a interpretação devida).

2.3. Já se chamou atenção para o caráter *animista* do pensamento humano. A narrativa é talvez a manifestação mais típica deste fenômeno: existe mesmo, como observa Greimas, uma tendência geral dos discursos à narrativização[20]. Quer-me parecer que a característica principal dos discursos que nossa cultura denomina literários (englobando aqui as literaturas do consumo de massa, não valorizadas esteticamente por essa mesma cultura) é justamente esta tendência à animização, à narrativização. Creio assim que ao lado da narrativa-fábula, que tem até aqui sido objeto da atenção mais explícita, podem-se ainda considerar duas outras formas (pelo menos) de manifestação da mensagem narrativa que poderiam ser denominadas (talvez com impropriedade, mas só o futuro dará a última palavra), mensagem *figurativa* e mensagem *estética*. As três formas tendem a se misturar, em combinações e intensidades diversas, nos discursos empíricos, mas pode-se dizer que duas delas estarão sempre presentes, e que uma destas é sempre a mensagem estética. Em que consiste este novo sistema conotativo trans-

---

20. GREIMAS, A.J. *Sémantique structurale*. Op. cit., p. 134-136.

Introdução

frásico (mitologia) que se procura delimitar? Diversos autores neste mesmo livro referem-se à clássica distinção entre história (*estória* seria mais apropriada em português) ou fábula e discurso (numa acepção diferente da que empregamos neste ensaio) ou assunto, comum aos formalistas russos e a Benveniste[21]. A mensagem estética corresponderia à segunda das categorias citadas, constituindo-se no sistema conotativo que organiza a enunciação da fábula. Sem jogo de palavras, a mensagem estética seria uma narrativa da narração, em que determinados personagens (narrador, leitor-ouvinte e outros a determinar) definir-se-iam pelas ações que exercem no instante da narração, considerada esta como uma prova oriunda de um contrato previamente estabelecido (tal como no modelo narrativo da fábula), possibilitando assim sua classificação nas categorias sujeito/objeto, destinador/destinatário, adjuvante/oponente do modelo actancial. Na situação presente dos estudos literários parece que as categorias destacadas por Todorov em seus estudos (aspectos; modos; estruturas causais, temporais e espaciais dos discursos) podem servir de ajuda no acesso ao nível mais genérico que se propõe[22].

2.4. Ao contrário da mensagem estética, a mensagem figurativa pertence, como a fábula, ao nível do enunciado. Com efeito, Greimas notou que em determinados discursos (a poesia dita "moderna" é um exemplo quase puro) a comunicação do feixe redundante de categorias sêmicas (isotopia) que esgota as possibilidades significativas de uma dada mensagem, em lugar de se fazer pela instituição de personagens antropomorfos, realizava-se pela animização de determinados lexemas, cujo papel era, nestas manifes-

---

21. Ver, nesta obra, os capítulos de Barthes, Todorov e Genette.
22. Ver, nesta obra, TODOROV, T. "As categorias da narrativa literária". TODOROV, T. "Poétique". In: *Qu'est-ce que le structuralisme?* Paris: Du Seuil, 1968, p. 97-132.

tações, semelhante ao de personagens[23]. Os lexemas encarregados da transmissão da isotopia eram precisamente aqueles que recebem na retórica a designação de figuras: imagens, símbolos, sintagmas e definições metafóricas, etc. Isto permite, mais uma vez, empregar os modelos transformacional e actancial da narrativa, com vistas à interpretação do sistema transfrásico assim instituído, mas aqui as dificuldades no estabelecimento da pertinência conceitual que dirigirá a aplicação dos modelos ainda não estão totalmente superadas. Grande parte do trabalho ainda é feita por tentativas, indutivamente, correndo-se o risco de as análises resultantes apresentarem os habituais defeitos de pulverização e normatividade, isto é, de não constituírem verdadeiros objetos de ciência, mas apenas sabedorias com predominância ideológica.

---

23. Cf. GREIMAS, A.J. *Sémantique structurale*. Op. cit., p. 134-136.

Introdução à análise estrutural da narrativa

Roland Barthes
École Pratique des Hautes Études, Paris.

Inumeráveis são as narrativas do mundo. Há, em primeiro lugar, uma variedade prodigiosa de gêneros, distribuídos entre substâncias diferentes, como se toda matéria fosse boa para que o homem lhe confiasse suas narrativas: a narrativa pode ser sustentada pela linguagem articulada, oral ou escrita, pela imagem, fixa ou móvel, pelo gesto ou pela mistura ordenada de todas estas substâncias; está presente no mito, na lenda, na fábula, no conto, na novela, na epopeia, na história, na tragédia, no drama, na comédia, na pantomima, na pintura (recorde-se a Santa Úrsula de Carpaccio), no vitral, no cinema, nas histórias em quadrinhos, no *fait divers*, na conversação. Além disto, sob estas formas quase infinitas, a narrativa está presente em todos os tempos, em todos os lugares, em todas as sociedades; a narrativa começa com a própria história da humanidade; não há em parte alguma povo algum sem narrativa; todas as classes, todos os grupos humanos têm suas narrativas, e frequentemente estas narrativas são apreciadas em comum por homens de culturas diferentes, e mesmo opostas[1]; a narrativa ridiculariza a boa e a má literatura: internacional, trans-histórica, transcultural; a narrativa está aí, como a vida. Uma tal universalidade da narrativa deve levar a concluir por sua insignificância? É ela tão

---

1. Este não é o caso, é necessário lembrar, nem da poesia, nem do ensaio, tributários do nível cultural dos consumidores.

geral que nada podemos afirmar, senão descrever modestamente algumas de suas variedades, muito particulares, como o faz algumas vezes a história literária? Contudo mesmo estas variedades, como dominá-las, como fundamentar nosso direito a distingui-las, a reconhecê-las? Como opor o romance à novela, o conto ao mito, o drama à tragédia (fez-se isto mil vezes), sem se referir a um modelo comum? Este modelo está implicado em todo discurso (*parole*) sobre a mais particular, a mais histórica das formas narrativas. É, pois, legítimo que, em lugar de se abdicar de qualquer ambição de discorrer sobre a narrativa, sob o pretexto de se tratar de um fato universal, se tenha periodicamente interessado pela forma narrativa (desde Aristóteles); e é normal, desta forma, que o estruturalismo nascente faça uma de suas primeiras preocupações: não se trata para ele sempre de dominar a infinidade das falas (*paroles*), conseguindo descrever a língua (*langue*) da qual elas são originadas e a partir da qual podem ser produzidas? Diante da infinidade de narrativas, da multiplicidade de pontos de vista pelos quais se podem abordá-las (histórico, psicológico, sociológico, etnológico, estético, etc.), o analista encontra-se quase na mesma situação que Saussure, posto diante do heteróclito da linguagem e procurando retirar da anarquia aparente das mensagens um princípio de classificação e um foco de descrição. Permanecendo no período atual, os formalistas russos, Propp, Lévi-Strauss, ensinaram-nos a resolver o dilema seguinte: ou bem a narrativa é uma simples acumulação de acontecimentos, caso em que só se pode falar dela referindo-se à arte, ao talento ou ao gênio do narrador (do autor) – todas formas míticas do acaso[2] –, ou então possui em comum com outras narrativas uma estrutura acessível à análise, mesmo que seja necessária alguma paciência para explicitá-la, pois há um abismo entre a mais complexa aleatória e a mais simples combinatória, e ninguém pode

---

2. Existe, bem entendido, uma "arte" do narrador: é o poder de engendrar narrativas (mensagem) a partir da estrutura (do código); esta arte corresponde à noção de *performance* em Chomsky, e esta noção está bem afastada do "gênio" de um autor, concebido romanticamente como um segredo individual, dificilmente explicável.

combinar (produzir) uma narrativa, sem se referir a um sistema implícito de unidades e de regras. Onde pois procurar a estrutura da narrativa? Nas narrativas, sem dúvida. *Todas* as narrativas? Muitos comentaristas que admitem a ideia de uma estrutura narrativa, não podem entretanto se resignar a retirar a análise literária do modelo das ciências experimentais: eles preconizam intrepidamente que se aplique à narração um método puramente indutivo e que se comece por estudar todas as narrativas de um gênero, de uma época, de uma sociedade, para em seguida passar ao esboço de um modelo geral. Este projeto de bom senso é utópico. A própria linguística, que só tem umas mil línguas a abarcar, não o faz; sabiamente, fez-se dedutiva, e assim, desde aí, ela se constituiu verdadeiramente e progrediu a passos de gigante, chegando mesmo a prever fatos que ainda não tinham sido descobertos[3]. Que dizer então da análise narrativa, colocada diante de milhões de narrativas? Ela está por força condenada a um procedimento dedutivo; está obrigada a conceber inicialmente um modelo hipotético de descrição (que os linguistas americanos chamam uma "teoria"), e a descer em seguida, pouco a pouco, a partir deste modelo, em direção às espécies que, ao mesmo tempo, participam e se afastam dele: e somente no nível destas conformidades e diferenças que reencontrará, munida então de um instrumento único de descrição, a pluralidade das narrativas, sua diversidade histórica, geográfica, cultural[4].

---

3. Ver a história do *a* hitita postulado por Saussure e descoberto de fato cinquenta anos mais tarde em BENVENISTE, I.E. *Problèmes de linguistique générale*. Paris: Gallimard, 1966, p. 35.

4. Lembremos as condições atuais da descrição linguística: "...a estrutura linguística é sempre relativa não somente aos dados do *corpus*, mas também à teoria gramatical que descreve estes dados" (BACH, E. *An Introduction to transformational grammar*. New York: [s.e.], 1964, p. 29). E também de Benveniste. Op. cit., p. 119: "...reconheceu-se que a linguagem deveria ser descrita como uma estrutura formal, mas que esta descrição exigia primeiramente o estabelecimento de procedimentos e de critérios adequados e que em suma a realidade do objeto não era separável do método próprio para defini-lo".

Para descrever e classificar a infinidade das narrativas, é necessário, pois, uma "teoria" (no sentido pragmático do qual se acabou de falar), e é para pesquisá-la e esboçá-la que é preciso inicialmente trabalhar[5]. A elaboração desta teoria pode ser grandemente facilitada se, desde o início, ela for submetida a um modelo que lhe forneça seus primeiros termos e seus primeiros princípios. No estado atual da pesquisa, parece razoável[6] dar como modelo fundador à análise estrutural da narrativa a própria linguística.

I. A língua da narrativa

1. Acima da frase

É sabido, a linguística para na frase: é a última unidade da qual se julga com direito de tratar; se, com efeito, a frase, sendo uma ordem e não uma série, não pode ser reduzida à soma das palavras que a compõem, e constitui por isso mesmo uma unidade original, um enunciado, ao contrário, não é apenas a sucessão das frases que o compõem: do ponto de vista da linguística, o discurso não tem nada que não se reencontre na frase: "A frase, diz Martinet, é o menor segmento que é perfeita e integralmente representativo do discurso"[7]. A linguística não saberia, pois, se dar um objeto superior à frase, porque acima da frase não há mais que outras frases: tendo descrito a flor, o botânico não se pode dedicar a descrever o buquê.

E, entretanto, é evidente que o próprio discurso (como conjunto de frases) é organizado e que por esta organização ele aparece como a mensagem de uma outra língua (*langue*), superior à língua

---

5. O caráter aparentemente "abstrato" das contribuições teóricas que se seguem neste número vem de uma preocupação metodológica: a de formalizar rapidamente as análises concretas: a formalização não é uma generalização como as outras.
6. Mas não imperativo (ver a contribuição de C. Bremond, mais lógica que linguística).
7. "Réflexions sur la phrase". In: *Language and society*. Copenhague, 1961, p. 113.

(*langue*) dos linguistas[8]: o discurso tem suas unidades, suas regras, sua "gramática": além da frase e ainda que composto unicamente de frases, o discurso deve ser naturalmente o objeto de uma segunda linguística. Esta linguística do discurso teve durante muito tempo um nome glorioso: a retórica; mas, como sequência de todo um jogo histórico, a retórica tendo passado para o lado das belas-letras e as belas-letras tendo-se separado do estudo da linguagem, foi necessário retomar recentemente o problema como novo: a nova linguística do discurso não está ainda desenvolvida, mas está ao menos postulada, pelos próprios linguistas[9]. Este fato não é insignificante: embora constituindo um objeto autônomo, é a partir da linguística que o discurso deve ser estudado; se for necessário dar uma hipótese de trabalho a uma análise cuja tarefa é imensa e os materiais infinitos, o mais razoável seria postular uma relação homológica entre a frase e o discurso, na medida em que uma mesma organização formal regula de maneira verossímil todos os sistemas semióticos quaisquer que sejam suas substâncias e dimensões: o discurso seria uma grande "frase" (cujas unidades não precisariam ser necessariamente frases), tudo como a frase, mediante certas especificações, é um pequeno "discurso". Esta hipótese se harmoniza bem com certas proposições da antropologia atual: Jakobson e Lévi-Strauss têm observado que a humanidade podia-se definir pelo poder de criar sistemas secundários, "demultiplicadores" (instrumentos que servem para fabricar outros instrumentos, dupla articulação da linguagem, tabu do incesto permitindo a multiplicação das famílias) e o linguista soviético Ivanov supõe que as linguagens artificiais não poderiam ser adquiridas a não ser

---

8. É evidente, como notou Jakobson, que entre a frase acima dela há transições: a coordenação, por exemplo, pode agir mais longe que a frase.
9. Ver notadamente BENVENISTE. Op. cit., cap. X. • HARRIS, Z.S. "Discourse analysis". *Language*, 28, 1952, p. 1-30. • RUWET, N. "Analyse structurale d'un poème français". *Linguistics*, 3, 1964, p. 62-83.

a partir da linguagem natural: o importante, para os homens, podendo usar diversos sistemas de significação (*sens*), a linguagem natural ajuda a elaborar as linguagens artificiais. É pois legítimo postular entre a frase e o discurso uma relação "secundária" – que se denominará homológica, para respeitar o caráter puramente formal das correspondências.

A língua geral da narrativa não é evidentemente mais que um dos idiomas oferecidos à linguística do discurso[10], e ela se submete em consequência à hipótese homológica: estruturalmente, a narrativa participa da frase, sem poder jamais se reduzir a uma soma de frases: a narrativa é uma grande frase, como toda frase constatativa de uma certa maneira o esboço de uma pequena narrativa. Se bem que elas disponham aí de significantes originais (frequentemente muito complexos) encontram-se com efeito na narrativa, aumentados e transformados à sua medida, as principais categorias do verbo: os tempos, os aspectos, os modos, as pessoas; além disso, os próprios "sujeitos" opostos aos predicados verbais não deixam de se submeter ao modelo frásico: a tipologia actancial proposta por A.J. Greimas[11] reencontra na multiplicidade dos personagens da narrativa as funções elementares da análise gramatical. A homologia que se sugere aqui não tem apenas um valor heurístico: implica uma identidade entre a linguagem e a literatura (enquanto esta for uma espécie de veículo privilegiado da narrativa): não é mais possível conceber a literatura como uma arte que se desinteressa de toda relação com a linguagem, já que a usa como um instrumento para exprimir a ideia, a paixão ou a beleza: a linguagem não cessa de acompanhar o discurso estendendo-lhe o espelho de sua pró-

---

10. Será precisamente uma das tarefas da linguística do discurso fundar uma tipologia dos discursos. Provisoriamente, podem-se reconhecer três grandes tipos de discurso: metonímico (narrativa), metafórico (poesia lírica, discurso sapiencial), entimemático (discurso intelectual).

11. Cf. infra, III, 1.

pria estrutura: a literatura, singularmente hoje em dia, não cria uma linguagem das próprias condições da linguagem?[12]

2. Os níveis do sentido

A linguística fornece desde o princípio à análise estrutural da narrativa um conceito decisivo, porque, dando-se conta imediatamente do que é essencial em todo sistema de significação, a saber sua organização, permite por sua vez aplicar como uma narrativa não é uma simples soma de proposições e classificar a massa enorme de elementos que entram na composição de uma narrativa. Este conceito é o de *nível de descrição*[13].

Uma frase, é sabido, pode ser descrita, linguisticamente, em muitos níveis (fonético, fonológico, gramatical, contextual); estes níveis se apresentam numa relação hierárquica, pois, se cada um tem suas próprias unidades e suas próprias correlações, obrigando a uma descrição independente para cada um deles, nenhum nível pode por si só produzir significação (*sens*): toda unidade que pertence a um certo nível só tomará uma significação caso se possa integrar em um nível superior: um fonema, embora perfeitamente descritível, em si não quer dizer nada; só participa da significação (*sens*) integrado em uma palavra; e a própria palavra deve-se inte-

---

12. É necessário lembrar aqui esta intuição de Mallarmé, formada no momento em que projetava um trabalho de linguística: "A linguagem pareceu-lhe o instrumento da ficção: seguirá o método da linguagem (determiná-la). A linguagem refletindo sobre si mesma. Enfim a ficção parece-lhe ser o procedimento mesmo do espírito humano – é ela que põe em jogo qualquer método, e o homem está reduzido à vontade" (*Oeuvres completes*. Paris: Plêiade, p. 851). Lembre-se que para Mallarmé, "a ficção ou poesia" (p. 335).
13. As descrições linguísticas não são nunca monovalentes. Uma descrição não é exata ou falsa, é melhor ou pior, mais ou menos útil" (HALLIDAY, J.K. *Linguislique générale et Linguistique appliquée* – Etudes de Linguistique appliqué 1, 1962, p. 12).

grar numa frase[14]. A teoria dos níveis (tal como a enunciou Benveniste) fornece dois tipos de relações: distribucionais (se as relações estão situadas em um mesmo nível), integrativas (se elas são estabelecidas de um nível ao outro). Segue-se que as relações distribucionais não bastam para dar conta da significação. Para conduzir uma análise estrutural é necessário, pois, em primeiro lugar distinguir muitas instâncias de descrição e colocar estas instâncias numa perspectiva hierárquica (integratória).

Os níveis são operações[15]. É portanto normal que, progredindo, a linguística tenda a multiplicá-los. A análise do discurso não pode ainda trabalhar a não ser sobre níveis rudimentares. À sua maneira, a retórica tinha assinalado no discurso pelo menos dois planos de descrição: a *dispositio* e a *elocutio*[16]. Em nossos dias, em sua análise da estrutura do mito, Lévi-Strauss já precisou que as unidades constitutivas do discurso mítico (*mitemas*) só adquiriram significação porque são reunidas em pilhas (*paquets*) e que as próprias pilhas se combinam[17]; e T. Todorov, retomando a distinção dos formalistas russos, propõe trabalhar sobre dois grandes níveis, por sua vez subdivididos: a *história* (o argumento), compreendendo uma lógica das ações e uma "sintaxe" dos personagens, e o *discurso*, compreendendo os tempos, os aspectos e os modos da narrativa[18]. Qualquer que seja o número dos níveis propostos e qualquer

---

14. Os níveis de integração foram postulados pela Escola de Praga (VACHØK, V.J. *A prague school reader in linguistics*. [s. l.]: Indiana University Press, 1964, p. 468), e retomados desde aí por muitos linguistas. Foi, em nosso entender, Benveniste quem deu a análise mais esclarecedora (Op. cit., cap. X).
15. "Em termos algo vagos [sic], um nível pode ser considerado como um sistema de símbolos, regras, etc. os quais se devem usar para representar as expressões" (BACH, E. Op. cit., p. 57-58).
16. A terceira parte da retórica, a *inventio*, não concernia à linguagem: tratava das *res*, não das *verba*.
17. *Anthropologie structurale*, p. 233.
18. Aqui mesmo, infra: "As categorias da narrativa literária".

definição que se dê, não se pode duvidar de que a narrativa seja uma hierarquia de instâncias. Compreender uma narrativa não é somente seguir o esvaziamento da história, é também reconhecer nela "estágios", projetar os encadeamentos, horizontais do "fio" narrativo sobre um eixo implicitamente vertical; ler (escutar) uma narrativa não é somente passar de uma palavra a outra, é também passar de um nível a outro. Permita-se aqui uma espécie de apólogo: em *A carta roubada*, Poe analisou com perspicácia o fracasso do chefe de polícia, impotente para descobrir a carta: suas investigações eram perfeitas, diz ele, "no círculo de sua especialidade": o chefe de polícia não omitia nenhum lugar, "saturava" inteiramente o nível da "perquisição"; mas para encontrar a carta, protegida por sua evidência, era preciso passar para outro nível, substituir a pertinência do policial pela do receptor. Da mesma maneira, a "perquisição" exercida sobre um conjunto horizontal de relações narrativas embora sendo completas, para ser eficaz, deve também dirigir-se "verticalmente": a significação não está "ao cabo" da narrativa, ela a atravessa: tão evidente quanto *A carta roubada*, não escapa menos do que esta a qualquer exploração unilateral.

Muitas tentativas serão ainda necessárias antes de se poder assegurar os níveis da narrativa. Estas que se vão propor aqui constituem um perfil provisório, cuja vantagem é ainda quase exclusivamente didática: permitem situar e agrupar os problemas, sem estar em desacordo, crê-se, com algumas análises já realizadas[19]. Propõe-se distinguir na obra narrativa três níveis de descrição: o nível das "funções" (no sentido que esta palavra tem em Propp e em Bremond), o nível das "*ações*" (no sentido que esta palavra tem em Greimas quando fala dos personagens como *actantes*) e o nível da "narração" (que é, *grosso modo*, o nível do "discurso" em Todorov). Será bom lembrar que estes três níveis estão ligados entre si segun-

---

19. Tive a preocupação, nesta introdução, de constranger o menos possível as pesquisas em curso.

do um modo de integração progressiva: uma função não tem sentido se não tiver lugar na ação geral de um actante; e a própria ação recebe sua significação última pelo fato de ser narrada, confiada a um discurso que tem seu próprio código.

II. As funções

1. A determinação das unidades

Sendo todo sistema a combinação de unidades cujas classes são conhecidas, é preciso primeiramente dividir a narrativa e determinar os segmentos do discurso narrativo que se possam distribuir em um pequeno número de classes; em uma palavra, é preciso definir as unidades narrativas mínimas.

Segundo a perspectiva integrativa que foi definida aqui, a análise não se pode contentar com uma definição puramente distribucional das unidades: é preciso que a significação seja desde o princípio o critério da unidade: é o caráter funcional de certos segmentos da história que faz destes unidades: donde o nome de "funções" que se deu imediatamente a estas primeiras unidades. Desde os formalistas russos[20], constitui-se em unidade todo segmento da história que se apresenta como o termo de uma correlação. A alma de toda função é, caso se possa dizer, seu germe, fato que lhe permite semear a narrativa de um elemento que amadurecerá mais tarde, sobre o mesmo nível, ou além, sobre um outro nível: se, em *Um co-*

---

20. Ver notadamente TOMACHEVSKI, B. Thématique (1925). In: *Théorie de lá littérature*. Paris: Seuil, 1965. Um pouco mais tarde, Propp definia a função como "a ação de um personagem, definida do ponto de vista de sua significação para o desenvolvimento do conto na sua totalidade" (*Morphology of Folktale*, p. 20). Ver-se-á aqui mesmo a definição de T. Todorov "A significação (ou a função) de um elemento da obra é sua possibilidade de entrar em correlação com outros elementos desta obra e com a obra inteira"), e as precisões trazidas por A.J. Greimas, que veio a definir a unidade por sua correlação paradigmática, mas também por seu lugar no interior da unidade sintagmática do qual ela faz parte.

ração simples, Flaubert nos informa em um certo momento, aparentemente sem insistir nisto, que as filhas do subprefeito de Pont-l'Evêque possuíam um papagaio, é porque este papagaio vai ter em seguida uma grande importância na vida de Félicité: a enunciação deste detalhe (qualquer que seja a forma linguística) constitui, pois, uma função, ou unidade narrativa. Tudo, numa narrativa, é funcional? Tudo, até o menor detalhe, tem uma significação? A narrativa pode ser integralmente cortada em unidades funcionais? Será visto daqui a pouco que existem sem dúvida muitos tipos de funções, pois há muitos tipos de correlações. Disto resulta que a narrativa só se compõe de funções: tudo, em graus diversos, significa aí. Isto não é uma questão de arte (da parte do narrador), é uma questão de estrutura: na ordem do discurso, o que se nota é, por definição, notável: mesmo quando um detalhe parece irredutivelmente insignificante, rebelde a qualquer função, ele tem pelo menos a significação de absurdo ou de inútil: ou tudo significa ou nada. Poder-se-ia dizer de uma outra maneira que a arte não conhece o ruído (no sentido informacional da palavra)[21] é um sistema puro, não há, não há jamais unidade perdida[22], por mais longo, por mais descuidado, por mais tênue que seja o fio que a liga a um dos níveis da história[23].

---

21. É por isso que ele não se confunde com "a vida", que só conhece comunicações "interferenciais". A "interferência (além da qual não se pode ver) pode existir em arte, mas então a título de elemento codificado (Watteau, por exemplo); ainda esta "interferência" é também desconhecida do código escrito; a escritura é fatalmente nítida.
22. Ao menos em literatura, onde a liberdade de notação (em continuação ao caráter abstrato da linguagem articulada) conduz a uma responsabilidade bem mais forte que nas artes "analógicas", tais como o cinema.
23. A funcionalidade da unidade narrativa é mais ou menos imediata (portanto aparente), segundo o nível onde atua: quando as unidades são colocadas no mesmo nível (no caso do suspense, por exemplo), a funcionalidade é muito sensível; muito menos quando a função é saturada sobre o nível narracional: um texto moderno, fracamente significante sobre o plano da anedota, só encontra uma grande força de significação sobre o plano da escritura.

A função é evidentemente, do ponto de vista linguístico, uma unidade de conteúdo: é "o que quer dizer" um enunciado que o constitui em unidade funcional[24], não a maneira pela qual isto é dito. Este significado constitutivo pode ter significantes diferentes, frequentemente muito retorcidos: se (em *Goldfinger*) me é enunciado que *James Bond viu um homem de cerca de cinquenta anos*, etc., a informação contém simultaneamente duas funções, de pressão desigual: de um lado a idade do personagem enquadra-se em um certo retrato (cuja "utilidade" para o restante da história não é nula, mas difusa, retardada), e de outro lado o significado imediato do enunciado é que Bond não conhece seu futuro interlocutor: a unidade implica, pois, uma correlação muito forte (abertura de uma ameaça e obrigação de identificar). Para determinar as primeiras unidades narrativas é, pois, necessário jamais perder de vista o caráter funcional dos segmentos que se examinam, e admitir por antecipação que não coincidirão fatalmente com as formas que reconhecemos tradicionalmente nas diferentes partes do discurso narrativo (ações, cenas, parágrafos, diálogos, monólogos interiores, etc.), ainda menos com as classes "psicológicas" (condutas, sentimentos, intenções, motivações, racionalizações dos personagens).

Da mesma maneira, já que a "língua" (*langue*) da narrativa não é a língua (*langue*) da linguagem articulada – embora bem frequentemente sustentada por ela –, as unidades narrativas serão substancialmente independentes das unidades linguísticas: elas poderão certamente coincidir, mas, por acaso, não sistematicamente; as funções serão representadas ora por unidades superiores à frase (grupos de frases de talhes diversos, até a obra no seu todo), ora inferiores (o sintagma, a palavra, e mesmo, na palavra, somente cer-

---

24. "As unidades sintáticas (acima da frase) são de fato unidades de conteúdo" (GREIMAS, A.J. *Cours de Sémantique Structurale*, VI, 15. Mimeo.). A exploração do nível funcional, portanto, faz parte da semântica geral.

tos elementos literários[25] quando nos é dito que, estando de guarda no seu gabinete do Serviço Secreto e tendo tocado o telefone, "Bond levantou um dos quatro receptores", o monema *quatro* constitui sozinho uma unidade funcional, pois remete a um conceito necessário ao conjunto da história (o de uma alta técnica burocrática); de fato, a unidade narrativa não é aqui a unidade linguística (a palavra), mas somente seu valor *conotado* (linguisticamente, a palavra /*quatro*/ não quer dizer jamais "*quatro*"); isto explica que certas unidades funcionais possam ser inferiores à frase, sem deixar de pertencer ao discurso: elas ultrapassam, então, não a frase, à qual permanecem materialmente inferiores, mas o nível de denotação, que pertence, como a frase, à linguística propriamente dita.

2. Classes de unidades

Estas unidades funcionais, é necessário reparti-las em um pequeno número de classes formais. Caso se queira determinar estas classes sem recorrer à substância do conteúdo (substância psicológica, por exemplo), é necessário novamente considerar os diferentes níveis da significação: certas unidades têm como correlatas unidades de mesmo nível; ao contrário, para saturar as outras, é necessário passar a um outro nível. Daí, desde o início, duas grandes classes de funções, umas distribucionais, outras integrativas. As primeiras correspondem às funções de Propp, retomadas notadamente por Bremond, mas que consideramos aqui de uma maneira infinitamente mais detalhada que estes autores; é para elas que se reservará o nome de *funções* (embora as outras unidades sejam, elas também, funcionais); o modelo é clássico a partir da análise de Tomachevski: a compra de um revólver tem como correlato

---

25. "Não se deve partir da palavra como um elemento indivisível da arte literária, tratá-la como o tijolo com o qual se constrói o edifício. Ela é decomponível em 'elementos verbais' muito menores" (TYNIANOV, J., apud TODOROV, T. *Langages*, 6, p. 18).

o momento em que será usado (e se não é usado, a notação transforma-se em signo de veleidade, etc.), tirar o telefone do gancho tem como correlato o momento em que aí será recolocado; a intrusão do papagaio na casa de Félicité tem como correlato o episódio do empalhamento, da adoração, etc. A segunda grande classe de unidades, de natureza integrativa, compreende todos os "índices" (no sentido muito geral da palavra[26]); a unidade remete então, não a um ato complementar e consequente, mas a um conceito mais ou menos difuso, necessário entretanto ao sentido da história: índices caracteriais concernentes aos personagens, informações relativas à sua identidade, notações das "atmosferas", etc.; a relação da unidade e de seu correlato não é mais então distribucional (frequentemente muitos índices remetem ao mesmo significado e sua ordem de aparição no discurso não é necessariamente pertinente), mas integrativa; para compreender "para que serve" uma notação indicial, é necessário passar para um nível superior (ações dos personagens ou narração), pois é somente aí que se esclarece o índice; a potência administrativa que está por trás de Bond, indexada pelo número de aparelhos telefônicos, não tem nenhuma incidência sobre a sequência das ações onde se engaja Bond aceitando a comunicação; ela não toma sentido a não ser no nível de uma tipologia geral dos actantes (Bond está do lado da ordem); os índices, pela natureza de certa forma vertical de suas relações, são unidades verdadeiramente semânticas, pois, contrariamente às "funções" propriamente ditas, eles remetem a um significado, não a uma "operação"; a sanção dos índices é "mais alta", por vezes mesmo virtual, fora do sintagma explícito (o "caráter" de um personagem pode não ser jamais nomeado, mas entretanto ininterruptamente indexado), e uma sanção paradigmática; ao contrário, a sanção das

---

26. Estas designações, como as que se seguem, podem ser todas provisórias.

"Funções" é sempre "mais longe", é uma sanção sintagmática[27].

Funções e *Índices* recobrem portanto uma outra distinção clássica: as *Funções* implicam *relata* metonímicos, os *Índices relata* metafóricos; uns correspondem a uma funcionalidade do fazer, as outras a uma funcionalidade do ser[28].

Estas duas grandes classes de unidades, *Funções* e *Índices*, deveriam já permitir uma certa classificação das narrativas. Certas narrativas são fortemente funcionais (assim como os contos populares) e, em oposição, outras são fortemente indiciais (assim os romances "psicológicos"); entre estes dois polos, toda uma série de formas intermediárias, tributárias da história, da sociedade, do gênero. Mas não é tudo: no interior de cada uma destas grandes classes, é imediatamente possível determinar duas subclasses de unidades narrativas. Para retomar a classe das *Funções*, suas unidades não têm todas a mesma "importância"; algumas constituem verdadeiras articulações da narrativa (ou de um fragmento da narrativa); outras não fazem mais do que "preencher" o espaço narrativo que separa as funções-articulações: chamemos as primeiras de *funções cardinais* (ou *núcleos*) e as segundas, em consideração à sua natureza completiva, *catálises*. Para que uma função seja cardinal, é suficiente que a ação à qual se refere abra (ou mantenha, ou feche) uma alternativa consequente para o seguimento da história, enfim que ela inaugure ou conclua uma incerteza; se, em um fragmento da narrativa, o *telefone toca*, é igualmente possível que seja respondido ou que não o seja, o que não impedirá de levar a história para dois caminhos diferentes. Em oposição, entre duas funções cardinais, é sempre possível dispor de notações subsidiárias, que se

---

27. Isto não impede que finalmente o encadeamento sintagmático das funções possa recobrir relações paradigmáticas entre funções separadas, como é admitido desde Lévi-Strauss e Greimas.
28. Não se podem reduzir as *Funções* a ações (verbos) e os *Índices* a qualidades (adjetivos), pois há ações que são indiciais, sendo "signos" de um caráter, de uma atmosfera, etc.

aglomeram em torno de um núcleo ou de outro sem modificar-lhe a natureza alternativa: o espaço que separa "o telefone tocou" e "Bond atendeu" pode ser saturado por uma multidão de incidentes pequenos ou de descrições pequenas: "Bond se dirigia à sua mesa, levantou um receptor, pousou seu cigarro", etc. Estas catálises permanecem funcionais, na medida em que entram em correlação com um núcleo, mas sua funcionalidade é atenuada, unilateral, parasita: trata-se aqui de uma funcionalidade puramente cronológica (descreve-se o que separa dois momentos da história), enquanto que no liame que une duas funções cardinais se investe uma funcionalidade dupla, ao mesmo tempo cronológicas e lógicas: as catálises são apenas unidades consecutivas, as funções são ao mesmo tempo consecutivas e consequentes. Tudo deixa pensar, com efeito, que a mola da atividade é a própria confusão da consecução e da consequência, o que vem depois sendo lido na narrativa como *causado por*; a narrativa seria, neste caso, uma aplicação sistemática do erro lógico denunciado pela escolástica sob a fórmula *post hoc, ergo propter hoc*, que bem poderia ser a divisa do destino, do qual a narrativa não é em suma mais que a "língua" (*langue*) e este "esmagamento" da lógica e da temporalidade é a armadura das funções cardinais que o realizam. Estas funções podem ser à primeira vista muito insignificantes; o que as constitui não é o espetáculo (a importância, o volume, a raridade ou a força da ação enunciada), é, se pode ser dito, o risco: as funções cardinais são os momentos de risco da narrativa; entre estes pontos da alternativa, entre estes *dispatchers*, as catálises dispõem de zonas de segurança, de repousos, de luxos; estes "luxos" não são entretanto inúteis: do ponto de vista da história, é necessário repeti-lo, a catálise pode ter uma funcionalidade fraca, mas não absolutamente nula: seria ela puramente redundante (em relação a seu núcleo), não participaria menos da economia da mensagem; mas não é o caso: uma notação, na aparência expletiva, tem sempre uma função discursiva: ela acelera, retarda, avança o discurso, ela resume, antecipa, por vezes mesmo desorienta²⁹; o notado aparecendo sempre como o notável, a catálise desperta sem cessar a tensão semântica do discurso, diz ininterruptamente: houve, vai haver significação; a função constante da catálise é, pois, em todo estado de causa, uma função fática (para retomar a palavra de Jakobson): mantém o contato entre o narrador e o narratário (*narrataire*). Digamos que não se pode suprimir um núcleo sem alterar a história, mas que não se pode suprimir uma catálise sem alterar o discurso. Quanto à segunda grande classe de unidades narrativas (os índices), classe integrativa, as unidades que aí se encontram têm em comum o fato de não poderem ser saturadas (completadas) a não ser no nível dos personagens ou da narração; elas fazem portanto parte de uma relação *paramétrica*³⁰, cujo segundo termo, implícito, é contínuo, extensivo a um episódio, um personagem ou uma obra inteira; pode-se entretanto distinguir aí *índices* propriamente ditos, remetendo a um caráter, a um sentimento, a uma atmosfera (por exemplo de suspeita), a uma filosofia, e *informações*, que servem para identificar, para situar no tempo e no espaço. Dizer que Bond está de guarda em um escritório cuja janela aberta deixa ver a lua entre grossas nuvens que passam é indexar uma noite de verão tempestuosa, e esta dedução da mesma forma é um índice atmosferial que remete ao clima pesado, angustiante de uma ação que não se conhece ainda. Os índices têm pois sempre significados implícitos; os informantes, ao contrário, não o têm, pelo menos no nível da história: são dados puros imediatamente significantes. Os índices implicam uma atividade de deciframento: trata-se para o leitor de aprender a conhecer um caráter, uma atmosfera; os informantes trazem um conhe-

---

29. Valéry falava de "signos dilatórios". O romance policial faz grande uso destas unidades "desorientadoras".
30. N. Ruwet chama elemento paramétrico um elemento que é constante durante toda a duração de uma peça de música (por exemplo o tempo de um Allegro de Bach, o caráter monódico de um solo).

cimento todo feito; sua funcionalidade, como a das catálises, é pois fraca, mas não é nula: qualquer que seja sua "palidez" em relação ao resto da história, o informante (por exemplo a idade precisa de uma personagem) serve para dar autenticidade à realidade do referente, para enraizar a ficção no real: é um operador realista e, neste título, possui uma funcionalidade incontestável, não no nível da história, mas no nível do discurso[31].

Núcleos e catálises, índices e informantes (ainda uma vez pouco importam os nomes), tais são, parece, as primeiras classes entre as quais se podem repartir as unidades do nível funcional. É necessário completar esta classificação com duas observações. Para começar, uma unidade pode pertencer ao mesmo tempo a duas classes diferentes: beber um uísque (no *hall* de um aeroporto) é uma ação que pode servir de catálise à notação (cardinal) de esperar, mas é também e ao mesmo tempo o índice de uma certa atmosfera (modernidade, descontração, lembrança, etc.); dito de outra maneira, certas unidades podem ser mistas. Deste modo um jogo é possível na economia da narrativa; no romance *Goldfinger*, Bond, devendo revistar o quarto de seu adversário, recebe um *passe-partout* de seu comanditário: a notação é uma pura função (cardinal); no filme este detalhe é mudado: Bond rouba brincando a carteira de uma camareira que não protesta; a notação não é mais somente funcional, mas também indicial, remete ao caráter de Bond (sua desenvoltura e seu sucesso junto às mulheres). Em segundo lugar, é necessário ressaltar (fato que será tratado em outro lugar mais tarde) que as quatro classes das quais se tratou podem ser submetidas a uma outra distribuição, mais conforme, alheia ao modelo linguístico. As catálises, os índices e os informantes têm com efeito

---

31. Aqui mesmo, G. Genette distingue dois tipos de descrições: ornamental e significativa. A descrição significativa deve evidentemente ser relacionada com o nível da história e a descrição ornamental com o nível do discurso, o que explica que ela tenha constituído durante muito tempo um "fragmento" retórico perfeitamente codificado: a *descriptio* ou *ekphrasis*, exercício muito valorizado pela neoretórica.

Introdução à análise estrutural da narrativa

um caráter comum: são expansões em relação aos núcleos; os núcleos (vai ser logo visto) formam conjuntos acabados de termos pouco numerosos, são regidos por uma lógica, são ao mesmo tempo necessários e suficientes; esta armadura dada, as outras unidades vêm preencher segundo um modo de proliferação em princípio infinito: sabe-se que isto é o que se passa com a frase, feita de proposições simples, complicadas ao infinito por duplicações, preenchimentos, recobrimentos, etc.; como a frase, a narrativa é infinitamente catalisável. Mallarmé dava uma tal importância a este tipo de estrutura que constitui com ela seu poema *Jamais un coup de dés* que se pode bem considerar, com seus "nós" e seus "ventres", suas "palavras-nós" e suas "palavras-rendas" como o brasão de toda narrativa – de toda linguagem.

3. A sintaxe funcional

Como, segundo qual "gramática", estas diferentes unidades se encadeiam umas às outras ao longo do sintagma narrativo? Quais são as regras da combinatória funcional? Os informantes e os índices podem livremente se combinar entre eles: tal é, por exemplo, o retrato que justapõe sem constrangimento dados de estado civil e traços caracteriais. Uma relação de implicação simples une as catálises e os núcleos: uma catálise implica necessariamente a existência de uma função cardinal à qual se liga, mas não reciprocamente. Quanto às funções cardinais, é uma relação de solidariedade que as une: uma função desta espécie obriga a uma outra da mesma espécie e reciprocamente. É sobre esta última relação que se deve parar um instante; primeiramente para que defina a própria armadura da narrativa (as expansões são suprimíveis, os núcleos não o são); em seguida, porque preocupa principalmente aos que procuram estruturar a narrativa.

Já se assinalou que, por sua própria estrutura, a narrativa instituía uma confusão entre a consecução e a consequência, o tempo e a lógica. É esta ambiguidade que forma o problema central da sintaxe narrativa. Há por trás do tempo da narrativa uma lógica intemporal? Este ponto dividia, ainda recentemente, os pesquisadores. Propp, cuja análise, sabe-se, abriu caminho aos estudos atuais, prende-se absolutamente à irredutibilidade da ordem cronológica: o tempo é, a seus olhos, o real e por esta razão parece-lhe necessário enraizar o conto no tempo. Entretanto, o próprio Aristóteles, opondo a tragédia (definida pela unidade de ação) à história (definida pela pluralidade de ações e unidade do tempo), atribuía já o primado do lógico sobre o cronológico[32]. É o que fazem todos os pesquisadores atuais (Lévi-Strauss, Greimas, Bremond, Todorov), que poderiam todos subscrever sem dúvida (embora divergindo sobre outros pontos) a proposição de Lévi-Strauss: "A ordem de sucessão cronológica resolve-se numa estrutura matricial atemporal"[33]. A análise atual tende, com efeito, a "descronologicizar" o contínuo narrativo e a "relogicizar", a submetê-lo ao que Mallarmé chamava, a propósito da língua francesa, "os primitivos raios da lógica"[34]. Ou mais exatamente – é este ao menos nosso desejo – a tarefa é conseguir dar uma descrição estrutural da ilusão cronológica; é a lógica narrativa a dar conta do tempo narrativo. Poder-se-ia dizer de uma outra maneira que a temporalidade não é mais do que uma classe estrutural da narrativa (do discurso), tudo como se na língua, o tempo não existisse a não ser sob a forma de *sistema*; do ponto de vista da narrativa, o que chamamos tempo não existe, ou ao menos só existe funcionalmente, como elemento de um sistema semiótico: o tempo não pertence ao discurso propriamente dito, mas ao referente; a narrativa e a língua só conhecem um tempo semiológico; o "verdadeiro" tempo é uma ilusão referencial, "realista",

---

[32]. *Poétique*, 1459a.
[33]. Apud BREMOND, C. "Le message narratif". *Communications*, n. 4, 1964.
[34]. *Quant au livre* – Oeuvres Completes. Paris: Plêiade, p. 38.

como o mostra o comentário de Propp, e é a este título que a descrição estrutural deve tratá-lo[35].

Qual é pois esta lógica que constrange as principais funções da narrativa? É o que se procura estabelecer ativamente e o que tem sido até aqui mais largamente debatido. Remeter-se-á pois às contribuições de A.J. Greimas, C. Bremond e T. Todorov, publicadas aqui mesmo, e que tratam todas da lógica das funções. Três direções principais de pesquisa tornam-se claras, expostas mais adiante por T. Todorov. O primeiro caminho (Bremond) é mais propriamente lógico: trata-se de reconstituir a sintaxe dos comportamentos humanos empregados pela narrativa, de traçar o trajeto das "escolhas" às quais, em cada ponto da história, tal personagem é fatalmente submetido[36] e de pôr às claras o que se poderia chamar uma lógica energética[37], pois ela se apodera dos personagens no momento em que escolhem agir. O segundo modelo é linguístico (Lévi-Strauss, Greimas): a preocupação essencial desta pesquisa é de descobrir nas funções oposições paradigmáticas; estas oposições, de acordo com o princípio jakobsoniano do "poético", estando "estendidas" ao longo da trama da narrativa (ver-se-á, entretanto, aqui mesmo os desenvolvimentos novos pelos quais Greimas corrige ou completa o paradigmatismo das funções). O terceiro caminho, esboçado por Todorov, é um pouco diferente, pois instala a análise no nível das "ações" (isto é, dos personagens), tentando es-

---

35. À sua maneira, como sempre perspicaz mas inexplorada, VALÉRY anunciou o estatuto do tempo narrativo: "A crença no tempo como agente e fio condutor é fundada sobre o *mecanismo de memória e sobre o do discurso combinado*" (*Tel. Quel.* II, 348); nós sublinhamos: a ilusão é um efeito produzido pelo próprio discurso.

36. Esta concepção lembra uma opinião de Aristóteles: a *proairesis*, escolha racional das ações a cometer, fundamenta a *práxis*; ciência prática não produz nenhuma obra distinta do agente, contrariamente a *poiésis*. Nestes termos, dir-se-á que o analista tenta reconstituir a *práxis* interior à narrativa.

37. Esta lógica fundada sobre a alternativa (*fazer isto ou aquilo*) tem o mérito de dar conta do processo de dramatização da qual a narrativa é ordinariamente a sede.

tabelecer as regras pelas quais a narrativa combina, varia e transforma um certo número de predicados de base.

Não é questão de escolher entre estas hipóteses de trabalho; elas não são rivais, mas concorrentes, e estão situadas além disso atualmente em plena elaboração. O único complemento que se permitirá aqui lhes trazer concerne às dimensões da análise. Mesmo se são colocados à parte os índices, os informantes e as catálises, resta ainda numa narrativa (sobretudo se se trata de um romance, e não mais de um conto) um grande número de funções cardinais; muitas não podem ser dominadas pelas análises que se acabam de citar, as quais trabalharam até agora sobre as grandes articulações da narrativa. É necessário, entretanto, prever uma descrição suficientemente detalhada para dar conta de todas as unidades da narrativa, de seus menores segmentos; as funções cardinais, lembremos isto, não podem ser determinadas por sua "importância", mas apenas pela natureza (duplamente implicativa) de suas relações: uma "chamada telefônica", por mais fútil que pareça, de um lado comporta ela mesma algumas funções cardinais (tocar, atender, falar, desligar), e de outrolado, tomado em bloco, é necessário poder relacioná-la, pelo menos de etapa em etapa, às grandes articulações da anedota. A cobertura funcional da narrativa impõe uma organização de substituição, cuja unidade de base não pode ser mais que um pequeno agrupamento de funções, que se chamará aqui (seguindo C. Bremond) uma *sequência*.

Uma sequência é uma série lógica de núcleos, unidos entre si por uma relação de solidariedade[38]: a sequência abre-se assim que um de seus termos não tenha antecedente solidário e se fecha logo que um de seus termos não tenha mais consequente. Para tomar um exemplo voluntariamente fútil, pedir uma consumação, recebê-la, consumi-la, pagá-la, estas diferentes funções constituem uma sequência evidentemente fechada, pois não é possível fazer

---

[38] No sentido hjelmsleviano da dupla implicação: dois termos pressupõem-se ao outro.

preceder a encomenda ou fazer seguir o pagamento sem sair do conjunto homogêneo *consumação*. A sequência é com efeito sempre nomeável. Determinando as grandes funções do conto, Propp, depois Bremond, têm sido levados a nomeá-las (*fraude, traição, luta, contrato, sedução,* etc.): a operação nominativa é igualmente inevitável para as sequências fúteis, o que se poderia chamar de "microssequências", as que formam frequentemente o grão mais fino do tecido narrativo. Estas denominações são unicamente responsabilidade do analista. Dito de outra maneira, elas são puramente metalinguísticas? Elas o são sem dúvida, já que tratam do código da narrativa, mas pode-se imaginar que fazem parte de uma metalinguagem interior do próprio leitor (ou ouvinte), que compreende toda uma série lógica de ações como um todo nominal: ler é nomear; escutar, não é somente perceber uma linguagem, é também construí-la. Os títulos das sequências são bastante análogos a estas *palavras-cobertura* (*cover-words*) de máquina de traduzir, que cobrem de uma maneira aceitável uma grande variedade de sentidos e de matizes. A língua da narrativa, que está em nós, comporta inicialmente estas rubricas essenciais: a lógica fechada que estrutura uma sequência está indissoluvelmente ligada a seu nome: toda função que inaugura uma sedução impõe desde sua aparição, ao nome que ela faz surgir, o processo inteiro da *sedução*, tal qual aprendemos em todas as narrativas que formaram em nós a língua da narrativa.

Qualquer que seja sua pouca importância, sendo composta de um pequeno número de núcleos (quer dizer, de fato, de *dispatchers*), a sequência comporta sempre momentos de risco, e é isto que justifica a análise: poderia parecer irrisório constituir em sequência a série lógica dos pequenos atos que compõem o oferecimento de um cigarro (*oferecer, aceitar, acender, fumar*); mas é que, precisamente, em cada um destes pontos, uma alternativa, e pois uma liberdade de sentido, é possível: Du Pont, o comanditário de James Bond, oferece-lhe fogo com seu isqueiro, mas Bond recusa; a significação desta bifurcação é que Bond instintivamente teme uma brincadeira (*gadget piègé*)[39]. A sequência é, portanto, caso se queira, *uma unidade lógica ameaçada*: é o que a justifica *a mínimo*. Ela é também fundada *a máximo*; fechada sobre suas funções, resumida em um nome, a própria sequência constitui uma unidade nova, prestes a funcionar como o simples termo de uma outra sequência, maior. Eis uma microsequência: *estender a mão, apertá-la, soltá-la*; esta *saudação* torna-se uma simples função, de um lado, toma o papel de um índice (falta de energia de Du Pont e repugnância de Bond), e de outro forma globalmente o termo de uma sequência maior, denominada encontro, cujos outros termos (*aproximação; parada, interpelação, saudação, instalação*) podem ser eles mesmos microssequências. Toda uma rede de sub-rogações estrutura assim a narrativa, das menores matrizes às maiores funções. Trata-se aí, bem entendido, de uma hierarquia que permanece interior ao nível funcional: é somente quando a narrativa pode ser aumentada, de etapa em etapa, do cigarro de Du Pont ao combate de Bond contra Goldfinger, que a análise funcional está terminada: a pirâmide das funções está em contacto então com o nível seguinte (o das ações). Há pois ao mesmo tempo uma sintaxe interior às sequências e uma sintaxe (sub-rogante) das sequências entre elas. O primeiro episódio de *Goldfinger* toma deste modo uma forma "estemática":

---

39. É muito possível encontrar, mesmo neste nível *infinitesimal*, uma oposição de modelo paradigmático, senão entre dois termos, ao menos entre dois polos da sequência: *oferta de cigarro*, apresenta, em suspenso, o paradigma *perigo/segurança* (exposto por Cheglov em sua análise do ciclo de Sherlock Holmes), *suspeita/proteção, agressividade/amizade*.

Esta representação é evidentemente analítica. O leitor, ele mesmo, percebe uma série linear de termos. Mas o que é necessário notar é que os termos de muitas sequências podem muito bem imbricar-se uns nos outros: uma sequência não acabou e já, intercalando-se, o termo inicial uma nova sequência pode surgir: as sequências deslocam-se em contraponto[40]; funcionalmente, a estrutura da narrativa é fugata: é assim que a narrativa, ao *mesmo* tempo, é (*tient*) e pretende ser (*aspire*). A imbricação das sequências só pode com efeito permitir, no interior de uma mesma obra, uma interrupção por um fenômeno de ruptura radical, se alguns blocos (ou "estemas") estanques, que, então, a compõem, são de algum modo recuperados no nível superior das ações (dos personagens): *Goldfinger* é composto de três episódios funcionalmente independentes, pois seus estemas funcionais cessam duas vezes de comunicar: não há nenhuma relação sequencial entre o episódio da piscina e o de Fort-Knox; mas subsiste uma relação actancial, pois os personagens (e por conseguinte a estrutura de suas relações) são os mesmos. Reconhece-se aqui a epopeia ("conjunto de fábulas múltiplas"); a epopeia é uma narrativa interrompida no nível funcional, mas unitária no nível actancial (isto se pode verificar na *Odisseia* ou no teatro de Brecht). É necessário, portanto, coroar o nível das funções (que fornece a maior parte do sintagma narrativo) por um nível superior, no qual, pouco a pouco, as unidades do primeiro nível retiram sua significação, e que é o nível das ações.

III. As ações

1. Por um estatuto estrutural dos personagens

Na *Poética* aristotélica, a noção de personagens é secundária, inteiramente submissa à noção de ação: pode haver fábula sem "caracteres", diz Aristóteles, mas não existiriam caracteres sem fá-

---

40. Este contraponto foi pressentido pelos formalistas russos, que esboçaram-lhe a tipologia: ele lembra ainda as principais estruturas "retorcidas" da frase (cf. infra, V. 1).

bula. Esta perspectiva foi retomada pelos teóricos clássicos (Vossius). Mais tarde, o personagem, que até aí não era mais que um nome, o agente da ação[41] tomou uma consistência psicológica, tornou-se um indivíduo, uma "pessoa", breve um "ser" plenamente constituído, mesmo que ele não fizesse nada, e bem entendido, antes mesmo de agir[42] o personagem cessou de ser subordinado à ação, encarnou de início uma essência psicológica; estas essências podiam ser submetidas a um inventário, cuja forma mais pura foi a lista dos "empregos" do teatro burguês (a *coquette*, o pai nobre, etc.). Desde sua aparição, a análise estrutural teve a maior repugnância em tratar o personagem como uma essência, mesmo que fosse para classificá-lo; como o lembra aqui T. Todorov, Tomachevski chegou até negar ao personagem toda importância narrativa, ponto de vista que ele atenuou em seguida. Sem chegar a retirar os personagens da análise, Propp reduziu-os a uma tipologia simples, fundada não sobre a psicologia, mas sobre a unidade das ações que a narrativa lhes atribuiu (Doador de objeto mágico, Ajuda, Mau, etc.).

Desde Propp, o personagem não cessa de impor à análise estrutural da narrativa o mesmo problema: de um lado os personagens (por qualquer nome que lhes chame: *dramatis personae* ou *actantes*) formam um plano de descrição necessário, fora do qual as pequenas ações narradas deixam de ser inteligíveis, de sorte que se pode bem dizer que não existe uma só narrativa no mundo sem "personagens"[43] ou ao menos sem "agentes"; mas, por outro lado, estes

---

41. Não esqueçamos que a tragédia clássica só conhecia ainda "atores", não "personagens".
42. A "personagem-pessoa" reina no romance burguês; em *Guerra e paz*, Nicolau Rostov é inicialmente um bom rapaz, leal, corajoso, ardente; o Príncipe André um ser bem educado, desencantado, etc.: o que lhes acontece os ilustra, mas não os faz.
43. Se uma parte da literatura contemporânea tratou do "personagem", não foi para destruí-lo (coisa impossível), e sim para despersonalizá-lo, o que é completamente diferente. Um romance aparentemente sem personagens, como *Drame* de Philippe Sollers, recusa inteiramente a pessoa em proveito da linguagem, mas conserva ainda um jogo fundamental de actantes, diante da ação mesma da fala (*parole*). Esta literatura conhece sempre um "sujeito", mas esse "sujeito" é a partir de então o da linguagem.

Introdução à análise estrutural da narrativa

"agentes" bastante numerosos não podem ser nem descritos nem classificados em termos de "pessoas", seja que se considere a "pessoa" como uma forma puramente histórica, restrita a certos gêneros (em verdade, os que conhecemos melhor) e que por conseguinte é preciso reservar o caso, muito vasto, de todas as narrativas (contos populares, textos contemporâneos) que comportam agentes, mas não pessoas; isto é, que se admita que a "pessoa" não é mais que uma racionalização crítica imposta por nossa época a puros agentes narrativos. A análise estrutural, muito preocupada em não definir o personagem em termos de essências psicológicas, esforçou-se até o presente, através de hipóteses diversas, das quais encontrar-se-á eco em algumas das contribuições que se seguem, em definir o personagem não como um "ser", mas como um "participante". Para C. Bremond, cada personagem pode ser o agente de sequências de ações que lhe são próprias (*fraude, sedução*); quando uma mesma sequência implica dois personagens (é o caso normal), a sequência comporta duas perspectivas, ou, caso se prefira, dois nomes (o que é *fraude para* um é *logro (duperie)* para outro); em suma, cada personagem, mesmo secundário, é o herói de sua própria sequência. T. Todorov, analisando um romance "psicológico" (*Les liaisons dangereuses*), parte, não dos personagens-pessoas, mas das três grandes relações nas quais se podem engajar e que ele chama predicados de base (amor, comunicação, ajuda); estas relações estão submetidas pela análise a dois tipos de regras: de *derivação* quando se trata de dar conta de outras relações, e de *ação* quando se trata de descrever a transformação destas relações no curso da história: há muitos personagens em *Les liaisons dangereuses*, mas "o que se diz" (seus predicados) deixa-se classificar. Enfim, A.J. Greimas propôs descrever e classificar os personagens da narrativa, não segundo o que são, mas segundo o que fazem (donde seu nome de *actantes*), já que participam de três grandes eixos semânticos que se encontram além disso na frase (sujeito, objeto, complemento de atribuição, complemento circunstancial) e que são a comunicação, o desejo (ou a busca) e a prova[44]; como esta participação se ordena por pares, o mundo infinito dos personagens é ele também submetido a uma estrutura paradigmática (*sujeito/objeto, doador/ destinatário, adjuvante/oponente*), projetada ao longo da narrativa; e como o actante, define uma classe, ele pode se preencher com atores diferentes, mobilizados segundo as regras de multiplicação, de substituição ou de carência.

Essas três concepções têm muitos pontos comuns. O principal, é necessário repetir, é definir o personagem pela sua participação em uma esfera de ações, estas esferas sendo pouco numerosas, típicas, classificáveis; é por isso que se chamou aqui o segundo nível de descrição, embora sendo o dos personagens, nível das ações: esta palavra não se deve, pois, entender aqui no sentido dos pequenos atos que formam o tecido do primeiro nível, mas no sentido das grandes articulações da *práxis* (desejar, comunicar, lutar).

2. *O problema do sujeito*

Os problemas levantados por uma classificação dos personagens da narrativa não estão ainda bem resolvidos. Certamente se está de acordo que os inumeráveis personagens da narrativa podem ser submetidos a regras de substituição e que, mesmo no interior de uma obra, uma mesma figura pode absorver personagens diferentes[45]; por outro lado, o modelo actancial proposto por Greimas (e retomado numa perspectiva diferente por Todorov), parece resistir bem à prova de um grande número de narrativas: como todo modelo estrutural, vale menos por sua forma canônica (uma matriz de seis actantes) que pelas transformações regradas (carên-

---

44. Sémantique structurale. *Larousse*, 1966, p. 129s.
45. A psicanálise acreditou largamente nestas operações de condensação. Mallarmé já dizia, a propósito de Hamlet: "Comparsas, isto é necessário, pois no ideal da pintura da casa tudo se move segundo uma reciprocidade simbólica de tipos entre eles ou relativamente a uma só figura" (*Cravonné au théâtre*. Paris: Plêiade, p. 301).

cias, confusões, duplicações, substituições), às quais ele se presta, deixando assim esperar uma tipologia actancial das narrativas[46]; entretanto, no momento em que a matriz tem um bom poder classificador (é o caso dos actantes de Greimas), não dá bem conta da multiplicidade das participações, desde o momento em que estas são analisadas em termos de perspectivas; e quando estas perspectivas são respeitadas (na descrição de Bremond), o sistema dos personagens fica muito esfacelado; a redução proposta por Todorov evita os dois obstáculos, mas ela só foi aplicada até hoje a uma única narrativa. Tudo isto pode ser harmonizado rapidamente, parece. A verdadeira dificuldade levantada pela classificação dos personagens é o lugar (e portanto a existência) do *sujeito* em toda matriz actancial, seja qual for a fórmula. *Quem é* o sujeito (o herói) de uma narrativa? Há ou não há uma classe privilegiada de atores? Nosso romance habituou-nos a acentuar de uma maneira ou de outra, por vezes retorcida (negativa), um personagem entre outros. Mas o privilégio está longe de cobrir toda a literatura narrativa. Assim, muitas narrativas põem em ação, em torno de uma presa, dois adversários, cujas "ações" são deste modo igualadas; o sujeito é então verdadeiramente duplo, sem que se possa por antecipação reduzi-lo por substituição; é mesmo talvez a única forma arcaica corrente, como se a narrativa, à semelhança de certas línguas, tivesse conhecido também um dual de pessoas. Este dual é mais interessante na medida em que aparenta a narrativa à estrutura de certos jogos (muito modernos), em que dois adversários iguais desejam conquistar um objeto posto em circulação por um árbitro; este esquema lembra a matriz actancial proposta por Greimas, o que não pode espantar a quem se quiser persuadir que o jogo, sendo uma linguagem, participa também da mesma estrutura simbólica que

---

46. Por exemplo: as narrativas onde o objeto e o sujeito se confundem em um mesmo personagem são narrativas da busca de si mesmo, de sua própria identidade (*O asno de ouro*); narrativas onde o sujeito persegue objetos sucessivos (*Mme. Bovary*), etc.

se encontra na língua e na narrativa: o jogo também é uma frase[47]. Se pois se conserva uma classe privilegiada de atores (o sujeito da procura, do desejo, da ação), é ao menos necessário suavizá-la submetendo este actante às categorias mesmas da pessoa, não psicológica, mas gramatical: uma vez mais, será necessário aproximar-se da linguística para poder descrever e classificar a instância pessoal (*eu/tu*) ou apessoal (*ele*) singular, dual ou plural, da ação. Serão – talvez – as categorias gramaticais da pessoa (acessíveis nos pronomes) que darão a chave do nível acional. Mas como estas categorias não podem se definir a não ser em relação à instância do discurso, e não à da realidade[48], os personagens, como unidades do nível acional, só encontram sua significação (sua inteligibilidade) se são integrados ao terceiro nível da descrição, que chamamos aqui nível da narração (por oposição às funções e às ações).

IV. A narração

1. A comunicação narrativa

Mesmo que haja, no interior da narrativa, uma grande função de troca (repartida entre um doador e um beneficiário), da mesma maneira, homologicamente, a narrativa, como objeto, é alvo de uma comunicação: há um doador da narrativa, há um destinatário da narrativa. Sabe-se, na comunicação linguística, que *eu* e *tu* são absolutamente pressupostos um pelo outro; da mesma maneira, não pode haver narrativa sem narrador e sem ouvinte (ou leitor). Isto é talvez banal, e entretanto ainda mal explorado. Certamente o papel do emissor foi abundantemente parafraseado (estuda-se o "autor" de um romance sem se perguntar, além disso, se ele é bem

---

47. A análise do ciclo James Bond, feito por U. Eco um pouco mais adiante, refere-se mais ao jogo do que à linguagem.
48. Ver as análises da pessoa apresentadas por Benveniste em *Problèmes de linguistique générale*.

o "narrador"), mas, quando se passa para o leitor, a teoria literária é muito mais pudica. De fato, o problema não é de interiorizar os motivos do narrador nem os efeitos que a narração produz sobre o leitor; é o de descrever o código através do qual narrador e leitor são significados no decorrer da própria narrativa. Os signos do narrador parecem à primeira vista mais visíveis e mais numerosos que os signos do leitor (uma narrativa diz mais frequentemente *eu* que *tu*); na realidade, os segundos são simplesmente mais disfarçados que os primeiros; assim, cada vez que o narrador, cessando de "representar", relaciona fatos que conhece perfeitamente, mas que o leitor ignora, produz-se, por carência significante, um signo de leitura, porque não teria sentido que o narrador desse a si mesmo uma informação: *Leo era o dono desta boate*[49], diz-nos um romance na primeira pessoa: isto é um signo do leitor, próximo do que Jakobson chama de função conativa da comunicação. Por falta de inventário, deixar-se-á entretanto de lado, no momento, os signos da recepção (embora também importantes), para dizer uma palavra sobre signos da narração[50].

Quem é o doador da narrativa? Três concepções parecem até aqui ter sido enunciadas. A primeira considera que a narrativa é emitida por uma pessoa (no sentido plenamente psicológico do termo); esta pessoa tem um nome, é o autor, em que se trocam sem interrupção a "personalidade" e a arte de um indivíduo perfeitamente identificado, que toma periodicamente a pena para escrever uma história: a narrativa (notadamente um romance) não é então mais que a expressão de um eu que lhe é exterior. A segunda concepção faz do narrador uma espécie de consciência total, aparentemente impessoal, que emite a história do ponto de vista superior, o

---

[49]. *Double bang à Bangkok*. A frase funciona como uma "piscadela" ao leitor, como se alguém se dirigisse a ele. Ao contrário, o enunciado "*Assim, Léo acaba de* sair" é um signo do narrador, pois isto faz parte de um raciocínio efetuado por uma "pessoa".

[50]. Aqui mesmo, Todorov trata em outro lugar da imagem do narrador e da imagem do leitor.

de Deus[51]: o narrador é ao mesmo tempo interior a seus personagens (pois sabe tudo o que neles se passa) e exterior (pois não se identifica mais com um que com outro). A terceira concepção, a mais recente (Henry James, Sartre), preconiza que o narrador deve limitar sua narrativa aos que podem observar ou saber os personagens: tudo se passa como se cada personagem fosse um de cada vez o emissor da narrativa. Estas três concepções são igualmente constrangedoras na medida em que parecem todas três ver no narrador e nos personagens pessoas reais, "vivas" (é conhecida a indefectível potência deste mito literário), como se a narrativa se determinasse originalmente em seu nível referencial (trata-se de concepções igualmente "realistas"). Ora, ao menos em nosso ponto de vista, narrador e personagens são essencialmente "seres de papel"; o autor (material) de uma narrativa não se pode confundir em nada com o narrador desta narrativa[52]; os signos do narrador são imanentes à narrativa e, por conseguinte, perfeitamente acessíveis a uma análise semiológica; mas para decidir que o próprio autor (que se mostre, se esconda ou se apague) disponha de "signos" com os quais salpicaria sua obra, é necessário supor entre a "pessoa" e sua linguagem uma relação signalética que faz do autor um sujeito pleno e da narrativa a expressão instrumental desta plenitude: a isto a análise estrutural não pode resolver a si mesma: quem fala (na narrativa) não é quem escreve (na vida) e *quem escreve não é quem é*[53].

De fato, a narrativa propriamente dita (ou código do narrador) só conhece, como também a língua, dois sistemas de signos: pessoal e apessoal; estes dois sistemas não beneficiam forçosamente marcas linguísticas ligadas à pessoa (*eu*) e à não pessoa (*ele*); pode

---

51. "Quando é que se escreverá do ponto de vista de uma *blague* superior, isto é, como o bom Deus os vê do alto?" (FLAUBERT. *Préface à la vié d'écrivain*. Paris: Seuil, 1965, p. 91).
52. Distinção cada vez mais necessária, na escala que nos ocupa, que historicamente uma massa considerável de narrativas não tem autor (narrativas orais, contos populares, epopeias confiadas aos aedos, a recitantes, etc.).
53. LACAN, J. "O sujeito do qual falo quando falo é o mesmo que aquele que fala?"

haver, por exemplo, narrativas, ou pelo menos, episódios escritos na terceira pessoa e cuja instância verdadeira é, entretanto, a primeira pessoa. Como decidir isto? É suficiente *reescrever* a narrativa (ou a passagem) do *ele* para *eu*: enquanto esta operação não atrai nenhuma outra alteração do discurso a não ser a própria troca dos pronomes gramaticais, é certo que se permanece em um sistema de pessoa: todo o começo de *Goldfinger*, embora escrito na terceira pessoa, é de fato falado por James Bond; para que a instância mude é necessário que o *rewriting* torne-se impossível; assim a frase: "ele percebeu um homem de uns cinquenta anos, de porte ainda jovem, etc.", é perfeitamente pessoal, a despeito do *ele* ("Eu, James Bond, percebi, etc."), mas o enunciado narrativo "o tilintar do gelo contra o vidro pareceu dar a Bond uma brusca inspiração" não pode ser pessoal por causa do verbo "parecer", que se torna signo do apessoal (e não o *ele*). É certo que o apessoal é o modo tradicional da narrativa, a língua tendo elaborado todo um sistema temporal próprio da narrativa (articulado sobre o aoristo[54]) destinado a afastar o presente daquele que fala: "Na narrativa, diz Benveniste, ninguém fala". Entretanto a instância pessoal (sob forma mais ou menos disfarçada) invadiu pouco a pouco a narrativa, a narração estando relacionada ao *hic et nunc* da locução (é a definição do sistema pessoal); também vê-se hoje em dia muitas narrativas, e das mais correntes, misturar a um ritmo extremamente rápido, frequentemente nos limites de uma mesma frase, o pessoal e o apessoal; assim esta frase de *Goldfinger*:

Seus olhos	pessoal
cinza-azulados	apessoal
estavam fixados sobre os de Du Pont que não sabia qual postura tomar,	pessoal
pois este olhar fixo comportava um misto de candura, de ironia e de autodecepção	apessoal

---

54. BENVENISTE, E. Op. cit.

A mistura dos sistemas é evidentemente sentida como uma facilidade. Esta facilidade pode ir até à trucagem: um romance policial de Agatha Christie (*Cinco e vinte e cinco*) só mantém o enigma enganando sobre a pessoa da narração: uma pessoa é descrita do interior, quando já é o assassino[55]; tudo se passa como se em uma mesma pessoa houvesse uma consciência de testemunha, imanente ao discurso, e uma consciência de assassino, imanente ao referente; só o entrelaçamento abusivo dos dois sistemas permite o enigma. Compreende-se, pois, que no outro polo da literatura se faça do rigor do sistema escolhido uma condição necessária da obra – sem entretanto poder sempre honrá-lo até o fim.

Este rigor – procurado por certos escritores contemporâneos – não é forçosamente um imperativo estético; o que se chama romance psicológico é ordinariamente marcado por uma mistura dos dois sistemas, mobilizando sucessivamente os signos da não pessoa e os da pessoa; a "psicologia" não pode com efeito – paradoxalmente – acomodar-se com um puro sistema da pessoa, pois reduzindo toda a narrativa à instância única do discurso, ou, caso se prefira, ao ato de locução, é o conteúdo mesmo da pessoa que é ameaçado: a pessoa psicológica (de ordem referencial) não tem nenhuma relação com a pessoa linguística, que não é jamais definida por disposições, intenções ou traços, mas somente por seu lugar (codificado) no discurso. É esta pessoa formal que se tenta hoje em dia fazer falar; trata-se de uma subversão importante (o público tem mesmo a impressão de que não se escrevem mais "romances"), pois ela visa a fazer passar a narrativa, da ordem puramente constatativa (que ocupava até o presente) à ordem performativa, segundo a qual a significação de uma fala (*parole*) é o ato mesmo que a profe-

---

55. Modo pessoal: "Parecia mesmo a Burnaby que nada parecia mudado, etc." – O processo é ainda mais grosseiro em *O assassinato de Roger Akroyd*, já que o assassino aí diz francamente *eu*.

re[56]: hoje, escrever não é "narrar", é dizer que se conta, e relacionar todo o referente ("o que se diz") a este ato de locução; é porque uma parte da literatura contemporânea não é mais descritiva, mas transitiva, esforçando-se para realizar na fala (*parole*) um presente tão puro, que todo discurso se identifica com o ato que o produz, todo *logos* sendo reduzido – ou estendido a uma *lexis*[57].

2. A situação da narrativa

O nível narracional é pois ocupado pelos signos da narratividade, o conjunto dos operadores que reintegram funções e ações na comunicação narrativa, articulada sobre seu doador e seu destinatário. Alguns desses signos já têm sido estudados: nas literaturas orais conhecem-se certos códigos de recitação (fórmulas métricas, protocolos convencionais de apresentação), e sabe-se que o "autor" não é aquele que inventa as mais belas histórias, mas o que domina melhor o código cujo uso partilha com os ouvintes: nestas literaturas, o nível narracional é tão nítido, suas regras tão constrangedoras, que é difícil conceber um "conto" privado de signos codificados da narrativa ("era uma vez", etc.). Em nossas literaturas escritas, descobriu-se muito cedo as "formas do discurso" (que são de fato signos de narratividade): classificação dos modos de intervenção do autor, esboçada por Platão, retomada por Diômedes[58], codificação dos começos e fins de narrativas, definição dos diferentes estilos de representação (a *oratio directa*, a *oratio indirecta*, com seus

---

56. Sobre o performativo, cf. infra a contribuição de T. Todorov. O exemplo clássico de performativo é o enunciado: *eu declaro a guerra*, que não "constata" nem "descreve" nada, mas esgota sua significação na sua própria proferição (contrariamente ao enunciado: *o rei declarou a guerra*, que é constatativo, descritivo).
57. Sobre a oposição *logos* e *lexis*, ver mais adiante o texto de G. Genette.
58. *Genus activum vel imitativum* (não há intervenção do narrador no discurso: teatro, por exemplo); *genus ennarativum* (só o poeta tem a palavra: sentenças, poemas didáticos); *genus commune* (mistura dos dois gêneros: a epopeia).

inquit, a *oratio tecta*)[59], estudo de "pontos de vista", etc. Todos estes elementos fazem parte do nível narracional. É necessário acrescentar evidentemente a escritura no seu conjunto, pois seu papel não é o de "transmitir" a narrativa, mas de mostrá-la.

É, com efeito, em uma amostra da narrativa que se vêm integrar as unidades dos níveis inferiores: a forma última da narrativa, como narrativa, transcende seus conteúdos e suas formas propriamente narrativas (funções e ações). Isto explica que o código narracional seja o último nível que nossa análise pode atingir, salvo sair do objeto-narrativa, isto é, salvo transgredir a regra da imanência que a fundamenta. A narração não pode com efeito receber sua significação do mundo que a usa, acima do nível narracional, começa o mundo, isto é, outros sistemas (sociais, econômicos, ideológicos), cujos termos não são mais apenas as narrativas, mas elementos de uma outra substância (fatos históricos, determinações, comportamentos, etc.). Do mesmo modo que a linguística para na frase, a análise da narrativa para no discurso: é necessário em seguida passar a uma outra semiótica. A linguística conhece este gênero de fronteiras, que ela já postulou – senão explorou – sob o nome de situação. Halliday define a "situação" (em relação a uma frase) como o conjunto dos fatos linguísticos não associados[60]; Prieto, como "o conjunto dos fatos conhecidos pelo receptor no momento do ato sêmico e independentemente deste"[61]. Pode-se dizer da mesma maneira que toda narrativa é tributária de uma "situação de narrativa", conjunto de protocolos segundo os quais a narrativa é consumida. Nas sociedades ditas "arcaicas", a situação de narrativa é fortemente codificada[62]; só, em nossos dias, a literatura de vanguarda

---

59. SORENSEN, H. *Mélanges Jansen*, p. 150.
60. HALLIDAY, J.K. Linguistique générale et linguistique appliquée. In: *Etudes de linguistique appliquée*, n. 1, 1962, p. 6.
61. PRIETO, L.J. *Príncipes de noologie*. Mouton, 1964, p. 36.
62. O conto, lembrava L. Sebag, pode ser dito a todo momento e em todo lugar, não a narrativa mítica.

sonha ainda com protocolos de leitura, espetaculares em Mallarmé, que queria que o livro fosse recitado em público segundo uma combinatória precisa, tipográficas em Butor que tenta fazer acompanhar o livro com seus próprios signos. Mas no corrente, nossa sociedade escamoteia também o mais cuidadosamente possível a codificação da situação de narrativa: não se contam mais os procedimentos de narração que tentam naturalizar a narrativa que vai seguir, fingindo dar-lhe como causa uma ocasião natural e, caso se possa dizer, "desinaugurá-la": romances por cartas, manuscritos pretensamente reencontrados, autor que encontrou o narrador, filmes que lançam sua história antes dos letreiros. A repugnância de mostrar seus códigos marca a sociedade burguesa e a cultura de massa que dela se originou: a uma e a outra são necessários signos que não pareçam signos. Isto não é, entretanto, caso se possa dizer, um epifenômeno estrutural: por mais familiar, por mais negligente que seja hoje o fato de abrir um romance, um jornal ou ligar um aparelho de televisão, nada pode impedir que este ato modesto instale em nós, de um só golpe e no seu todo, o código narrativo do qual teremos necessidade. O nível narracional tem deste modo um papel ambíguo: contíguo à situação da narrativa (e por vezes mesmo incluindo-a), ele abre sobre o mundo onde a narrativa se desfaz (se consome); mas ao mesmo tempo, coroando os níveis anteriores, ele fecha a narrativa, constituindo-a definitivamente como fala (*parole*) de uma língua que prevê e contém sua própria metalinguagem.

V. O sistema da narrativa

A língua propriamente dita pode ser definida pelo concurso de dois processos fundamentais: a articulação, ou segmentação, que produz unidades (é a forma, segundo Benveniste), a integração, que recolhe estas unidades em unidades de um nível superior (é o *sentido*). Este duplo processo se reencontra na língua da narrativa; ela também conhece uma articulação e uma integração, uma forma e uma significação.

1. Distorção e expansão

A forma da narrativa é essencialmente marcada por dois poderes: o de distender os signos ao longo da história, e o de inserir nestas distorções as expansões imprevisíveis. Estes dois poderes aparecem como liberdades; mas o típico da narrativa é precisamente incluir estes "afastamentos" na sua língua[63].

A distorção dos signos existe na língua onde Bally a estuda, a propósito do francês e do alemão[64]; há distaxia, desde que os signos (de uma mensagem) não sejam simplesmente justapostos, desde que a linearidade (lógica) é perturbada (o predicado precedendo por exemplo o sujeito). Uma forma notável da distaxia encontra-se quando as partes de um mesmo signo são separadas por outros signos ao longo da cadeia da mensagem (por exemplo, a negação *ne jamais* e o verbo *a pardonné* em: *ele ne nous a jamais pardonné):* o signo sendo fracionado, seu significado está repartido em diversos significantes, distantes uns dos outros e em que cada um considerado à parte não pode ser compreendido. O que já foi visto a propósito do nível funcional é exatamente o que se passa na narrativa: as unidades de uma sequência, embora formando um todo no nível desta mesma sequência, podem ser separadas umas das outras pela inserção de unidades que vêm de outras sequências: já foi dito, a estrutura do nível funcional é uma fuga[65].

Segundo a terminologia de Bally, que opõe as línguas sintéticas, onde predomina a distaxia (como o alemão) e as línguas analí-

---

63. VALÉRY: "O romance aproxima-se formalmente do sonho; pode-se definir ambos pela consideração desta curiosa propriedade: que todos os seus afastamentos lhes pertencem".
64. BALLY, C. *Linguistique générale et linguistique française*. 4. ed. Berna, 1965.
65. Cf. LÉVI-STRAUSS, C. *Anthropologie structurale*, p. 234: "Relações que provenham do mesmo grupo podem aparecer em intervalos afastados, quando nos colocamos em um ponto de vista diacrônico". A.J. Greimas insistiu sobre o afastamento das funções (*Sémantique structurale*).

ticas, que respeitam mais a linearidade lógica e a monossemia (como o francês), a narrativa seria uma língua fortemente sintética, fundada essencialmente sobre uma sintaxe de encaixamento e de desenvolvimento: cada ponto da narrativa irradia em muitas direções ao mesmo tempo: quando James Bond pede um uísque esperando o avião, este uísque, como índice, tem um valor polissêmico, é uma espécie de nó simbólico que se assemelha a diversos significados (modernidade, riqueza, ociosidade); mas, como unidade funcional, o pedido de uísque deve percorrer, pouco a pouco, numerosas etapas (consumação, espera, partida, etc.) para encontrar sua significação final: a unidade é "tomada" por toda a narrativa, mas também a narrativa não "subsiste" a não ser pela distorção e irradiação de suas unidades.

A distorção generalizada dá à língua da narrativa sua marca própria: fenômeno de pura lógica, porque é fundada sobre uma relação, frequentemente longínqua, e porque mobiliza uma espécie de confiança na memória intelectiva, substitui sem cessar a significação da cópia pura e simples dos acontecimentos relatados; segundo a "vida", é pouco provável que, em um encontro, o fato de se sentar não siga imediatamente o convite para tomar um lugar; na narrativa, estas unidades, contíguas de um ponto de vista mimético, podem ser separadas por uma longa sequência de inserções pertencendo a esferas funcionais completamente diferentes: assim se estabelece uma espécie de *tempo lógico*, que tem pouca relação com o tempo real, a pulverização aparente das unidades sendo sempre mantida firmemente sob a lógica que une os núcleos da sequência. O "suspense" não é evidentemente mais que uma forma privilegiada, ou, caso se prefira, exasperada, da distorção: de um lado mantendo uma sequência aberta (por procedimentos enfáticos de retardamento e de adiantamento), reforça o contacto com o leitor (ou ouvinte), detém uma função manifestamente fática; e, por outro lado, oferece-lhe a ameaça de uma sequência inacabada, de um paradigma aberto (se, como cremos, toda sequência tem dois polos), isto é, uma perturbação lógica, e é esta perturbação que é consumida com angústia e prazer (enquanto é sempre finalmente reparada); o "suspense" é, pois, um jogo com a estrutura, destinado, caso se possa dizer, a arriscá-la e a glorificá-la: constitui um verdadeiro *thrilling* do inteligível: representando a ordem (e não mais a série) na sua fragilidade, realiza a ideia mesma de língua: o que aparece mais patético é também o mais intelectual: o "suspense" captura pelo "espírito", não pelas "tripas"[66].

O que pode ser separado pode ser também preenchido. Distendidos, os núcleos funcionais apresentam espaços intercalares, que podem ser acumulados quase infinitamente; podem-se preencher os interstícios com um número muito grande de catálises; entretanto, aqui, uma nova tipologia pode intervir, pois a liberdade de catálise pode ser regulada segundo o conteúdo das funções (certas funções são mais expostas que outras à catálise: a *espera*, por exemplo[67]) e segundo a substância da narrativa (a escritura tem possibilidades de diérese – e pois de catálise – bem superiores às do filme: pode-se "cortar" um gesto recitado mais facilmente do que o mesmo gesto visualizado)[68]. O poder catalítico da narrativa tem por corolário seu poder elítico. De uma parte, uma função (ele comeu uma refeição substancial) pode economizar todas as catálises virtuais que ela contém (o detalhe da refeição[69]; de outra parte, é possível reduzir uma sequência a seus núcleos e uma hierarquia de sequências a seus termos superiores, sem alterar a significação da

---

66. J.P. FAYE, a propósito do *Baphomet* de Klossovski: "Raramente a ficção (ou a narrativa) desvendou tão nitidamente o que ela é sempre forçosamente: uma experimentação do 'pensamento' sobre a 'vida'" (*Tel. Quel*, n. 22, p. 88).
67. A *espera* só tem logicamente dois núcleos: 1°) espera colocada; 2°) espera satisfeita ou frustrada; mas o primeiro núcleo pode ser largamente catalisado, às vezes mesmo indefinidamente (*En attendant Godot*): ainda um jogo, desta vez extremo, com a estrutura.
68. VALÉRY: "Proust divide – e nos dá a sensação de poder dividir indefinidamente – o que os outros escritores se acostumaram a vencer".
69. Aqui ainda há especificações segundo a substância: a literatura tem um poder elítico inigualável – que o cinema não tem.

história: uma narrativa pode ser identificada, mesmo se seja reduzido seu sintagma total a seus actantes e a suas grandes funções, de tal modo que elas resultem da assunção progressiva das unidades funcionais[70]. Dito de outro modo, a narrativa oferece-se ao resumo (o que se chamava antigamente o *argumento*). À primeira vista, acontece o mesmo em todo discurso; mas cada discurso tem seu tipo de resumo; o poema lírico, por exemplo, sendo apenas a vasta metáfora de um só significado[71], resumi-lo é dar este significado, e a operação é tão drástica que faz desaparecer a identidade do poema (resumidos, os poemas líricos se reduzem aos significados Amor e Morte): de onde a convicção de que não se pode resumir um poema. Ao contrário, o resumo da narrativa (se é conduzido segundo critérios estruturais) mantém a individualidade da mensagem. Dito de outra maneira, a narrativa é traduzível, sem prejuízo fundamental: o que não é traduzível só se determina no último nível, narracional: os significantes de narratividade, por exemplo, podem dificilmente passar do romance ao filme, que só conhece tratamento pessoal excepcionalmente[72]; e a última classe do nível narracional, a saber, a escritura, não pode passar de uma língua a outra (ou passa muito mal). A tradutibilidade da narrativa resulta em descobrir a estrutura de sua língua; por um caminho inverso seria então possível encontrar esta estrutura distinguindo e classificando os elementos (diversamente) traduzíveis e intraduzíveis

---

[70]. Esta redução não corresponde forçosamente à decomposição do livro em capítulos; parece ao contrário que, cada vez mais, os capítulos têm por papel instalar rupturas, isto é, suspenses (técnicas do folhetim).
[71]. RUWET, N. "Analyse structurale d'un poème français". *Linguistics*, n. 3, 1964, p. 82: o poema pode ser compreendido como o resultado de uma série de transformações aplicadas à proposição "Eu te amo". Ruwet faz justamente alusão, ali, à análise do delírio paranóico dado por Freud a propósito do Presidente Schreber (*Cinq psychanalyses*).
[72]. Ainda uma vez não há nenhuma relação entre a "pessoa" gramatical do narrador e a "personalidade" (ou a subjetividade) que um *metteur en scène* põe na sua maneira de apresentar uma história: a câmera-eu (identificada continuamente ao olho de um personagem) é um fato excepcional na história do cinema.

de uma narrativa: a existência (atual) de semióticas diferentes e concorrentes (literatura, cinema, histórias em quadrinhos, rádio) facilitaria muito este caminho de análise.

2. *Mimesis e significação*

Na língua da narrativa, o segundo processo importante é a integração: o que foi separado em um certo nível (uma sequência, por exemplo) é reunido com mais frequência em um nível superior (sequência de um alto grau hierárquico, significado total de uma dispersão de índices, ação de uma classe de personagens); a complexidade de uma narrativa pode-se comparar à de um organograma, capaz de integrar os movimentos para trás e os saltos para diante; ou, mais exatamente, é a integração, sob formas variadas, que permite compensar a complexidade aparentemente indomável das unidades de um nível; é ela que permite orientar a compreensão de elementos descontínuos, contínuos e heterogêneos (tais quais são dados pelo sintagma, que só conhece uma dimensão: a sucessão); caso se chame, como Greimas, *isotopia*, a unidade de significação (a que, por exemplo, impregna um signo e seu contexto), dir-se-á que a integração é um fator de isotopia: cada nível (integratório) dá sua isotopia às unidades do nível inferior, impede a significação de "oscilar" – o que não deixaria de se produzir, caso não se percebesse a decalagem dos níveis. Entretanto, a integração narrativa não se apresenta de uma maneira serenamente regular, como uma bela arquitetura que conduziria por chicanas simétricas, de uma infinidade de elementos simples, a algumas massas complexas; com muita frequência uma mesma unidade pode ter dois correlatos, um sobre um nível (função de uma sequência), outro sobre um outro (índice remetendo a um actante); a narrativa apresenta-se assim como uma série de elementos mediatos e imediatos, fortemente imbricados; a distaxia orienta uma leitura "horizontal", mas a integração superpõe-lhe uma leitura "vertical": há uma espécie de "encaixamento" estrutural, como um jogo incessante de potenciais, cujas quedas variadas dão à narrativa seu *tônus* ou sua energia: cada unidade é percebida no seu afloramento e sua profundidade e é assim que a narrativa "anda": pelo concurso destes dois caminhos, a estrutura ramifica-se, prolifera, descobre-se – e recobra-se: o novo não cessa de ser regular. Há seguramente uma liberdade da narrativa (como há uma liberdade de todo locutor, diante de sua língua), mas esta liberdade é, ao pé da letra, *limitada*: entre o código forte da língua e o código forte da narrativa, estabelece-se, caso possa ser dito, um vazio: a frase. Caso se tente abarcar o conjunto de uma narrativa escrita, vê-se que ela parte do mais codificado (o nível fonemático, ou mesmo merismático), se distende progressivamente até à frase, ponto extremo da liberdade combinatória, depois recomeça a se estender, partindo de pequenos grupos de frases (microssequências), ainda muito livres, até às grandes ações, que formam um código forte e restrito: a criatividade da narrativa (ao menos sob sua aparência mítica de "vida") situar-se-ia assim *entre dois códigos*, o da *linguística* e o da *translinguística*. É por isto que se pode dizer paradoxalmente que a *arte* (no sentido romântico do termo) está no trabalho dos enunciados de detalhe, enquanto que a imaginação é do domínio do código: "Em suma, dizia Poe, ver-se-á que o homem engenhoso está sempre cheio do imaginativo e que o homem verdadeiramente imaginativo não é outra coisa mais que um analista..."[73] É necessário, pois, vir a tratar do "realismo" da narrativa. Recebendo um telefonema no escritório onde está de guarda, Bond "sonha", diz-nos o autor: "As comunicações com Hong-Kong são sempre tão ruins e tão difíceis de obter". Ora, nem o "sonho" de Bond nem a má qualidade da comunicação telefônica são a verdadeira informação; esta contingência parece talvez "viva", mas a informação verdadeira, a que germinará mais tarde, é a localização do telefonema, a saber Hong-Kong. Assim, em toda narrativa, a imitação permanece contingente[74]; a função da narrativa

---

73. *Le double assassinat de la rue Morgue*, trad. Baudelaire.
74. G. Genette tem razão em reduzir a *mimesis* aos fragmentos de diálogo narrados (cf. infra); ainda o diálogo apresenta sempre uma função inteligível e não mimética.

não é de "representar", é de constituir um espetáculo que permanece ainda para nós muito enigmático, mas que não saberia ser de ordem mimética; a "realidade" de uma sequência não está na continuação "natural" das ações que a compõem, mas na lógica que aí se expõe, que aí se arrisca e que aí satisfaz; poder-se-ia dizer de uma outra maneira que a origem de uma sequência não é a observação da realidade, mas a necessidade de variar e de ultrapassar a primeira *forma* que se ofereceu ao homem, a saber, a repetição; uma sequência é essencialmente um todo no seio do qual nada se repete; a lógica tem aqui um valor emancipador – e toda a narrativa com ela; é possível que os homens reinjetem sem cessar na narrativa o que conheceram, o que viveram; ao menos isto está em uma forma que, ela, triunfou da repetição e instituiu o modelo de um vir a ser. A narrativa não faz ver, não imita; a paixão que nos pode inflamar à leitura de um romance não é a de uma "visão" (de fato, não "vemos" nada), é a da significação, isto é, de uma ordem superior da relação, que possui, ela também, suas emoções, suas esperanças, suas ameaças, seus triunfos: "o que se passa" na narrativa não é do ponto de vista referencial (real), ao pé da letra: *nada*[75] "do que acontece" é a linguagem tão somente, a aventura da linguagem, cuja vinda não deixa nunca de ser festejada. Embora pouco se saiba sobre a origem da narrativa e sobre a da linguagem, pode-se razoavelmente adiantar que a narrativa é contemporânea do monólogo, criação, parece, posterior à do diálogo: em todo caso, sem querer forçar a hipótese filogenética, pode ser significativo que isto ocorra no mesmo momento (em torno dos três anos) em que o filho do homem "inventa" ao mesmo tempo a frase, a narrativa e o Édipo.

---

[75]. MALLARMÉ. *Grayonné au théâtre*. Paris: Plêiade, p. 296: "...Uma obra dramática mostra a sucessão dos exteriores do ato sem que nenhum momento guarde realidade e sem que se passe afinal de contas nada".

Elementos para uma teoria da interpretação da narrativa mítica

A.J. Greimas
École Pratique des Hautes Études, Paris.

Em homenagem a Claude Lévi-Strauss.

I. A teoria semântica e a mitologia

Os progressos alcançados recentemente nas pesquisas mitológicas, graças sobretudo aos trabalhos de Claude Lévi-Strauss, vêm trazer materiais e elementos de reflexão à teoria semântica que coloca, como se sabe, o problema da *lisibilidade* dos textos e procura estabelecer um inventário dos procedimentos de sua descrição.

Ora, parece que a metodologia da interpretação dos mitos se situa, em virtude de sua complexidade, fora dos limites atribuídos à semântica, no momento atual, pelas teorias mais em voga nos EUA, notadamente as de J.J. Katz e J.A. Fodor.

1) A teoria semântica que procurasse dar conta da leitura dos mitos, longe de limitar-se à interpretação dos enunciados, deve operar com sequências de enunciados articulados em narrativas.

2) Em lugar de excluir qualquer referência ao contexto, a descrição dos mitos é levada a utilizar informações extratextuais sem as quais o estabelecimento da isotopia narrativa seria impossível.

3) O sujeito que fala (= o leitor) não pode ser considerado como o invariante da comunicação mítica, pois esta transcende a

categoria de *consciente* vs *inconsciente*. O objeto da descrição situa-se no nível da transmissão, do *texto-invariante*, e não no nível da recepção do *leitor-variável*.

Somos obrigados, por conseguinte, a partir não de uma teoria semântica constituída, mas de um conjunto de fatos descritos e de conceitos elaborados pelo mitólogo; nós procuramos:

1º) à medida que uns e outros podem ser formulados em termos de uma semântica geral suscetível de dar conta, entre outras, da interpretação mitológica;

2º) quais exigências as conceptualizações dos mitólogos colocam a esta teoria semântica.

Escolhemos para isso o mito de referência Bororo que serve a Lévi-Strauss, em *Le Cru et le Cuit*, de ponto de partida para a descrição do universo mitológico tomado em uma de suas dimensões: a da cultura alimentar. Entretanto, enquanto que Lévi-Strauss se tinha proposto a inscrever este mito-ocorrência no universo mitológico progressivamente constituído, nosso objetivo será o de partir do mito de referência considerado como uma unidade narrativa, tentando explicitar os procedimentos de descrição necessários para alcançar, por etapas sucessivas, a lisibilidade máxima deste mito particular. Nesta pesquisa metodológica, nosso trabalho consistirá essencialmente no reagrupamento e na exploração de descobertas que não nos pertencem.

II. As componentes estruturais do mito

II.1. As três componentes

Toda descrição do mito deve levar em conta, segundo Lévi-Strauss, três elementos fundamentais: 1º) a armadura; 2º) o código; 3º) a mensagem.

Nós nos perguntaremos portanto: 1º) como interpretar, no quadro de uma teoria semântica, estas três componentes do mito, e 2º) que lugar atribuir, a cada uma delas, na interpretação de uma narrativa mítica.

II.2. *A armadura*

É preciso entender por *armadura* (que é um elemento invariável) o *status* estrutural do mito na qualidade de narração. Este *status* parece ser duplo: 1º) pode-se dizer que o conjunto das propriedades estruturais comuns a todos os mitos-narrativas constitui um modelo narrativo, 2º) mas esse modelo deve dar conta simultaneamente (a) do mito considerado como unidade discursiva transfrásica e (b) da estrutura do conteúdo que é manifestado por meio dessa narração.

1) A narrativa, unidade discursiva, deve ser considerada como um algoritmo, isto é, como uma sucessão de enunciados cujas funções-predicados simulam linguisticamente um conjunto de comportamentos orientados para um objetivo. Na qualidade de uma sucessão, a narrativa possui uma *dimensão temporal*: os comportamentos ali apresentados mantêm entre eles relações de anterioridade e posteridade.

A narrativa, para ter um sentido, deve ser um todo de significação; ela apresenta-se, por isso, como uma *estrutura semântica simples*. Disso resulta que os desenvolvimentos secundários da narração, não encontrando seu lugar na estrutura simples, constituem uma camada estrutural subordinada: a narração, considerada como um todo, terá por contrapartida uma estrutura hierárquica do conteúdo.

2) Uma subclasse de narrativas (mitos, contos, peças de teatro, etc.) possui uma característica comum que pode ser considerada como a propriedade estrutural desta subclasse de *narrativas drama-*

tizadas: a dimensão temporal, sobre a qual se encontram situadas, é dicotomizada em *um antes* vs *um depois*.

A este *antes* vs *depois* discursivo corresponde ao que se chama uma "reviravolta da situação" que, sobre o plano da estrutura implícita, não é outra coisa que uma inversão dos signos do conteúdo. Uma correlação existe assim entre os dois planos:

$$\frac{\text{antes}}{\text{depois}} \simeq \frac{\text{conteúdo invertido}}{\text{conteúdo colocado}}$$

3) Restringindo, uma vez mais, o inventário de narrativas, encontra-se que um grande número delas (o conto popular russo, mas também nosso mito de referência) possuem uma outra propriedade que consiste em comportar uma sequência inicial e uma sequência final situadas sobre planos de "realidade" mítica diferentes do corpo da narrativa ela mesma.

A esta particularidade da narração corresponde uma nova articulação de conteúdo: aos dois *conteúdos tópicos* – dos quais um é colocado e o outro, invertido – encontram-se adicionados dois outros *conteúdos correlatos* que estão, em princípio, na mesma relação de transformação que os conteúdos tópicos.

Esta primeira definição de armadura, que não está em contradição com a fórmula geral do mito proposta há pouco tempo por Lévi-Strauss, mesmo não sendo inteiramente satisfatória – pois não permite ainda, no estado atual de nossos conhecimentos, estabelecer a classificação do conjunto das narrativas considerado como gênero – constitui entretanto um *elemento de previsibilidade* da interpretação não negligenciável: pode-se dizer que a primeira etapa dos procedimentos, no processo da descrição do mito, é a divisão da narrativa mítica em sequência às quais deve corresponder, a título de hipótese, uma articulação previsível dos conteúdos.

II.3. *A mensagem*

Uma tal concepção da armadura deixa prever que a mensagem, isto é, a significação particular do mito-ocorrência, se situa, ela também, sobre duas isotopias simultaneamente e dá lugar a duas leituras diferentes, uma sobre o plano discursivo e a outra sobre o plano estrutural. Talvez não seja inútil precisar que por *isotopia* entendemos um conjunto redundante de categorias semânticas que torna possível a leitura uniforme da narrativa, tal como ela resulta das leituras parciais dos enunciados após a resolução de suas ambiguidades, esta resolução ela mesma sendo guiada pela procura da leitura única.

1) A isotopia narrativa fica determinada por uma certa perspectiva antropocêntrica que faz com que a narrativa seja concebida como uma sucessão de acontecimentos cujos atores são seres animados, agentes ou pacientes. Neste nível, uma primeira categorização: *individual* vs. *coletivo* permite distinguir um herói associal que, separando-se da comunidade, aparece como um agente graças ao qual se produz a reviravolta da situação, que se coloca, dito de outra forma, como mediador personalizado entre a situação-antes e a situação-depois.

Vê-se que esta primeira isotopia reencontra, do ponto de vista linguístico, a *análise de signos*: os atores e os acontecimentos narrativos são lexemas (= morfemas, no sentido norte-americano), analisáveis em semamas (= acepções ou "sentidos" das palavras) que se encontram organizados, por meio de relações sintáticas, em enunciados unívocos.

2) A segunda isotopia se situa, ao contrário, no nível da estrutura do conteúdo postulado a este plano discursivo. Às sequências narrativas correspondem conteúdos cujas relações recíprocas são teoricamente conhecidas. O problema que se apresenta à descrição é o da equivalência a estabelecer entre os lexemas e os enunciados constitutivos das sequências narrativas e as articulações estruturais

dos conteúdos que lhes correspondem, e é a resolvê-lo que vamos nos empregar. Por enquanto basta dizer que esta transposição supõe uma *análise em semas* (= traços pertinentes da significação) que somente ela pode permitir a colocação entre parênteses das propriedades antropomórficas dos lexemas-atores e dos lexemas-acontecimentos. Quanto às performances do herói que ocupam a parte central na economia da narrativa, elas só podem corresponder às operações linguísticas de transformação, dando conta das inversões de conteúdo.

Uma tal concepção da mensagem que seria lisível sobre duas isotopias distintas, das quais a primeira seria apenas a manifestação discursiva da segunda, não é talvez senão uma formulação teórica. Ela pode corresponder somente a uma subclasse de narrativas (os contos populares, por exemplo), enquanto que uma outra subclasse (os mitos) seria caracterizada pela imbricação, em uma única narrativa, das sequências situadas ora sobre uma, ora sobre a outra das duas isotopias. Isto nos parece secundário na medida em que (a) a distinção que acabamos de estabelecer enriquece nosso conhecimento do modelo narrativo e pode mesmo servir de critério à classificação das narrativas, (b) na medida em que, igualmente, ela separa nitidamente dois procedimentos de descrição distintos e complementares, contribuindo assim à elaboração de técnicas de interpretação.

II.4. O código

A reflexão mitológica de Lévi-Strauss, desde seu primeiro estudo sobre a *Structure du Mythe* até os *Mythologiques* de hoje, está marcada por uma mudança de interesse que, dirigido inicialmente sobre a definição da estrutura do mito-narrativa, compreende agora a problemática da descrição do universo mitológico, concentrada primeiro sobre as propriedades formais da estrutura acrônica, encara atualmente a possibilidade de uma descrição comparativa que seria simultaneamente geral e histórica. Esta introdução do comparativismo contém contribuições metodológicas importantes que é necessário explicitar.

II.4.1. A definição das unidades narrativas

A utilização, por via de comparação, dos dados que podem fornecer o universo mitológico é, à primeira vista, apenas uma exploração, concebida sob um certo ângulo, das informações do contexto. Nesta perspectiva, pode tomar duas formas diferentes: 1) pode-se procurar elucidar a leitura de um mito-ocorrência comparando-o a outros mitos ou, de maneira geral, porções sintagmáticas da narrativa a outras porções sintagmáticas; 2) pode-se colocar em correlação tal elemento narrativo com outros elementos comparáveis.

O estabelecimento da correlação de dois elementos narrativos não idênticos pertencendo a duas narrativas diferentes leva a reconhecer a existência de uma disjunção paradigmática que, operando no interior de uma categoria semântica dada, faz com que se considere o segundo elemento narrativo como a transformação do primeiro. Entretanto – e isto é o mais importante – constata-se que a transformação de um dos elementos tem por consequência provocar transformações em cadeia ao longo de toda a sequência. Esta constatação, por sua vez, comporta as duas consequências teóricas seguintes:

1º) ela permite afirmar a existência de *relações necessárias* entre os elementos cujas conversões são concomitantes;

2º) permite delimitar os *sintagmas narrativos* da narrativa mítica, definíveis simultaneamente por seus elementos constitutivos e por seu encadeamento necessário;

3º) finalmente, permite definir os elementos narrativos eles mesmos não mais somente por sua correlação paradigmática, isto é, no fundo, pelo procedimento da comutação, há pouco proposto por Lévi-Strauss, mas também por sua colocação e sua função no interior da unidade sintagmática da qual fazem parte. A dupla definição do *elemento narrativo* corresponde, como se vê, ao enfoque convergente, pragueano e dinamarquês, da definição do fonema.

É inútil insistir sobre a importância desta *definição formal* das unidades narrativas cuja extrapolação e aplicação a outros universos semânticos não podem deixar de se impor. No estágio atual, ela só pode consolidar nossas tentativas de delimitação e de definição de tais unidades a partir das análises de V. Propp. Não podendo proceder aqui a verificações exaustivas, diremos simplesmente, a título de hipótese, que três tipos caracterizados de sintagmas narrativos podem ser reconhecidos:

1º) os sintagmas performanciais (provas);

2º) os sintagmas contratuais (estabelecimentos e rupturas de contrato);

3º) os sintagmas disjuncionais (partidas e regressos).

Vê-se que a definição dos elementos e dos sintagmas narrativos não é obtida a partir do conhecimento do contexto, mas da metodologia geral de estabelecimento das unidades linguísticas, e que as unidades assim definidas o são com vantagem para o modelo narrativo, isto é, da armadura.

II.4.2. Delimitações e reconversões

O conhecimento teórico das unidades narrativas pode desde logo ser explorado no nível dos procedimentos de descrição. Assim, a colocação em paralelo de duas sequências quaisquer, das quais uma é a sequência a interpretar e a outra, a sequência transformada, pode ter dois objetivos diferentes:

1º) Se a sequência a interpretar parece situar-se sobre a isotopia presumida para o conjunto da narrativa, a comparação permitirá determinar, no interior da sequência dada, os limites dos sintagmas narrativos que ali estão contidos.

É preciso entretanto prevenir contra a concepção segundo a qual os sintagmas narrativos, correspondendo às sequências do texto, seriam eles mesmos contínuos e amalgamados: sua manifestação, ao contrário, toma com frequência a forma de significantes descontínuos, de tal modo que a narrativa, analisada e descrita como uma série de sintagmas narrativos, deixa de ser sincrônica e isomorfa em relação ao texto tal como se apresenta em estado bruto.

2º) Se a sequência a interpretar parece invertida em relação à isotopia presumida, a comparação, confirmando esta hipótese, permitirá proceder à reconversão do sintagma narrativo reconhecido e ao restabelecimento da isotopia geral.

Utilizando o termo de reconversão, proposto por Hjelmslev no seu *Langage*, nós esperamos introduzir uma nova precisão, a fim de distinguir as verdadeiras transformações, isto é, as inversões dos conteúdos, correspondendo seja às exigências do modelo narrativo, seja às mutações intermíticas, das manifestações antifrásicas dos três conteúdos invertidos e cuja reconversão, necessária ao estabelecimento da isotopia, não muda nada do *status* estrutural do mito.

Notemos aqui, rapidamente, que o procedimento de reconversão que acabamos de examinar não deixa de levantar o problema teórico mais geral, o da existência de dois *modos narrativos* distintos que se poderiam designar como o *modo deceptivo* e o *modo verídico*. Embora se apoiando sobre uma categoria gramatical fundamental, a do *ser* vs *parecer*, que constitui, como se sabe, a primeira articulação semântica das proposições atributivas, o jogo da decepção e da verdade provoca o imbricamento narrativo, bem conhecido em psicanálise, que constitui frequentemente uma das principais dificuldades da leitura, porque cria, no interior da narrativa, camadas hierárquicas de decepção estilística, cujo número resta em princípio indefinido.

II.4.3. Contexto e dicionário

A exploração das informações fornecidas pelo contexto mitológico parece, por conseguinte, situar-se no nível dos elementos narrativos que se manifestam no discurso sob a forma de lexemas. É preciso ainda distinguir as características formais, que eles comportam necessariamente, de suas características substanciais. As primeiras são (1) ou propriedades gramaticais que fazem com que os lexemas sejam, por exemplo, ou bem actantes ou bem predicados, (2) ou *propriedades narrativas* que eles tiram da definição funcional do papel que assumem tanto no interior do sintagma narrativo quanto na narrativa considerada em seu conjunto. Assim, os actantes podem ser sujeitos-heróis ou objetos-valores, destinadores ou destinatários, oponentes-traidores ou adjuvantes-forças benéficas. A estrutura actancial do modelo narrativo faz parte da armadura, e os jogos das distribuições, das acumulações e das disjunções dos papéis fazem parte do *savoir-faire* do descritor anteriormente à utilização do código.

Estas precisões são introduzidas apenas para estabelecer uma nítida separação entre exploração do contexto e exploração dos conhecimentos relativos ao modelo narrativo. O contexto apresenta-se sob a forma de conteúdos investidos, independentes da própria narrativa e assumidos *a posteriori* pelo modelo narrativo. Estes conteúdos investidos são, ao mesmo tempo, já conteúdos constituídos: do mesmo modo que um romancista constitui pouco a pouco, prosseguindo sua narrativa, seus personagens a partir de um nome próprio arbitrariamente escolhido, assim a efabulação mítica ininterrompida constituiu os atores da mitologia, providos de conteúdos conceituais, e *é* este conhecimento difuso dos conteúdos que os Bororos possuem e não o descritor, que forma a matéria primeira que é o *contexto* e que se trata de organizar em *código*.

Sendo dado que estes conteúdos constituídos estão manifestados sob a forma de lexemas, pode-se considerar que o contexto em seu conjunto é redutível a um *dicionário mitológico* no qual a denominação "jaguar" estaria acompanhada de uma definição comportando, (1) de um lado, tudo que se sabe sobre a "natureza" do jaguar (o conjunto de suas qualificações) e, (2) do outro, tudo o que o jaguar é suscetível de fazer ou sofrer (o conjunto de suas funções).

O verbete "jaguar" não seria, nesse caso, muito diferente do artigo "mesa", cuja definição, proposta pelo *Dictionnaire générale de la langue française*, é:

1°) *qualificativa:* "superfície plana de madeira, pedra, etc., suportada por um ou diversos pés" e

2°) *funcional:* "sobre a qual colocam-se objetos (para comer, escrever, trabalhar, brincar, etc.)".

Este dicionário (com a condição de que não comporte os *etc.*) poderia prestar grandes serviços:

1°) permitindo resolver, em uma certa medida, *ambiguidades de leitura* dos enunciados míticos, graças aos procedimentos de seleção de compatibilidades e de exclusão de incompatibilidades entre os diferentes sentidos de lexemas;

2°) facilitando a *ponderação* da narrativa, isto é, permitindo *(a)* preencher as lacunas devidas à utilização litótica de certos lexemas e *(b)* condensar certas sequências em expansão estilística, os dois procedimentos paralelos visando a estabelecer um equilíbrio econômico na narração.

II.4.4. Dicionário e código

Infelizmente, um tal dicionário, para ser constituído e utilizado, pressupõe uma classificação prévia dos conteúdos constituídos e um conhecimento suficiente dos modelos narrativos. Assim, limitando-se unicamente aos lexemas-actantes, poder-se-ia dizer que eles surgem todos de um "sistema dos seres" do qual fala Lévi-Strauss, de um sistema que classificaria todos os seres animados ou suscetíveis de animização, indo dos espíritos sobrenaturais até os "seres" minerais. Mas percebe-se imediatamente que uma tal classificação não seria "verdadeira" em si: dizer, por exemplo, que o jaguar pertence à classe dos animais não tem sentido, mitologicamente falando. A mitologia não se interessa senão pelos quadros classificatórios, ela só opera com os "critérios de classificação", isto é, categorias sêmicas, e não com os lexemas que se encontram assim classificados. Este ponto, metodologicamente importante, merece ser precisado.

1) Suponhamos que uma oposição categórica, a de *humanos* vs *animais*, encontra-se posta em correlação, no interior de uma narrativa, com a categoria do modelo narrativo: *anterioridade* vs *posteridade*. Neste caso, ela funcionará como uma articulação dos conteúdos tópicos em conteúdos colocados e conteúdos invertidos: segundo os termos correlatos, dir-se-á que os humanos eram antigamente animais, ou inversamente. Sobre o plano lexemático, entretanto, o jaguar poderá passear ao longo de toda a narrativa sem mudar de denominação: na primeira parte, ele será um ser humano, na segunda, um animal, ou inversamente. Dito de outro modo, o conteúdo do lexema "jaguar" não é somente taxinômico, ele é ao mesmo tempo *posicional*.

2) Entre os numerosos "efeitos de sentido" que pode comportar o lexema "jaguar", o que finalmente será reconhecido como pertinente para a descrição depende da isotopia geral da mensagem, isto é, da dimensão do universo mitológico da qual o mito particular é a manifestação. Se a dimensão tratada é a da cultura alimentar, o jaguar será considerado em sua função de consumidor, e a análise sêmica de seu conteúdo permitirá ver nele, em correlação com o antes *vs* depois narrativos, como consumidor.

$$\frac{\text{antes}}{\text{(do) cozido + fresco}} \cong \frac{\text{depois}}{\text{(do) cru + fresco}}$$

Por conseguinte, dizer que o jaguar é mestre do fogo não é correto: ele o é apenas em certas posições e não em outras. O dicionário em vista deve comportar não somente as definições positivas e invertidas do jaguar, ele pressupõe a classificação do universo mitológico segundo as dimensões culturais fundamentais que pode comportar.

3) Existem, finalmente, transformações de elementos narrativos que se situam não entre os mitos, mas no interior do mito-ocorrência. Este é o caso do nosso mito referência que apresenta a metamorfose do herói-jaguar em herói-cervo. Sobre o plano do código alimentar, trata-se muito simplesmente da transformação do consumidor do

cru + fresco + animal → cru + fresco + vegetal

(jaguar) (cervo)

e a transformação linguística resume-se em uma substituição paradigmática no interior da categoria (alimento) *animal* vs *vegetal*, cuja justificação deve ser procurada no nível das exigências estruturais do modelo narrativo.

Em relação ao dicionário que continuamos a ter em vista, o exemplo presente é o oposto do que havíamos estudado em (1):

a) no primeiro caso, a denominação não muda, enquanto que o conteúdo muda;

b) no segundo caso, a denominação muda, o conteúdo muda também, mas parcialmente.

O que dá conta dessas mudanças é, por conseguinte, a análise sêmica dos conteúdos e não a análise situada no nível dos lexemas. O dicionário, para ser completo, deveria portanto poder indicar as séries de denominações equivalentes, como resultado das transformações reconhecidas no nível do código. Resulta disso que o dicionário, cuja necessidade para a interpretação automática dos mitos pareceria imperiosa, só se pode constituir em função dos progressos conseguidos em nosso conhecimento da armadura e do universo mitológico articulado em códigos particulares: um verbete de dicionário só terá consistência no dia em que for solidamente enquadrado por um conjunto de categorias semânticas elaboradas graças às outras componentes da teoria interpretativa dos mitos.

II.4.5. Código e manifestação

Nossos esforços para precisar as condições nas quais um dicionário mitológico seria possível e rentável permitem-nos compreender melhor o que é preciso entender, na perspectiva de Lévi-Strauss, por código e, mais particularmente, por código alimentar. O código é uma estrutura formal (1) constituída por um pequeno número de categorias sêmicas (2) cuja combinatória é suscetível de dar conta, sob a forma de sememas, do conjunto de conteúdos investidos que fazem parte da dimensão escolhida do universo mitológico. Assim, a título de exemplo, o código alimentar poderia ser apresentado, parcialmente, sob forma de uma árvore:

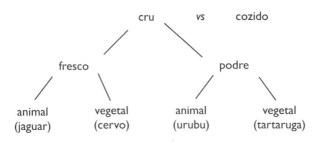

Caso se considere que cada percurso, de cima para baixo, dá conta de uma combinação sêmica constitutiva de um semema e que cada semema representa um conteúdo investido como "objeto de consumo", vê-se que a combinatória visa a esgotar, nas condições estabelecidas *a priori*, todos os conteúdos-objetos de consumo possíveis.

A cada semema corresponde, por outro lado, sobre o plano da manifestação narrativa, lexemas particulares (que colocamos entre parênteses). A relação que existe entre o lexema e o semema que dá conta de seu conteúdo é constrangedora de duas maneiras diferentes:

1º) O lexema manifestado aparece cada vez como *sujeito* de consumo em relação ao semema que é *objeto* de consumo. Trata-se pois de uma relação constante, definida semanticamente e que se pode considerar como a *distância estilística* entre o plano da manifestação e o plano do conteúdo.

2º) A escolha desta ou daquela figura animal para manifestar tal combinação códica do conteúdo não depende da estrutura formal, mas constitui entretanto um fechamento do *corpus mitológico* firmado, tal como se encontra manifestado numa comunidade cultural dada. Isto quer dizer que o inventário lexemático de uma mitologia (quer dizer, o dicionário) representa uma combinatória firmada porque realizada ao passo que o código funciona como uma combinatória relativamente aberta. Compreende-se deste modo que o mesmo código pode dar conta de diversos universos mitológicos comparáveis, mas manifestados de maneira diferente e que constitui assim, desde que seja bem construído, um modelo geral que fundamenta o comparativismo mitológico.

A armadura e o código, o modelo narrativo e o modelo taxinômico são, por conseguinte, as duas componentes de uma teoria da interpretação mitológica, e a lisibilidade maior ou menor dos textos míticos é função do conhecimento teórico dessas duas estruturas cujo encontro tem o efeito de produzir as mensagens míticas.

III. A mensagem narrativa

III.1. A práxis descritiva

Teoricamente, pois, a leitura da mensagem mítica pressupõe o conhecimento da estrutura do mito e a dos princípios organizadores do universo mitológico do qual é a manifestação realizada nas condições históricas dadas. Praticamente, este conhecimento é apenas parcial, e a descrição aparece assim como uma práxis que, operando conjuntamente com a mensagem-ocorrência e os modelos da armadura e do código, consegue aumentar simultaneamente nosso conhecimento da mensagem e o dos modelos que lhe são imanentes. Seremos, portanto, obrigados a partir do plano manifestado e de suas isotopias variadas, procurando ao mesmo tempo atingir a isotopia estrutural única da mensagem e definir, na medida do possível, os procedimentos permitindo efetuar esta passagem.

Após ter dividido o texto em sequências correspondentes às articulações de conteúdo previsíveis, tentaremos analisar cada sequência separadamente, procurando delimitar, com a ajuda de uma transcrição normalizada, os elementos e os sintagmas míticos que contém.

III.2. A divisão em sequencias

A articulação presumida do conteúdo segundo as duas categorias de

    conteúdo tópico   vs   *conteúdo*

    conteúdo colocado   vs   *conteúdo*

permite a divisão do texto em quatro sequências. As duas sequências tópicas parecem entretanto suscetíveis de uma nova subdivisão, cada uma comportando séries de acontecimentos situados sobre duas isotopias aparentemente heterogêneas: a primeira compreende duas expedições sucessivas do herói, a segunda separa espacialmente os acontecimentos relativos ao retorno do herói, situando alguns na aldeia, outros na floresta. Esta segunda divisão pragmática, que teremos de justificar mais tarde, permite, pois, desarticular a narrativa em seis sequências:

	NARRATIVA MÍTICA					
CONTEÚDOS	Conteúdo invertido			Conteúdo colocado		
	Conteúdo correlato	Conteúdo tópico		Conteúdo tópico		Conteúdo correlato
Sequências Narrativas	Inicial	Ninho das almas	Ninho das araras	Retorno	Vingança	Final

III.3. A transcrição em unidades narrativas

A transposição que vamos operar consiste:

1°) na apresentação do texto sob a forma canônica de *enunciados narrativos* comportando cada um sua função, seguida de um ou vários actantes;

2°) na organização dos enunciados em algoritmos constitutivos de *sintagmas narrativos*.

Uma tal transcrição é de natureza seletiva: só extrai do texto as informações que são esperadas em vista do conhecimento das propriedades formais do modelo narrativo (tentaremos aplicar aqui à análise da narrativa mítica as formulações das unidades narrativas, obtidas essencialmente como resultado do reexame da estrutura do conto popular de Propp; cf. nossa *Sémantique structurale*, Larousse, 1966). A narrativa assim transcrita apresenta apenas, por conseguinte, a armadura formal do mito, abandonando provisoriamente ao texto os conteúdos da mensagem propriamente ditos.

As finalidades dos procedimentos propostos são as seguintes:

1°) permitindo separar as unidades narrativas, ele constitui os quadros formais no interior dos quais os conteúdos poderão em seguida ser vertidos e corretamente analisados;

2°) retendo somente as unidades narrativas reconhecidas, ele permite a eliminação dos elementos da narrativa não pertinentes à descrição e à explicação de outros elementos que lhe são indispensáveis;

3°) ele deve permitir, finalmente, a identificação e a redistribuição das propriedades semânticas dos conteúdos que lhe provêm do modelo narrativo, seja da posição dos conteúdos que lhe provêm do modelo narrativo, seja da posição dos conteúdos no interior da narrativa, seja das transformações comandadas pelo modelo.

Os limites deste capítulo não nos permitem justificar plenamente esta transcrição. Precisamos somente que, preocupados em primeiro lugar pelo estabelecimento dos sintagmas narrativos, procederemos, em uma primeira etapa, à normalização das funções que poderemos reunir em algoritmos, para retomar em seguida a análise dos actantes da narrativa.

III.4.1. A sequência inicial

"Em tempos muito antigos, aconteceu que as mulheres foram à floresta, para colher as palmas que serviam à confecção de "meias": protetores do pênis entregues aos adolescentes por ocasião da iniciação. Um rapazinho seguiu sua mãe às escondidas, surpreendeu-a e violou-a. Quando esta chegou de volta, seu marido notou as plumas arrancadas, ainda presas ao cinto de casca de árvore e semelhantes àquelas com que se ornamentam os jovens. Suspeitando de alguma aventura, ordenou que se fizesse uma dança, para saber que adolescente usava um ornamento semelhante. Mas, para seu grande estupor, constata que somente seu filho estava neste caso. O homem reclama uma nova dança, com o mesmo resultado."

Elementos para uma teoria da interpretação da narrativa mítica

I. DECEPÇÃO
a) *Disjunção*
   Partida [mulheres] + deslocamento deceptivo [filho]
b) *Prova*
   Luta + Vitória [filho; mãe]   (violação)
   Consequência: marca invertida [mãe]   (a mãe é marcada, não o filho)

II. REVELAÇÃO
a) *Conjunção*
   Retorno [mãe; filho] + reconhecimento da marca [pai; filho]
b) *Prova*
   Prova glorificante simulada e invertida [pai; adolescentes]
   (dança e não luta; traidor e não herói)
   Consequência: revelação do traidor [filho] (e não do herói)
Consequências gerais
   Punição do traidor [pai; filho]

Comentário

A comparação da sequência transcrita com o esquema narrativo permite ver que esta corresponde, na economia geral da narrativa, no nível do conteúdo invertido, à *decepção do poder* e, no nível do conteúdo colocado, à *punição do traidor*: o possuidor encontra-se privado, pelo comportamento deceptivo do antagonista, de um objeto mágico (não natural) que lhe conferia um certo poder. O sujeito "frustrado" não o pode recuperar a não ser que o traidor seja inicialmente reconhecido e, a seguir, punido. A parte tópica da narrativa que daí decorre será a punição do filho-traidor, ordenada pelo pai que se tornou impotente (de um modo não natural).

III.4.2. Expedição ao ninho das almas

"Persuadido de seu infortúnio e desejoso de vingar-se, ele envia o filho ao 'ninho' das almas, com a missão de lhe trazer o grande chocalho de dança (bapo), que deseja. O rapaz consulta sua avó, e esta lhe revela o perigo mortal que se liga à empreitada; recomenda-lhe conseguir a ajuda do beija-flor.

Quando o herói, acompanhado do beija-flor, chega à morada aquática das almas, espera na margem, enquanto o beija-flor voa com presteza, corta o cordão pelo qual está suspenso o chocalho: o instrumento cai n'água e ressoa, "jo!" Alertadas pelo ruído, as almas atiram suas flechas. Mas o beija-flor voa tão depressa que recupera, retorna à margem incólume, com sua presa.

O pai ordena então a seu filho que lhe traga o pequeno chocalho das almas, e o mesmo episódio se reproduz, com os mesmos detalhes, o animal ajudante sendo desta vez a juriti de voo rápido (*Leptoptila sp.*, um pombo). No decorrer da terceira expedição, o rapaz se apodera dos butoré: guizos barulhentos feitos com casco de caititu (*Dycotyles torquatus*) enfiados num cordão e que se usa enrolado em torno do tornozelo. Foi ajudado pelo gafanhoto (*Ecridium cristatum*, E.B., vol. 1, p. 780), cujo voo é mais lento que o dos pássaros, de modo que as flechas o atingem diversas vezes, mas sem matá-lo."

I. *Contrato*
    Proposição [pai] vs Aceitação [filho]
II. *Prova qualificante*
    Prova hipotáxica [avó; filho] [consulta]
    Consequência: recepção do ajudante [3 ajudantes]
III. *Disjunção*
    Partida [filho] + Deslocamento horizontal rápido [filho + ajudantes]
IV. *Prova principal*
    Consequência: liquidação da falta [filho] [roubo dos instrumentos]
    Luta + vitória [filho; espíritos aquáticos] [em sincretismo]
III. bis. *Conjunção*
    Deslocamento horizontal rápido + retorno [filho]
I. bis. *Realização do contrato*
    Liquidação da falta [filho]
    Não restabelecimento do contrato [pai]
Consequência geral
    Qualificação do herói

Comentário

1) Encontramos nesta sequência um certo número de características estruturais da narração bem conhecidas: *a*) o caráter muitas vezes implícito da prova qualificante que só se manifesta pela

consequência, b) a inversão sintagmática resultante do caráter deceptivo da prova, em que o roubo, seguido da perseguição, substitui-se à luta aberta, c) o sincretismo das funções que constituem a perseguição, analisável em luta + deslocamento rápido, d) a triplicação da sequência, cuja significação só pode ser encontrada por uma análise sêmica dos ajudantes (ou dos objetos do desejo).

2) Em relação à economia geral, a sequência transcrita deve corresponder à qualificação do herói.

III.4.3. Expedição ao ninho de araras

"Furioso por ver seus planos frustrados, o pai convida o filho para ir com ele capturar araras que fazem seus ninhos no flanco do rochedo. A avó não sabe bem como enfrentar o novo perigo, mas entrega ao neto um bastão mágico no qual ele poderá se segurar, em caso de queda.

Os dois homens chegam ao pé da muralha; o pai ergue uma longa vara e ordena ao filho subir nela. Logo que este atinje a altura dos ninhos o pai retira a vara; o rapaz tem apenas tempo de enfiar seu bastão numa rachadura. Ele fica suspenso no vazio, gritando por socorro, enquanto o pai vai embora.

Nosso herói percebe um cipó ao alcance da mão; alcança-o e iça-se penosamente até o cume. Após ter repousado, põe-se à procura de alimento, confecciona um arco e flechas com ramos, caça os lagartos que abundam sobre o platô. Mata grande quantidade deles, e pendura os excedentes em sua cintura e nas faixas de algodão que cercam seus braços e tornozelos. Mas os lagartos mortos apodrecem, exalando um mau cheiro tão abominável que o herói desmaia. Os urubus carniceiros *(Cathartes urubu, Coragyps atratus foetens)* abatem-se sobre ele, devorando primeiro os lagartos, e depois atacando o próprio corpo do infeliz, começando pelas nádegas. Reanimado pela dor, o herói expulsa seus agressores, mas não antes que eles tivessem devorado completamente sua parte traseira. Assim satisfeitos, os pássaros tornam-se salvadores: com seus bicos, levantam o herói pelo cinto e pelas faixas dos braços e das pernas, retomam o voo e o depositam docemente ao pé da montanha.

O herói volta a si, 'como se acordasse de um sonho'. Tem fome, come frutas selvangens, mas percebe que, privado da parte traseira, não pode guardar o alimento: este escapa de seu corpo mesmo sem ter sido digerido. Inicialmente perplexo, o rapaz lembra-se de um conto de sua avó, em que o herói resolvia o mesmo problema modelando-se um posterior artificial, com uma massa feita de tubérculos esmagados.

Após ter, deste modo, reencontrado sua integridade física e enfim se alimentado..."

I. SUSPENSÃO DO CONTRATO
   a) Contrato
      Proposição [pai] + Aceitação [filho]
   b) Prova qualificante
      Prova hipotáxica [avó; filho] [consulta]
      Consequência: recepção do ajudante [filho] [o bastão]
   c) Disfunção
      Partida [filho; pai] + Deslocamento ascensional [filho]
   d) Prova principal
      Luta + Vitória [pai; filho] [confronto deceptivo: inversão dos papéis]
      Consequência: retomada do deslocamento [filho]
   e) Consequência contratual: suspensão do contrato

II. ALIMENTAÇÃO ANIMAL
   a) Prova negativa
      Luta + Vitória [filho; lagartos] [caça e absorção da carne crua animal]
      Consequência: fracasso da prova [morte do herói]
   b) Prova positiva
      Luta + Vitória [urubus; filho] [caça e absorção do cru podre]
      Consequência: sucesso da prova.

III. ALIMENTAÇÃO VEGETAL
   a) Disjunção
      Deslocamento descensional [filho] [em sincretismo com a prova precedente: comportamento benfazejo dos oponentes > ajudantes]

Elementos para uma teoria da interpretação da narrativa mítica

b) *Prova negativa*
Luta simulada [filho; frutos selvagens] [colheita e não caça]
Vitória deceptiva [filho] [absorção de alimento vegetal fresco]
Consequência: fracasso da prova [impossibilidade de alimentar-se]
c) *Prova positiva*
Prova qualificante hipotáxica [avó; filho] [consulta em lembrança]
Consequência: recepção do ajudante [filho] [ajudante vegetal]
Prova principal:
Luta simulada redundante + Vitória [filho; frutos selvagens]
Consequência: sucesso da prova [liquidação da falta, impossibilidade de alimentar-se]
Consequência geral:
Liquidação da falta [aquisição de certos modos de alimentação]

Comentário

1) A transição semântica desta sequência faz ressaltar uma das características estruturais do mito estudado: ele aparece cada vez mais como uma construção hipotáxica desenvolvendo, em diversos níveis, os mesmos esquemas narrativos. Assim, a sequência da qual nos ocupamos no momento corresponde, na economia geral da narrativa, à prova principal; considerada em si mesma, ela realiza entretanto, sozinha, o esquema narrativo no qual o algoritmo "suspensão do contrato" toma lugar como prova qualificante; esta, por sua vez, aparece após a transcrição, como uma narrativa autônoma comportando uma prova qualificante e uma prova principal. Resulta daí a manifestação do esquema narrativo sobre três níveis hierárquicos diferentes: um sintagma narrativo, seguindo o nível em que sua leitura está situada, é pois suscetível de receber sucessivamente diversas interpretações.

2) Uma outra característica do modelo narrativo: a *prova pelo absurdo*, que ainda não tínhamos encontrado, aparece pela primeira vez nesta sequência.

III.4.4. O retorno do herói

"Ele volta à sua aldeia, mas encontra o lugar abandonado. Por muito tempo, vagueia à procura dos seus. Um dia, nota marcas de passos e de um bastão, que reconhece como sendo o de sua avó. Segue os traços, mas, temendo mostrar-se, transforma-se num lagarto cujos movimentos intrigam longamente a velha e seu segundo neto, irmão mais moço do precedente. Decide enfim manifestar-se a eles sob seu aspecto verdadeiro (para reencontrar a avó, o herói transforma-se sucessivamente em quatro pássaros e uma borboleta, não identificados, Colb. 2, p. 235-236). Nesta noite, houve uma violenta tempestade acompanhada por um aguaceiro, e todos os fogos da aldeia se apagaram, com exceção do da avó, a quem, na manhã seguinte, todo o mundo veio pedir brasas, notadamente a segunda mulher do pai assassino."

I. RETORNO DO HERÓI
    a) Retorno negativo
        Partida [filho] + Deslocamento horizontal [filho] [a partir do lugar da prova]
        Retorno deceptivo [filho] [não conjunção pelo fato da ausência do ponto *ad quem*]
    b) Retorno positivo
        Partida redundante [filho] + Deslocamento [filho]
        Prova hipotáxica [avó; filho] ,   [consulta]
        Consequência: recepção do ajudante [filho]   [marcas do bastão]
        Retorno verdadeiro incógnito [lagarto]
                              [lagarto = filho]
        Reconhecimento da marca [avó; filho]

II. LIQUIDAÇÃO DA FALTA
    a) Liquidação negativa
        Atribuição da água malfazeja + Privação do fogo benfazejo
    b) Liquidação positiva
        Atribuição do fogo benfazejo [avó; comunidade]
        Reconhecimento do herói marcado [madrasta]
        Não revelação do herói [pai; filho] [acolhimento comum e não glorificante]
    Consequência geral: revelação do traidor e sua punição

Comentário

1) Notar-se-á inicialmente o paralelismo entre as sequências 3 e 4: à duplicação das provas negativa e positiva corresponde aqui, primeiramente, o retorno negativo e positivo e, em seguida, a liquidação da falta sob suas duas formas negativa e positiva.

2) Notar-se-á, como procedimento característico, a demonstração pelo absurdo da impossibilidade de restabelecer o contrato, devido à ausência do destinador ao qual o objeto da busca deveria ser entregue, o que necessita uma nova busca de um novo destinador (avó).

3) Notar-se-á ainda, como característica deste mito particular, o fato de que situa o conteúdo invertido (isto é, pelo que sabemos até este estágio da análise, a ausência do fogo) não no tempo mítico de antigamente, mas no cotidiano de hoje e apresentado como uma extinção acidental do fogo. A descrição deve, em casos como este, operar a reconversão do cotidiano em mítico: vê-se que o procedimento ele próprio se define, à primeira vista, como uma *conversão estilística*.

III.4.5. A vingança

"Ela reconheceu seu enteado, tido por morto, e correu para advertir o marido. Como se não fosse nada, este apanha seu chocalho ritual e acolhe seu filho com os cantos destinados a saudar o retorno dos viajantes.

Entretanto, o herói sonha em se vingar. Um dia, quando passeia na floresta com seu irmão menor, quebra um galho da árvore api, ramificado como chifres. Agindo segundo instruções do mais velho, o menino solicita e obtém de seu pai que ordene uma caça coletiva; transformado no pequeno roedor Mea, localiza sem se deixar ver o lugar onde seu pai se coloca à espreita. O herói arma então sua testa com os falsos chifres, transforma-se em cervo, e ataca seu pai com tal impetuosidade que o espeta. Sempre galopando, dirige-se a um lago, onde precipita sua vítima."

I. Contrato deceptivo

Decepção [irmão] + Submissão [pai] [decepção do "querer"]
Ordem [pai] + Aceitação [homens] [pai: falso mandante]

II. Disfunção

Partida [pai; homens] + Deslocamento horizontal [pai; homens] [disjunção dos lares da aldeia]

III. Prova qualificante

Transformação do ajudante em deceptor [irmão? Mea] + Extorsão das informações [Mea]   [decepção do "saber": o caçador torna-se caçado]
Consequência: recepção do ajudante [falsos chifres de madeira]
Prova qualificante [filho] [Transformação do herói em vítima simulada: cervo]

IV. Prova principal

Luta [pai; filho] [o falso caçador contra o falso caçado]
Vitória [filho] [a falsa vítima sai vitoriosa]
Consequência: deslocamento [pai] [disjunção da comunidade]
Consequência geral: punição do traidor

Comentário

1) A sequência inteira desenrola-se sobre o modo deceptivo. Somente, contrariamente ao que se passa em outras narrativas, a decepção não se apresenta aqui *a)* nem como a conversão do conteúdo da sequência, tal como se manifesta na expedição ao ninho das almas, em que o elemento narrativo invertido, provocando as outras transformações, é o objeto da falta (*água* vs *instrumentos*), *b)* nem como inversão do sintagma narrativo, caracterizada pela inversão das funções em que, por exemplo, o roubo seguido da perseguição, situa sintagmaticamente a consequência antes da própria prova – mas como uma inversão na distribuição dos papéis aos actantes previsíveis. Assim, o pai comporta-se como o organizador da caçada, enquanto é o filho que a organiza de fato; o pai considera-se como caçador, enquanto na realidade é a vítima vigiada por antecipação; o herói, caçador verdadeiro, disfarça-se, ao contrário,

em vítima-cervo. Insistimos sobre este esquema, bastante frequente, porque permite abordar, no futuro, uma tipologia da decepção.

2) A leitura da sequência, impossível sem a utilização do código, pode ser entretanto facilitada pela *formulação* de hipóteses, seja comparando-a às sequências precedentes, seja procurando determinar, pelo registro das redundâncias, a isotopia própria à sequência estudada apenas.

a) O retorno do herói foi seguido, lembremo-nos disto, da liquidação negativa da falta sob forma de dois efeitos complementares: afirmação da água malfazeja e negação do fogo benfazejo. A liquidação positiva da falta apareceu como a afirmação do fogo benfazejo: é lógico supor que a sequência estudada neste momento seja destinada à manifestação do termo complementar, isto é, à denegação da água malfazeja. A hipótese a reter será, pois, a identificação entre disjunção do pai = negação da água malfazeja, o que permite supor a correlação entre o pai e a água malfazeja.

b) A procura das redundâncias, permitindo estabelecer a isotopia própria apenas à sequência em estudo, permite supor um eixo vegetal (o herói e seu irmão menor transformam-se em vegetarianos; a arma punitiva do traidor é de origem vegetal). Se isto acontece, a este eixo opõe-se logicamente um *eixo animal* que deve ser aquele onde se situa o antagonista que, com efeito, se define positivamente, como caçador, como o consumidor de alimento animal. Se, além disso, observar-se que se trata de ambos os lados de comedores do cru (isto é evidente para o cervo e o Mea, mas convém igualmente ao pai que se encontra distanciado do fogo dos lares), a figura do pai parece entrar em correlação com o cru animal (hipótese que, vê-lo-emos, só se verificará parcialmente).

III.4.6. A sequência final

"Imediatamente, este é devorado pelos espíritos buiogoê que são os peixes canibais. Do festim macabro resta apenas no fundo da água uma ossada descarnada, e os pulmões que sobrenadam, sob forma de plantas aquáticas cujas folhas, diz-se, parecem-se a pulmões.

De volta à aldeia, o herói vinga-se também das esposas de seu pai (das quais uma é sua própria mãe)."

I. Disjunção
Partida [pai; filho] + Deslocamento horizontal rápido [pai; filho]
Chegada ao lugar da prova [pai] [imersão = conjunção com a água]

II. Prova negativa
Luta + Vitória [piranhas, pai] [absorção da parte carnal = cru animal]
Consequência: morte do herói-traidor

III. Prova positiva
Luta + Vitória [pai; piranhas] [não absorção da parte essencial: pulmões + ossada]
Consequência: sobrevivência do herói-traidor

IV. Disjunção definitiva
Partida descensional + Transformação em espírito aquático [?] [ossada]
Partida ascensional + Transformação em planta aquática

Comentário

Se analisamos em duas provas distintas, o combate do traidor com os espíritos canibais é *a)* para melhor separar as duas consequências divergentes da prova, mas também *b)* para estabelecer um certo paralelismo estrutural com as sequências precedentes.

III.5. *Os actantes e as relações contratuais*

A transcrição à qual acabamos de proceder permitiu compreender o encadeamento das funções constitutivas dos sintagmas narrativos. Mas ao mesmo tempo negligenciamos o segundo aspecto desta normalização, a transcrição dos actantes, que deixamos provisoriamente sob a forma de atores da narrativa, subdividindo assim o procedimento proposto em duas etapas sucessivas.

Esta codificação dos actantes, se ela é pouco rendável para os sintagmas-provas cujo estatuto é simples e cuja estrutura, redundante, encontra sua importância quando se trata das unidades contratuais às quais cabe o papel da organização de conjunto da narrativa. As funções que os definem constituem um jogo de aceitações e recusas de obrigações entre as partes contratantes e provocam, em cada momento, novas distribuições e redistribuições de papéis. Assim, não é senão no nível destas distribuições de papéis que se pode esperar poder resolver o problema, difícil à primeira vista, da transformação do filho-traidor em herói e aquela, paralela, do pai-vítima em traidor.

Adotando o sistema de abreviatura simples para notação dos actantes da narrativa:

D_1 (destinador) vs D_2, (destinatário)
S (sujeito-herói) vs O (objeto-valor)
A (adjuvante), vs T (oponente-traidor)

poder-se-á apresentar, sob forma condensada, as principais obrigações contratuais e as distribuições correlativas de papéis na parte tópica da narração.

A.J. Greimas

SEQUÊNCIAS	FUNÇÕES	ACTANTES
Partida para o ninho das almas		
Contrato aceito	Punição do traidor Proposição Aceitação e partida	Filho = T Pai = D_1 Filho = D_2 + (S) + T
		Obs.: Colocamos entre parênteses o herói não qualificado.
Partida para o ninho das araras		
Contrato aceito	Proposição Aceitação e partida	Pai = D Filho = D_2 + S + T
Contrato suspenso	Combate deceptivo Consequência	Pai = D_1 + T Filho = D_2 + S
		Obs.: O papel T passa do Filho ao Pai.
		Retorno do herói
Contrato recusado	Retorno Ausência do pai	Filho = D_2 + S Pai = (D_1) + T
Novo contrato	Busca do destinador Retorno e dom	Filho = D_2 + S Avó = (D_1)
		Obs.: O destinador ausente e o novo não manifestado estão entre parênteses.
Antigo contrato rompido	Distribuição do fogo Não glorificação do herói	Avó = D_1 Pai = T
Vingança		
Novo contrato invertido	Punição do traidor Proposição Aceitação e partida	Pai = T Filho = D_1 Pai = D_2 + (S) + T

A redundância que marca a ruptura do contrato (contrato suspenso – contrato recusado – contrato rompido) e a procura do novo destinador impedem de ver nitidamente a simetria da narrativa devido ao paralelismo das redistribuições dos papéis entre o pai e o filho. Pode-se resumi-las da maneira seguinte:

Elementos para uma teoria da interpretação da narrativa mítica

Atores	Contrapunição	Dupla transformação	Contrato-punição
Filho	T	D₂ + (S) + T	D₂ + S	D₁
Pai	D₁		D₁ + T	T	D₂ + (S) + T

Comentário

1) Basta reconhecer que existem duas formas distintas do contrato: *a)* contrato voluntário que origina uma missão de salvação e *b)* contrato involuntário do qual decorre uma missão de resgate, e ver na vingança esta segunda forma de obrigação contratual, para se dar conta de que existe uma *articulação contratual* do modelo narrativo em seu conjunto. A parte tópica do mito aparece então como a execução do contrato primitivo, decorrente da sequência inicial; a sequência final, por sua vez, encontra-se ligada da mesma maneira ao corpo da narrativa. A partir daí, pode-se formular uma nova correspondência entre a manifestação narrativa e a estrutura do conteúdo que está assim manifestado: *às correlações entre conteúdos não isótopos* do mito, no nível de sua estrutura, *correspondem as relações contratuais*, no nível da narração.

2) A passagem de um contrato a outro efetua-se graças a uma dupla transformação, isto é, graças à substituição paradigmática dos termos sêmicos que operam no interior de duas categorias simultaneamente: 1) o pai torna-se traidor, e o filho, qualificado, herói completo (S ⇆ T); 2) o traidor não podendo ser destinador (incompatibilidade estrutural que havíamos já observado analisando um *corpus* psicodramático), o pai se transforma em destinatário, passando o papel de destinador a seu filho (D₁ ⇆ D₂). A hipótese que havíamos formulado, servindo-nos de informações tiradas de análises anteriores não mitológicas, mas literárias, e segundo a qual *a prova é a manifestação*, sobre o plano narrativo, *da transformação* dos conteúdos, confirma-se aqui: a dupla transformação que formulamos aqui no nível dos actantes corresponde, com efeito, à prova deceptiva na narrativa.

93

Obs.: O espaço limitado não nos permite desenvolver a teoria dos actantes, que mostraria que a primeira transformação é, na realidade, a de A ↔ T (e não de S⇌T) como indicamos por simplificação.

IV. A mensagem estrutural

IV.1. A bi-isotopia da narração

A transcrição formal não nos deu a chave de uma leitura isótopa única, bem ao contrário: a narrativa parece ser concebida propositadamente de tal maneira que manifesta sucessivamente, em sua parte tópica, duas isotopias simultaneamente. Pode-se mesmo perguntar se as variações de isotopias, correspondendo às sequências da narrativa, não constituem um dos traços distintivos que permitem opor a narrativa mítica aos outros tipos de narração, como o conto popular, por exemplo.

Assim, se a sequência "expedição ao ninho das almas" pudesse ser considerada, após sua reconversão, segundo a equivalência *procura da ossada* ≃ *procura da água*, como manifestando a isotopia da água (e do fogo), a sequência "expedição ao ninho das araras" abandona a missão aparente da procura dos instrumentos e não se ocupa mais senão de problemas de regime alimentar, animal e vegetal. O retorno do herói, por sua vez, é marcado pela doação do fogo (e da água), mas a sequência "vingança" que se segue é quase ilisível: é com esforço que se pode encontrar nela, graças a formulações dedutivas, a preocupação da disjunção da alimentação vegetariana e carnívora. A parte tópica da narração apresenta, pois, assim:

Isotopias	Ninho das almas	Ninho das araras	Retorno	Vingança
Código natural				
Código alimentar				

Duas isotopias, revelando a existência de duas codificações diferentes da narrativa, aparecem assim nitidamente. A interpretação do mito terá por finalidade, neste estágio, o estabelecimento da equivalência entre os dois códigos e a redução do conjunto da narrativa a uma isotopia única. Ela propõe ao descritor o problema da *escolha estratégica*, a saber: qual é a *isotopia fundamental*, na qual é preciso traduzir a segunda isotopia, considerada como aparente?

Duas ordens de considerações pleiteiam em favor da escolha do código alimentar:

1º) A transcrição formal permite constatar a diferença de níveis em que se situam os conteúdos a analisar nas duas isotopias: caso se considere que esses conteúdos se manifestem na mensagem narrativa, sob a forma canônica das consequências das provas e, por conseguinte, dos objetos de procura, vê-se que, no primeiro caso, os objetos são apresentados sob forma de *lexemas* (água, fogo) e, no segundo, sob forma de *combinações de semas* (cru, cozido, podre, fresco, etc.). Pode-se dizer que a análise do conteúdo tendo atingido o nível sêmico é mais profunda do que a que se situa no nível dos signos: é, pois, o nível da análise sêmica que deve ser retido como fundamental.

2º) A economia geral do modelo narrativo prevê, no desenrolar da narrativa, a sucessão de três tipos de provas:

Prova qualificante	Prova principal	Prova glorificante
"ninho das almas"	"ninho das araras"	"vingança"

Parece evidente que a prova principal que está encarregada de tratar do conteúdo tópico do mito: sua isotopia tem, portanto, fortes razões de manifestar o conteúdo no nível fundamental.

Mas, definitivamente, é a convergência destas duas ordens de considerações que constitui o elemento decisivo da escolha estratégica. Vamos, por conseguinte, começar a explicação e a integração do código a partir desse lugar privilegiado que é a sequência correspondente à prova principal.

IV.2. O objeto da procura

Sem nos preocuparmos mais com a unidade contratual que introduz a prova principal da narrativa, só temos que analisar a própria sequência, cortada em dois segmentos graças à disjunção espacial, os quais se articulam cada um sob a forma de provas notificando o fracasso ou o sucesso de um certo modo de alimentação:

ALIMENTAÇÃO			
animal (no alto)		vegetal (embaixo)	
fracasso	sucesso	fracasso	sucesso

Admitindo-se a hipótese segundo a qual as quatro provas assim distribuídas são apenas manifestações narrativas das transformações estruturais, dir-se-á que os dois fracassos devem ser considerados como *negações*, e os dois sucessos como *afirmações* de certos modos alimentares.

1) O regime alimentar negado em primeiro lugar é o consumo do *cru animal*; é negado, porque *canibal*: o código, mas também o contexto discursivo, nos informam que o herói, tendo-se tornado "mestre da água" graças à prova qualificante, é na realidade um lagarto, miniaturização terrestre do crocodilo e, com efeito, é sob forma de lagarto que ele se apresenta na volta à avó. Pode-se dizer que *o canibalismo é a manifestação narrativa da conjunção das identidades* e que a morte e a putrefação resultante é, de fato, a morte, a desaparição do sentido.

2) O regime alimentar, afirmado em prosseguimento, é o consumo do *cozido animal*. O herói morto constitui-se em alimentação que se define como o *cru animal podre*. Os urubus carniceiros, só consumindo a parte "crua e podre" do herói (os lagartos restantes e

o traseiro "podre"), realizam pois a disjunção *podre* vs *fresco* e a negação do cru podre. Esta operação, que poderia parecer canibal à primeira vista, não o é na realidade, pois os urubus são, no mundo invertido de antes, os mestres do fogo. Sem entrar nos detalhes do contexto que o leitor de Lévi-Strauss já conhece e, notadamente, sem insistir demais sobre seu papel de feiticeiros, capazes de operar a purificação pelo fogo e a ressurreição dos mortos, pode-se dizer que sua vitória é a vitória dos consumidores do cozido e, por conseguinte, a afirmação do consumo do *cozido animal podre*. A transformação que corresponde a esta prova é a substituição do termo cru pelo termo cozido no interior da categoria sêmica *cru* vs *cozido*.

3) Não é inútil notar, nesta ocasião, o fenômeno estilístico frequente de conotação redundante. Assim, a disjunção *alto* vs *baixo*, que corresponde à deposição do herói no sopé da montanha, encontra-se em outras narrativas Bororo. Estes eram antigamente araras que, uma vez descoberto seu segredo, jogaram-se na fogueira ardente transformando-se assim, com disjunção, em pássaros (alto) e plantas (baixo) encontrados entre as cinzas. Por outro lado, os sacerdotes Bororo ajudam a procurar alimentos: "como araras, colhem os frutos": o herói-arara, ao revelar-se embaixo, reencontra, pois, a parte vegetal complementar de sua natureza.

4) O regime alimentar que é negado pela segunda vez é o consumo do *cru vegetal*. Mais precisamente, não é o objeto a consumir (os frutos selvagens) que são postos em questão, mas o consumidor em sua qualidade de objeto de consumo (para os urubus). O herói, como se sabe, está desprovido de posterior, negado enquanto cru e podre. O paradigma de substituição é assim aberto no nível do corpo do herói: a parte podre, já estando ausente, ainda não foi substituída pela parte *fresca*.

5) A transformação do consumidor cuja parte animal, crua e podre, é substituída, com a ajuda de um ajudante (que se identifica com esta parte nova de sua natureza) vegetal, cru e fresco, e a possi-

bilidade de se alimentar assim reencontrada constituem, pois, a afirmação do consumo do *cru vegetal fresco*.

Em conclusão, pode-se dizer que a) a disjunção *alto* vs *baixo* opera a distinção entre dois eixos de consumo: *animal* vs *vegetal*; b) a primeira série de provas consiste na transformação do cru em cozido; c) a segunda série de provas recobre a transformação do podre em fresco.

IV.3. A construção do código

Suspendendo momentaneamente a análise, pode-se experimentar agora organizar o que já conseguimos a fim de ver se já é possível a construção de um código dando conta do conjunto da manifestação tópica do mito.

1) Observar-se-á inicialmente que a sequência estudada coloca o problema da alimentação sob forma de *relação* entre o consumidor e o objeto consumido e que as categorias que postulamos para articular o conteúdo de diversos objetos de consumo (*cru* vs *cozido*; *fresco* vs *podre*) só puderam ser estabelecidas afirmando-se ou negando-se a possibilidade desta ou daquela relação. Sendo assim, o fogo e a água aparecem, em *relação* ao objeto de consumo, na relação que é a do produtor com o objeto produzido: é o fogo que transforma, com efeito, o cru em cozido, é a água que, a partir do fresco, produz o podre. O objeto de consumo situa-se assim entre

$$\frac{\text{Destinador}}{\text{(produtor)}} \rightarrow \text{Objeto} \rightarrow \frac{\text{Destinatário}}{\text{(consumidor)}}$$

Desde agora pode-se dizer que a manifestação narrativa em seu conjunto se situa ora no nível dos conteúdos que articulam os objetos de consumo, ou no nível das articulações dos destinadores ou destinatários. Nesse sentido, a definição da isotopia geral do discurso que propusemos em outro lugar e pela qual esta não é a iteração de uma única categoria semântica, mas de um feixe organizado de categorias, parece aplicável à narrativa mítica: o objeto de consumo que está em causa no discurso está estilisticamente presente ora com seu conteúdo próprio, ora sob forma de conteúdos distanciados com a ajuda de relações que se podem definir categoricamente. O estabelecimento da leitura única consistirá, pois, na redução desses afastamentos estilísticos.

2) Ao considerar de mais perto as duas funções de purificação pelo fogo e de putrefação pela água, percebe-se que uma pode ser denominada como vital e a outra, como mortal, e que a distância que separa o cru do cozido é a da oposição da vida e da morte. Uma nova conotação, mais geral, das categorias alimentares, devida a seu caráter vital e benéfico ou mortal e maléfico, parece possível. Com efeito.

se cozido ≃ V, então cru ≃ não V, e
se podre ≃ M, então fresco ≃ não M

Por outro lado, a nova categoria conotativa permite, graças à colocação entre parênteses da distância estilística entre o produtor e o objeto produzido, uma distribuição paralela dos termos sêmicos recobertos pelos lexemas de fogo e de água. O quadro abaixo resumirá brevemente os resultados desta redução que conduz à construção de um código bivalente, mas isomorfo. Este não poderá ser considerado como corretamente estabelecido senão na medida em que permitirá dar conta do conjunto de conteúdos tópicos manifestados.

	Vida	Morte	
V	cozido fogo vital	cru fogo mortal	não V
Não M	fresco água vital	podre água mortal	M

IV.4. A transformação dialética

No quadro assim estabelecido, o conjunto das transformações contidas na sequência estudada é suscetível de ser compreendido sob a forma de um algoritmo dialético. Com efeito, as provas que se seguem consistem em:

(1) negar o termo cru (não V)

(2) afirmar o termo cozido (V)

(1) afirmar o termo fresco (não M)

(2) negar o termo podre (M).

A asserção dialética, oferecendo a síntese, consistirá então em postular a existência de uma relação necessária entre o cozido e o fresco (V + não M), termos pertencentes a categorias de conteúdo originalmente distintas, afirmando que sua conjunção constitui a vida, isto é, a cultura alimentar, ou, transpondo no código paralelo, que a conjunção do fogo do lar e da chuva benfazeja constituem as condições "naturais" desta cultura.

Esta análise torna ao mesmo tempo evidentes as manifestações lexemáticas dos atores, assumindo ao mesmo tempo as funções do produtor e do consumidor: assim o urubu-carniceiro que, enquanto comedor do cru podre, é o pássaro da morte, uma vez situado em um antes mítico, assume as funções do produtor do fogo e torna-se o pássaro da vida, operando ressurreições. Do mesmo modo, o jaguar come-cru e a tartaruga come-podre constituem, com inversão, o par cultural perfeito. Não é de admirar a partir daí que nosso herói tenha o nome do consumidor transformado no de destinador, o de Geriguiguiatugo, isto é, de jaguar-tartaruga (a interpretação de jaguar = fogo e de tartaruga = lenha constitui uma conotação paralela, categorizável sem referência a seu estatuto de consumidor).

IV.5. A liquidação da falta

1) Viu-se que o comportamento deceptivo do destinador-pai teve como consequência desdobrar tanto o retorno do herói quanto a liquidação da falta apresentando-os sob formas negativa e positiva:

$$\frac{\text{Retorno negativo}}{\text{Dom negativo}} \simeq \frac{\text{Retorno positivo}}{\text{Dom positivo}}$$

Resulta daí que o primeiro dom do herói é o dom da morte, e não da vida: é somente por intermédio do novo destinador-avó que renovará seu dom, desta vez positivo.

Observar-se-á que o algoritmo dialético do dom encontra-se duplamente invertido em relação ao da procura porque: 1°) enquanto dom, está invertido sintagmaticamente, e a afirmação aí precede a negação e assim sucessivamente; 2°) enquanto dom negativo, está invertido em seus termos: afirma as propriedades de morte, e não de vida. Consiste pois em

(1) afirmação de M (podre $\simeq$ água mortal)

(2) originando a negação de não M (fresco $\simeq$ água vital)

(1) a negação de V (cozido $\simeq$ fogo vital)

(2) Implicando a afirmação de não V (cru $\simeq$ fogo mortal).

O dom negativo estabelece, por conseguinte, a relação necessária entre dois conteúdos afirmados, isto é, entre M + não V, o que é a definição mesma da morte e, por isso mesmo, da anticultura.

2) Desse modo, pode-se supor que o dom positivo terá a mesma estrutura sintagmática operando sobre conteúdos diferentes, afirmando a vida, e não a morte. A distribuição do fogo, realizada pela avó, pode-se transcrever como constituindo a primeira parte do algoritmo:

(1) afirmação de V (cozido $\simeq$ fogo vital)

(2) implicando a negação de não V (cru $\simeq$ fogo mortal).

O episódio da caça deceptiva só pode ser logicamente a manifestação da segunda parte do algoritmo, isto é:

(1) afirmação de não M (frescor $\simeq$ água vital)

(2) comportando a negação de M (podre $\simeq$ água mortal).

Uma tal interpretação, se bem que muito possível, não leva entretanto à adesão do descritor como uma evidência. Em aparência pelo menos, tudo se passa como se a operação caça tivesse sido montada para pôr em presença o *cru* vs o *fresco* e não o *podre* vs o *fresco*. Com efeito, o pai, tendo recusado glorificar o herói, não participa necessariamente dos benefícios do fogo, permanece "cru". De maneira redundante, sua crueza encontra-se confirmada pela disjunção dos homens em relação aos fogos da aldeia, onde se encontravam em situação de caçadores do cru.

Se a descrição apresenta, nesse ponto, alguma dificuldade, é porque o código que construímos está ainda incompleto: só estabelecemos o isomorfismo entre as categorias alimentares articulando o objeto de consumo, e as categorias "naturais" diferenciando os produtores, deixando de lado a articulação que permite descrever, de maneira isomorfa, os consumidores que apresentam, em relação ao objeto, um afastamento estilístico comparável ao dos produtores. Somos, pois, obrigados a abandonar provisoriamente a análise começada para tentar completar inicialmente nossos conhecimentos do código sobre este ponto preciso.

IV.6. A cultura sexual

1) Introduzindo a categoria *vida* vs *morte*, pudemos constituir uma classificação cultural que, sempre articulando o código do mito segundo duas dimensões diferentes, possui entretanto um caráter mais geral do que a cultura alimentar que ela organiza.

Sendo assim, pode-se tentar aplicar esta classificação ao plano da cultura sexual, procurando estabelecer equivalência entre valores culinários e sexuais que só serão reconhecidos como isomorfos se puderem comportar uma distribuição formalmente idêntica. É preciso definir imediatamente que se trata aqui da cultura sexual, isto é, do conjunto de representações relativas às relações sexuais, que é de natureza metalinguística e axiológica, e não da estrutura de parentesco que lhe é logicamente anterior. O quadro abaixo colocará em evidência o isomorfismo proposto:

V	cozido esposo	cru criança masc.	não V
Não M	fresco mãe (avó)	podre esposa	M

Uma tal distribuição apresenta-se, sem nenhuma dúvida, como uma simplificação grosseira: ela deveria, em princípio, bastar para justificar o isomorfismo entre as duas dimensões culturais do universo mitológico e tornar possível a transcodagem de um sistema no outro. Assim como está, o quadro dá conta de um certo número de fatos: *a)* a mulher Bororo é um fruto podre; *b)* enquanto mãe ela é doadora de alimento e, embora mantendo sua natureza vegetal, constitui o termo complexo M + não M (enquanto que a avó, não sendo mais esposa, corresponde ao único termo não M); *c)* o comportamento sexual no interior do casamento é vital: é um cozimento que, pela conjunção com o podre, provoca a fermentação e a vida; *d)* o macho solteiro e, sobretudo, a criança não iniciada são rejeitados para o lado do cru e do fogo mortal.

2) A violação, graças a este código bivalente (ou trivalente), pode ser interpretada como uma prova, que manifesta uma série de transformações que se podem reunir em um único algoritmo dialético:

(1) a negação do cozido (V) (o filho substitui-se ao esposo)
(2) levando à afirmação do cru (não V) e
(1) afirmação do podre (M)
(2) comportando a negação do fresco (não M) (a mulher é negada como mãe)

O ato sexual extraconjugal seria, pois, a expressão da conjunção do cru e do podre, e identificar-se-ia com a asserção dialética instaurando a morte: não somente o filho afirma assim sua natureza anticultural, acontece o mesmo com o pai, cuja qualidade de "cozinheiro" é negada e que, ligando-se a partir de então com sua mulher (e, sobretudo, com sua nova esposa que aparece a propósito) não poderá senão reproduzir a asserção não V + M. Em seguida à violação, os dois protagonistas machos encontram-se portanto definidos da mesma maneira, mas enquanto que o filho, passando – se bem que sobre uma outra dimensão cultural – por uma série de provas heroicas, se transformará para tornar-se o contrário daquilo que era no início, o pai ficará sempre com sua natureza crua e podre.

3) Esta extrapolação, na medida em que é correta, permite um certo número de constatações relativas tanto ao estatuto da narração quanto aos procedimentos de descrição: *1)* vê-se que a construção do código pressupõe o estabelecimento de uma classificação cultural de generalidade suficiente para que possa integrar as codificações isomorfas não somente dos conteúdos tópicos, mas também dos conteúdos correlatos; *2)* vê-se que o encadeamento sintagmático que interpretamos como uma relação de causa e efeito (o contrato punitivo) corresponde à passagem de uma dimensão cultural a uma outra (cultura sexual em cultura alimentar).

4) O estabelecimento da equivalência entre diferentes códigos permite-nos, por outro lado, compreender melhor certos procedimentos estilísticos da narração. Assim, os dois elementos constitutivos da natureza dos protagonistas – e que, no nível do código sexual, correspondem à natureza masculina e à natureza feminina – encontram-se entre si em uma relação que se pode generalizar sob a forma da categoria *agente* vs *paciente*. Isto permite interpretar as inversões de papéis que se podem observar nos episódios de caça:

a) enquanto *crus*, os atores são *caçadores* (caça aos lagartos, caça ao cervo);

b) enquanto *podres*, eles são *caçados* (pelos urubus, pelo cervo).

Pode-se voltar agora à análise deixada em suspenso e reler o episódio da caça final: se o pai, enquanto caçador, afirma bem sua natureza de *cru*, a informação trazida pelo ajudante-deceptor Mea sobre o lugar em que ele se encontrava à espreita, transforma-o em ser caçado, isto é, em *podre*. A vitória do cervo, armado de falsos chifres (= madeira fresca) dá conta, por conseguinte, da transformação que se inscreve como a negação do podre, correlativa da afirmação do fresco.

IV.7. Qualificação e desqualificação

Resta-nos examinar a última sequência que consagra a disjunção do pai-traidor (não V + M) da comunidade. Já se notou que o estatuto do pai é, neste ponto da narrativa, simétrico ao do filho em seguida à violação: *a)* do ponto de vista do conteúdo, definem-se todos os dois como agentes da morte, como simultaneamente crus e podres; *b)* do ponto de vista da estrutura sintagmática da narrativa, são objeto de vingança, isto é, obrigados a executar uma contrapunição. Resulta daí que as sequências "expedição ao ninho das almas" e "imersão no lago", consecutivas das duas disjunções, devem ser, em princípio, comparáveis. Pode-se então tentar justapô-las e interpretá-las simultaneamente, pondo em evidência as identidades e as diferenças.

Obs.: Do ponto de vista das técnicas de descrição, procuramos valorizar assim o procedimento do *comparativismo interno* à narrativa: já o praticamos, analisando sucessivamente os dois aspectos da liquidação da falta, enquanto procura e enquanto dom.

A.J. Greimas

Expedição ao ninho das almas

Disjunção em seguida a uma vitória – da sociedade anticultural

Conjunção com os espíritos aquáticos – em vista de uma posição disjuntiva (combate)

Qualificação do herói

Procedimento analítico: articulação em elementos constitutivos por adjunção (sob forma de ajudantes)

1) *Beija-flor*

Disjunção máxima em relação aos espíritos aquáticos (alto) (antiágua = fogo = vida absoluta)

2) *Pombo*

Disjunção em relação ao podre (pombo = destruidor da água mortal)

3) *Gafanhoto ferido*

Disjunção em relação ao cru:
a) afirmação do cru: gafanhoto = destruidor dos jardins = seca = fogo mortal
b) possibilidade de afirmação do fresco: o ferimento, pelos espíritos aquáticos, é a negação do cru absoluto

Consequências

Aquisição complementar, pelo herói, das qualidades em oposição à sua natureza: possibilidade da cultura humana

Sequência final

Disjunção em seguida a uma derrota – da sociedade cultural

Conjunção com os espíritos aquáticos – em vista de uma posição conjuntiva (integração)

Desqualificação do herói

Procedimento analítico: articulação em elementos constitutivos por disjunção (desarticulação)

1) *Ossada*

Conjunção máxima em relação aos espíritos aquáticos (baixos) (ossada = espíritos aquáticos = morte absoluta)

2) *Pulmões – Plantas aquáticas*

Conjunção com o podre (o lago-pântano é a manifestação do podre)

3) *Piranha*

Conjunção com o cru:
a) afirmação do cru: piranha = podre = fogo mortal
b) conjunção das identidades: a parte crua do herói é absorvida e não substituída (cf. canibalismo dos urubus)

Consequências

Identificação das qualidades do herói com as da natureza: possibilidade da anticultura não humana

Comentário

O procedimento que consiste em utilizar o quadro comparativo para a exploração dos dados contextuais no nível dos lexemas permitiu separar a articulação geral das duas sequências.

1) Viu-se que a disjunção do herói em relação à sociedade dos homens tem por consequência sua conjunção com a sociedade dos espíritos. Resulta disto a confrontação da natureza do herói com as qualidades correspondentes da supranatureza.

2) Os dois heróis, idênticos quanto à sua natureza, terão entretanto um comportamento diferente. Esta diferença só pode provir de seu estatuto sintagmático enquanto actantes-sujeitos que se encontra polarizado da maneira seguinte:

Sujeito-herói	Sujeito-herói
carregado de uma potencialidade de vida herói vitorioso à conquista de uma cultura provoca as provas, adquire qualidades que arranca dos espíritos	carregado de uma potencialidade de morte herói derrotado à conquista de uma anticultura sofre as provas, perde qualidades que transmite aos espíritos

3) Uma tal análise mantém-se entretanto no nível lexeinático e aparece como insuficiente. A descrição procura atingir o nível da articulação dos conteúdos e dar conta das transformações subjacentes às sequências narrativas. As questões que se apresentam desde o início são as seguintes: a que corresponde, no nível das transformações estruturais, a qualificação do herói? Que transformações comporta, por seu lado, a desqualificação do herói?

IV.8. A qualificação do herói

Segundo as previsões fornecidas pelo modelo narrativo, a sequência que se intercala entre a partida do herói e a defrontação da prova principal é destinada a qualificar o herói, isto é, a acrescentar-lhe qualidades das quais estava desprovido e que o tornarão capaz de superar a prova. Entretanto, caso se considere a composição sêmica do conteúdo de nosso herói antes e depois da qualificação, não se encontra aí diferença notável: o herói é, em um caso como em outro, *cru + podre*.

Em que consiste este caso de qualificação? Parece bem que só pode residir na aquisição das qualidades virtuais que, embora sendo contraditórias e complementares em relação à natureza, conferem entretanto ao herói o poder de afirmar e de negar, transformam-no em *metassujeito das transformações dialéticas* (o que indicam, além disso, imperfeitamente, as designações como "mestre do fogo" ou "mestre da água"). O herói qualificado comportaria, pois, na sua natureza, e seu conteúdo próprio, e os termos contraditórios suscetíveis de negá-lo. Seria apenas em seguida à sua qualificação que se tornaria verdadeiramente *mediador* cujo conteúdo categórico seria *complexo*, compreendendo ao mesmo tempo os termos *s* e *não s* de cada categoria. O caráter hipotético de nossas formulações provém, sem dúvida, da ausência quase total de conhecimentos relativos à articulação do modelo narrativo neste pormenor, e nossos esforços tendem mais a detectar as propriedades estruturais do modelo do que a interpretar a sequência.

1) O herói que é *podre* (M), no momento em que decide enfrentar a primeira prova qualificante, não pode a este título opor-se aos espíritos aquáticos que, eles também, comportam a determinação M. A defrontação só é possível graças ao ajudante *beija-flor* que, pelo fato de sua disjunção máxima em relação à água (mas também porque é não bebedor e muito frequentemente "mestre do fogo"), representa o termo diametralmente oposto a M, isto é, o termo V. Pela adjunção à sua natureza da propriedade V, que define o ajudante beija-flor, o herói se transforma no termo complexo $M + V$, isto é, em um ser ambíguo, mediador entre a vida e a morte. É esta natureza complexa que lhe permite em seguida apresentar-se como *pombo*, isto é, ao mesmo tempo consumidor e negador do podre. Isto nos permite dizer que o herói, neste estágio, é

Estaticamente	Dinamicamente
M + V	$\overline{M}$

em que o signo da negação indica o poder que possui a vida de negar a morte. Traduzido em termos cotidianos, isto quer dizer que o herói se tornou mestre eventual da água maléfica.

2) O herói, que é ao mesmo tempo cru (não V), identifica-se por sua vez com o *gafanhoto*, destruidor de jardins que só são possíveis graças à água benéfica. É a este título que ele é *ferido* pelos espíritos aquáticos, isto é, tornado inapto a destruir completamente os

efeitos da água benéfica. Enquanto gafanhoto ferido, o herói vê o termo cru de sua natureza transformar-se no termo complexo não V + não M, o que quer dizer que, no segundo aspecto de sua natureza, ele é

$$\begin{array}{cc} \text{Estaticamente} & \text{Dinamicamente} \\ \text{não V + não M} & \overline{\text{não V}} \end{array}$$

em que a negação indica o poder da água vital de negar o caráter absoluto do fogo mortal.

3) O protocolo da transcrição dos conteúdos comportando categorias complexas e de suas transformações não estando estabelecido, diremos ingenuamente que o herói qualificado apresenta-se seja como

$$(M + V) + (\text{não V} + \text{não M})$$

seja como negador dos conteúdos "mortais":

$$\overline{M} + \overline{\text{não V}} = \overline{(M + \text{não V})}$$

Esta última transcrição visualiza melhor a permanência da natureza "mortal" do herói, à qual veio ajuntar-se uma segunda natureza que o institui como metassujeito.

IV.9. A cultura "natural"

A desqualificação do pai, herói da aventura aquática, é devida essencialmente, como se viu, à sua falta de combatividade, a seu estatuto de herói derrotado que se encaminha para a morte. O episódio sob a água corresponde, sabe-se, ao duplo enterramento (da carne e dos ossos) praticado pelos Bororo. Em lugar de adquirir novas propriedades que o qualificariam, o herói desarticula-se e reúne cada um dos termos, definindo sua natureza com o termo correspondente no mundo dos espíritos. À *conjunção dos termos contraditórios* que caracteriza a qualificação corresponde aqui a *conjunção dos termos idênticos*, isto é, a neutralização do sentido. A simetria encontra-se, uma vez mais, mantida: o termo neutro da estrutura elementar da significação é, com efeito, simétrico ao termo *complexo*.

As possibilidades oferecidas pelo comparativismo estando assim exploradas, pode-se interrogar agora sobre a significação da sequência enquanto se apresenta como conteúdo correlato da parte tópica positiva do mito. Os dois conteúdos, tópico e não tópico, são supostos exprimir a instauração de uma certa ordem, situada sobre duas dimensões do universo mitológico diferentes. Resta-nos pois responder a duas questões: qual é a ordem assim instaurada, correlativa da instituição da cultura alimentar? Qual é a dimensão em que se encontra situada esta ordem?

1) O encontro do herói com as piranhas constitui ao mesmo tempo uma análise e um deslocamento de sua natureza: constitui inicialmente a disjunção absoluta dos dois elementos constitutivos desta natureza: o *cru* é aceito e reunido à natureza crua das piranhas; o *podre* é rejeitado e vai reunir-se com outros elementos. Vê-se que esta disjunção não é outra coisa senão o rompimento do *conceito sintético* (não V + M) que define toda anticultura; se a cultura acaba de ser instituída como uma síntese, a anticultura, esta, encontra-se desorganizada:

Cultura	vs	Anticultura
(V + não M)		(não V vs M)

Começamos assim a entrever que a instituição de uma ordem anticultural só pode ser a disjunção máxima dos termos cuja aproximação ameaçaria a cultura.

2) É neste quadro que convém interpretar a sequência de acontecimentos. O podre, disjunto do cru, manifesta-se sob duas formas (*ossada* vs *pulmões*): por um lado, em um movimento descensional, ele vai alcançar o lugar onde se encontram as almas e reunir-se a elas numa sobrevida mortal; por outro lado, em um movi-

mento ascensional, o podre "sobrenada", isto é, separa-se da água para aparecer, numa primeira metamorfose, sob forma *vegetal*, como uma planta aquática.

Ora, parece que os Bororo sabem com muita felicidade que a ascensão vertical do podre não se interrompe aí e que sob a forma de um *Ramo de Flores* – pela via metafórica que é justamente a afirmação e a conjunção de identidades – que este se fixa no céu e constitui a constelação das Plêiades. A disjunção do cru e do cozido encontra-se assim consolidada com a ajuda de uma inversão disjuntiva espacial: o fogo maléfico, de origem celeste, é mantido na água e encarnado nas piranhas; a água maléfica, de origem antes subterrânea, é projetada no céu, sob a forma de uma constelação de estrelas.

3) A reorganização da natureza (o termo exato para designá-la seria a cultura natural: ela constitui com efeito a nova dimensão mitológica que tentamos consolidar) não se interrompe aí. Poder-se-ia sugerir que o fresco, definido precedentemente em termos de cultura culinária, sofre a mesma transformação e encontra-se projetado no céu sob a forma de *Tartaruga* terrestre, "mestre do fresco", na sua qualidade de come-podre, e aí fixa-se sob a forma da Constelação do Corvo. A água, tanto mortal quanto vital, encontra-se assim reunida no céu. Duas precisões podem ser acrescentadas para explicar a nova disposição: a) a relação entre a Tartaruga (não M) e o Ramo de Flores (M) é, não o esqueçamos, a de relações contratuais estabelecidas entre o designador (filho) e o destinatário (pai) encarregado de uma missão de resgate, e a natureza malfazeja está subordinada à natureza benfazeja; b) o herói só pôde deixar a terra porque aí deixou seu irmão menor, aparecido, pelo processo da duplicação, no próprio momento do retorno do herói: o Mea preencheria, pois, sobre a terra, as funções do protetor do fogo dos lares (V), permanecendo ao mesmo tempo ligado, pelos laços do sangue, à água benfazeja (não M). Resta finalmente a última disjunção, complementar de uma inversão espacial, a do fogo maléfico e benéfico; o primeiro, dominado, porque está fixado na

água (piranhas), o segundo, presente sobre a terra, pois sua conjunção com a água seria nefasta.

4) Resulta daí que a instauração da cultura consiste na inversão topológica da ordem da natureza. Utilizando duas categorias das quais uma é topológica (*alto* vs *baixo*) e outra biológica (*vida* vs *morte*), a "civilização" da natureza consiste no enquadramento dos valores naturais nos dois códigos simultaneamente, que só são isomorfos com inversão de sinais:

A disjunção topológica fundamental consiste em separar os valores mortais (M e não M) remetidos ao céu, dos valores vitais (V e não V), situados aqui embaixo, colocando assim a) a impossibilidade da asserção *M + não V* que destruiria a cultura e b) ressalvando entretanto, graças aos laços de sangue, uma possibilidade de conjunção cultural *não M + V*. Uma segunda distinção a) opera a disjunção entre não V, situado na água e V, situado sobre a terra, duplamente disjuntos, pois sua conjunção ameaçaria a cultura e b) opera uma conjunção espacial (no céu) entre M e não M, porque se encontra em uma relação de subordinação cultural.

Em conclusão, pode-se dizer que a cultura natural, introduzindo um novo código, consolida o caráter discreto dos valores naturais afirmando a impossibilidade das conjunções "contra natureza" e a possibilidade de certas outras relações "segundo a natureza". Poderia ser representada simbolicamente como

(não M → M) vs (não V vs V)

Obs.: Os limites deste estudo não permitem insistir (a) nem sobre o caráter *descontínuo* (e singular) dos valores culturais (Tartaruga, Mea) opondo-se ao caráter *contínuo* (e plural) dos valores não culturais (Ramo de Flores, Piranhas); (b) nem sobre a instauração da ordem diacrônica das estações que resultam das relações de subordinação sintagmática entre não M e M. Claude Lévi-Strauss é suficientemente explícito a esse respeito.

V. A estrutura da mensagem

Apresentaremos, sob a forma de um quadro, os principais resultados obtidos na interpretação deste mito Bororo:

Conteúdos	invertidos		colocados
	correlatos	tópicos	correlatos
Resultado das transformações	não V + M	M + não V	V + não M	não M → M / não V vs V
Dimensão cultural	sexual	culinária	natural
Perspectiva estilística	consumidor	objeto de consumo	produtor

A lógica dos possíveis narrativos

Claude Bremond
École Pratique des Hautes Études, Paris.

O estudo semiológico da narrativa pode ser dividido em dois setores: de um lado, a análise das técnicas de narração; de outro lado, a pesquisa de leis que rejam o universo narrado. Estas leis mesmas pertencem a dois níveis de organização: *a)* elas refletem as constrições lógicas que toda série de acontecimentos ordenada sob a forma de narrativa deve respeitar sob pena de ser ininteligível; *b)* elas acrescentam a estas constrições, válidas para todas as narrativas, as convenções de seu universo particular, característico de uma cultura, de uma época, de um gênero literário, do estilo de um narrador ou, no limite, apenas desta narrativa mesma.

O exame do método seguido por V. Propp para separar os caracteres específicos de um destes universos particulares, o do conto russo, convenceu-nos da necessidade de traçar, anteriormente a toda descrição de um gênero literário definido, o mapa das possibilidades lógicas da narrativa[1]. Nesta condição, o projeto de uma classificação dos universos da narrativa, fundado sobre caracteres estruturais tão precisos quanto os que servem para os botânicos ou naturalistas definirem os objetos de seu estudo, deixa de ser quimérico. Mas este alargamento de perspectivas provoca uma flexibilidade do método. Lembremos e precisemos as transformações que se parecem impor:

---

1. "Le message narratif!". In: *Communications*, 4, p. 4-32.

A lógica dos possíveis narrativos

1º) A unidade de base, o átomo narrativo, permanece a *função*, aplicada, como em Propp, às ações e aos acontecimentos que, agrupados em sequências, engendram uma narrativa;

2º) Um primeiro agrupamento de três funções engendra a *sequência elementar*. Esta tríade corresponde às três fases obrigatórias de todo processo:

a) uma função que abra a possibilidade do processo sob forma de conduta a conservar ou de acontecimento a prever;

b) uma função que realize esta virtualidade sob forma de conduta ou de acontecimento em ação;

c) uma ação que feche o processo sob forma de resultado esperado;

3º) Diferente de Propp, nenhuma destas funções necessita a que a segue na sequência. Ao contrário, quando a função que abre a sequência é colocada, o narrador conserva a liberdade de fazê-la passar à ação ou de mantê-la em estado de virtualidade: se uma conduta é apresentada como devendo ser mantida, se um acontecimento pode ser previsto, a atualização da conduta ou do acontecimento pode tanto ter lugar, como não se produzir. Se o narrador escolhe atualizar esta conduta ou este acontecimento, conserva a liberdade de deixar o processo ir até seu termo, ou de interrompê-lo no seu caminho: a conduta pode atingir ou não seu objetivo, o acontecimento segue ou não seu curso até o termo previsto. A rede das possibilidades assim aberta para a sequência elementar segue o modelo:

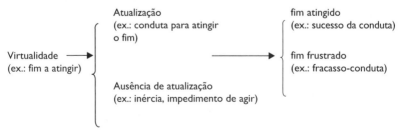

115

4º) As sequências elementares se combinam entre si para engendrar as sequências complexas. Estas combinações se realizam segundo configurações variáveis. Citemos as mais típicas:

a) O encadeamento sucessivo, por exemplo:

O signo =, que empregamos aqui, significa que o acontecimento preenche simultaneamente, na perspectiva de um mesmo papel, duas funções distintas. Em nosso exemplo, a mesma ação repreensível qualifica-se na perspectiva de um "retribuidor" como fechamento de um processo (a malfeitoria) em relação ao qual representa passivamente a testemunha e como abertura de um outro processo em que ele vai representar um papel ativo (a punição).

b) O enclave, por exemplo:

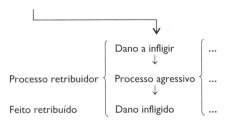

Esta disposição aparece quando um processo, para atingir seu fim, deve incluir aí um outro, que lhe sirva de meio, este podendo por sua vez incluir um terceiro, etc. O enclave é o grande impulsionador dos mecanismos de especificação das sequências: aqui, o processo retribuidor se especifica em processo agressivo (ação punitiva) correspondente à função *malfeito cometido*. Poder-se-ia especificar em processo servível (recompensa) se aqui se tratasse de um *benefício cometido*.

c) O "emparelhamento", por exemplo:

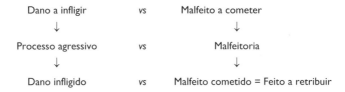

A sigla vs (*versus*), que serve aqui de ligação às duas sequências, significa que o mesmo acontecimento, que preenche uma função *a* na perspectiva de um agente A, preenche uma função *b* caso se passe à perspectiva de B. Esta possibilidade de operar uma conversão sistemática de pontos de vista, e de formular suas regras, deve-nos permitir delimitar as esferas de ação correspondentes aos diversos papéis (ou *dramatis personae*). Em nosso exemplo, a fronteira passa entre a esfera de ação de um agressor e a de um justiceiro na perspectiva de quem a agressão torna-se malfeitoria.

Estas são as regras que colocamos à prova nas páginas que se seguem. Tentamos proceder a uma reconstituição lógica das linhas de partida da rede narrativa. Sem pretender explorar cada itinerário até às ramificações últimas, tentaremos seguir as principais artérias, reconhecendo, ao longo de cada percurso, as bifurcações em que os ramos mestres se cindem, engendrando subtipos. Traçaremos assim o quadro das sequências-tipo, bem menos numerosas do que se poderia crer, entre as quais deve necessariamente optar o narrador de uma história. Este quadro tornar-se-á mesmo a base de uma classificação de papéis assumidos pelos personagens das narrativas.

O ciclo narrativo

Toda narrativa consiste em um discurso integrando uma sucessão de acontecimentos de interesse humano na unidade de uma mesma ação. Onde não há sucessão não há narrativa, mas, por exemplo, descrição (se os objetos do discurso são associados por uma contiguidade espacial), dedução (se eles estão implicados), efusão lírica (se eles evocam por metáfora ou metonímia), etc. Onde não há integração na unidade de uma ação, não há narrativa, mas somente *cronologia*, enunciação de uma sucessão de fatos não coordenados. Onde enfim não há implicação de interesse humano (onde os acontecimentos relacionados não são produzidos nem por agentes, nem sofridos por pacientes antropomorfos) não pode haver narrativa, porque é somente por relação com um projeto humano que os acontecimentos tomam significação e se organizam em uma série temporal estruturada.

Segundo eles favoreçam ou contrariem este projeto, os acontecimentos da narrativa podem-se classificar em dois tipos fundamentais, que se desenvolvem segundo as sequências seguintes:

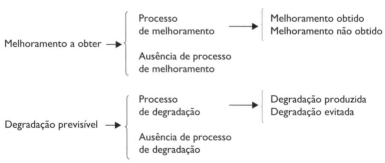

A lógica dos possíveis narrativos

Todas as sequências elementares que isolaremos em seguida são especificações de uma ou de outra destas categorias, que nos fornecem assim um primeiro princípio de classificação dicotômica. Antes de nos engajarmos na sua exploração, precisemos as modalidades segundo as quais o melhoramento e a degradação se combinam um com o outro na narrativa:

a) *Por junções sucessivas*. Vê-se imediatamente que uma narrativa pode fazer alternar, segundo um ciclo contínuo, fases de melhoramentos e de degradação:

É menos evidente que esta alternativa é não somente possível, mas necessária. Seja um início de narrativa que apresente uma deficiência (afetando um indivíduo ou uma coletividade sob forma de pobreza, doença, tolice, falta de herdeiro masculino, flagelo crônico, desejo de saber, amor, etc.). Para que esta amostra de narrativa se desenvolva, é necessário que este estado evolua, que alguma coisa aconteça, própria para modificá-la. Em que sentido? Pode-se pensar, seja em um melhoramento, seja em uma degradação. De direito, entretanto, só o melhoramento é possível. Não que o mal não possa ainda piorar. Existem narrativas nas quais as infelicidades se sucedem em cascata, como se uma degradação chamasse outra. Mas, neste caso, o estado deficiente que marca o fim da primeira degradação não é o verdadeiro ponto de partida da segunda. Este degrau de parada – *este sursis* – equivale funcionalmente a uma fase de melhoramento, ou ao menos de preservação do que ainda se pode salvar. O ponto de partida da nova fase de degradação não é o estado degradado, que só pode ser melhorado, mas o estado ainda relativamente satisfatório, que só pode ser degradado. Do mesmo modo, dois processos de melhoramento não se podem suceder enquanto o melhoramento realizado pelo primeiro deixa a desejar. Implicando esta carência, o narrador introduz em sua narrativa o equivalente de uma fase de degradação. O estado ainda relativamente deficiente que daí resulta serve de ponto de partida à nova fase de melhoramento.

b) *Por enclave*. Pode-se considerar que o fracasso de um processo de melhoramento ou de degradação em curso resulta da inserção de um processo inverso que o impede de atingir a seu termo normal. Tem-se então os esquemas seguintes:

c) *Por emparelhamento*. A mesma série de acontecimentos não pode ao mesmo tempo, e na sua relação com um mesmo agente, se caracterizar como melhoramento e como degradação. Esta simultaneidade torna-se em compensação possível se o acontecimento afetar ao mesmo tempo dois agentes animados por interesses opostos: a degradação da sorte de um coincide com a melhoria da sorte do outro. Tem-se o esquema:

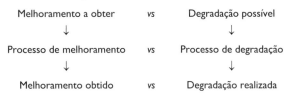

A lógica dos possíveis narrativos

A possibilidade e a obrigação de passar assim, por conversão dos pontos de vista, da perspectiva de um agente à de um outro são capitais para o prosseguimento de nosso estudo. Elas implicam a recusa, no nível de análise em que trabalhamos, das noções de Herói, de "Vilão", etc., concebidas como marcas de identificação distribuídas de uma vez por todas, aos personagens. Cada agente é seu próprio herói. Seus parceiros se qualificam na sua perspectiva como aliados, adversários, etc. Estas qualificações se invertem quando se passa de uma perspectiva para outra. Longe, pois, de construir a estrutura da narrativa em função de um ponto de vista privilegiado – o do "herói" ou o do narrador – os modelos que elaboramos integram na unidade de um mesmo esquema a pluralidade das perspectivas próprias dos diversos agentes.

Processo de melhoramento

O narrador pode-se limitar a dar a indicação de um processo de melhoramento, sem explicitar suas fases. Se diz simplesmente, por exemplo, que os negócios do herói se arranjam, que ele se curou, que se tornou bem comportado, se embelezou, enriqueceu, estas determinações, que tratam do conteúdo da evolução sem especificar o seu *como*, não nos podem servir para caracterizar sua estrutura. Por outro lado, se ele nos diz que o herói restabeleceu seus negócios ao fim de grandes esforços, se ele relaciona a cura à ação de um medicamento ou de um médico, o embelezamento à compaixão de uma fada, o enriquecimento ao sucesso de uma transação vantajosa, o bom comportamento às boas resoluções tomadas em seguida a uma falta, podemos apoiar-nos sobre as articulações internas destas operações para diferenciar diversos tipos de melhoramento: quanto mais a narrativa entra no detalhe das operações, mais esta diferenciação pode ser aprofundada.

Coloquem-nos primeiro na perspectiva do beneficiário do melhoramento[2]. Seu estado deficiente inicial implica a presença de um *obstáculo* que se opõe à realização de um estado mais satisfatório, e que é eliminado à medida que o processo de melhoramento se desenvolve. Esta eliminação do obstáculo implica por sua vez a intervenção de fatores que agem como meios contra o obstáculo e a favor do beneficiário. Se pois o narrador escolhe desenvolver este episódio, sua narrativa seguirá este esquema:

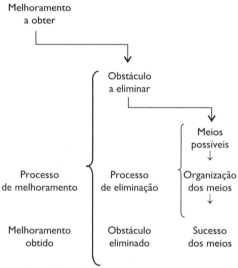

Neste estágio, só podemos encontrar uma *dramatis persona*, o beneficiário do melhoramento, usufruindo passivamente de um feliz concurso de circunstâncias. Nem a ele, nem a ninguém cabe então a responsabilidade de ter reunido e posto em ação os meios que derrubaram o obstáculo. As coisas "acabaram bem" sem que alguém se ocupasse delas.

---

2. Fica entendido que o beneficiário não está necessariamente consciente do processo empreendido em seu favor. Sua perspectiva pode permanecer virtual, como a da Bela Adormecida no Bosque enquanto espera o Príncipe Encantado.

Este isolamento desaparece quando o melhoramento, em lugar de ser imputado à sorte, é atribuído à intervenção de um agente, dotado de iniciativa, que o assume a título de *tarefa a cumprir*. O processo de melhoramento se organiza então em conduta, o que implica que ele se estruture numa rede de fins-meios que pode ser detalhada ao infinito. Além disso, esta transformação introduz dois papéis novos: de um lado, o agente que assume a tarefa em proveito de um beneficiário passivo representa em relação a este último o papel de um meio, não mais inerte, mas dotado de iniciativa e de interesses próprios: é um *aliado*; por outro lado, o obstáculo enfrentado pelo agente pode-se encarnar em um agente, ele próprio dotado de iniciativa e de interesses próprios: este outro é um *adversário*.

Para dar conta das dimensões novas assim abertas, devemos examinar:

- a estrutura da realização da tarefa e seus desenvolvimentos possíveis;

- todos os detalhes da relação de aliança postulada pela intervenção de um aliado;

- as modalidades e as consequências da ação empreendida contra um adversário.

Realização da tarefa

O narrador pode limitar-se a mencionar a execução da tarefa. Se escolhe desenvolver este episódio, é conduzido a explicitar, primeiramente, a natureza do obstáculo encontrado, em seguida a estrutura dos meios empregados – intencionalmente e não mais fortuitamente desta vez – para eliminá-lo. Estes meios, eles próprios, podem faltar ao agente, seja intelectualmente, se ignora o que deve fazer, seja materialmente, se não tem à sua disposição os instrumentos dos quais tem necessidade. A constatação desta carência equivale a uma fase de degradação que, neste caso, se especifica em problema a *resolver*, e que, como anteriormente, pode ser reparada de duas maneiras: ou as coisas se arranjam por elas mesmas (se a solução procurada cai do céu), ou um agente assume a tarefa de arranjá-las. Neste caso, este novo agente se comporta como aliado intervindo em proveito do primeiro que se torna por sua vez beneficiário passivo da ajuda que lhe é assim oferecida.

Intervenção do aliado

A intervenção do aliado, sob a forma de um agente que se encarrega do processo de melhoramento, pode não ser motivada pelo narrador, ou ser explicada por motivos sem ligação com o beneficiário (se a ajuda é involuntária): neste caso, não se pode falar propriamente de intervenção de um aliado: surgindo do cruzamento fortuito de duas histórias, o melhoramento é produto do acaso.

Acontece diferentemente quando a intervenção é motivada, na perspectiva do aliado, por um mérito do beneficiário. A ajuda é então um sacrifício consentido no quadro de uma troca de serviços. Esta troca mesma pode-se revestir de três formas:

• ou a ajuda é recebida pelo beneficiário em contrapartida de uma ajuda que ele mesmo fornece a seu aliado em uma troca de serviços simultâneos: os dois parceiros estão então solidários na realização de uma tarefa de interesse comum;

• ou a ajuda é fornecida em reconhecimento de um serviço passado: o aliado se comporta como *devedor* do beneficiário;

• ou a ajuda é fornecida na espera de uma compensação futura: o aliado se comporta como *credor* do beneficiário.

A posição cronológica dos serviços trocados determina assim três tipos de aliados e três estruturas de narrativa. Caso se trate de dois associados solidariamente interessados na realização de uma mesma tarefa, as perspectivas do beneficiário e do aliado se aproximam até coincidir: cada um é beneficiário de seus próprios esforços unidos aos de seu aliado. No limite, só há um personagem, desdobrado em dois papéis: quando um herói infeliz se propõe a remediar sua sorte "ajudando a si mesmo", ele se cinde em duas *dramatis personae* e se torna seu próprio aliado. A realização da tarefa representa uma degradação voluntária, um sacrifício (atestado pelas expressões: dar-se ao trabalho de, penar para, etc.) destinados a pagar o preço de um melhoramento. Quer se trate de um só personagem se desdobrando, ou de dois personagens solidários, a configuração dos papéis permanece idêntica: o melhoramento é obtido graças ao sacrifício de um aliado cujos interesses estão solidários com os do beneficiário.

Em lugar de coincidir, as perspectivas opõem-se quando o beneficiário e seu aliado formam uma dupla credor/devedor. O desenvolvimento de seus papéis pode então se formalizar assim: seja A e B tendo a obter cada um melhoramento distinto do outro. Se A recebe a ajuda de B para realizar o melhoramento *a*, A torna-se devedor de B e deverá por sua vez ajudar B a realizar o melhoramento *b*. A narrativa seguirá o esquema:

Perspectiva de A beneficiário da ajuda		Perspectiva de B aliado obrigante		Perspectiva de A aliado reconhecido		Perspectiva de B beneficiário da ajuda
—		—		—		—
Ajuda a receber ↓	vs	Serviço possível ↓				
Recepção de ajuda ↓	vs	Ação ↓				
Ajuda recebida	vs	Serviço realizado	vs	Dívida a quitar ↓	vs	Ajuda a receber ↓
				Quitação da dívida ↓	vs	Recepção de ajuda ↓
				Dívida quitada	vs	Ajuda recebida

125

As três formas de aliados que acabamos de distinguir – o associado solidário, o credor, o devedor – intervêm em função de um pacto que rege a troca dos serviços e garante a contrapartida dos serviços prestados. Ou este pacto permanece implícito (está entendido que todo sacrifício merece pagamento, que todo filho deve obedecer a seu pai que lhe deu a vida, o escravo ao mestre que conservou a sua, etc.); ou resulta de uma negociação particular, explicitada na narrativa com mais ou menos detalhe. Do mesmo modo que o emprego dos meios podia ser precedido de sua procura, no caso em que sua carência pusesse obstáculo à realização da tarefa, assim a ajuda deve ser negociada, no caso em que o aliado não traga espontaneamente seu concurso. No quadro desta tarefa prioritária, a abstenção do futuro aliado faz dele um adversário que se trata de convencer. A negociação, que reencontraremos daqui a pouco, constitui a forma pacífica de eliminação do adversário.

Eliminação do adversário

Entre os obstáculos que se opõem à realização de uma tarefa, alguns, já o vimos, só se opõem a uma força de inércia; outros se encarnam nos adversários, nos agentes dotados de iniciativa que podem reagir por condutas aos processos engajados contra eles. Resulta disto que a conduta de eliminação do adversário deve, para dar conta desta resistência e de suas diversas formas, organizar-se segundo estratégias mais ou menos complexas.

Deixamos de lado o caso em que o adversário desaparece sem que o agente seja responsável por sua eliminação (se ele morre de morte natural, cai sob os golpes de outro inimigo, torna-se mais acomodado com a idade, etc.): neste caso, há somente um melhoramento fortuito. Para levar em conta só o caso em que a eliminação do adversário é imputável à iniciativa do agente, distinguiremos duas formas:

- pacífica: o agente esforça-se por obter do adversário que cesse de pôr obstáculos a seus projetos. É a *negociação*, que transforma o adversário em aliado;
- hostil: o agente esforça-se por infligir ao adversário um dano que o coloca em incapacidade de fazer por mais tempo obstáculo a seus empreendimentos. É a *agressão*, que visa a suprimir o adversário.

A negociação

A negociação consiste para o agente em definir, de acordo com o ex-adversário e futuro-aliado, as modalidades de troca de serviços que constituem o objetivo de sua aliança. É ainda necessário que o próprio princípio desta troca seja aceito pelas duas partes. O agente que toma a iniciativa deve fazer de maneira que o parceiro a deseje igualmente. Para obter este resultado, pode utilizar seja a *sedução*, seja a *intimidação*. Se escolhe a sedução, esforça-se por inspirar o desejo de um serviço que quer oferecer em troca do que pede; se escolhe a intimidação, esforça-se por inspirar o medo de um prejuízo que pode causar, mas igualmente poupar, e que pode assim servir de moeda de troca para o serviço que deseja obter. Se a operação tem sucesso, os dois parceiros estão em igualdade: A deseja um serviço de B, como B um serviço de A. As condições que tornam possível a procura de um acordo são reunidas. Resta negociar as modalidades de troca e as garantias de uma execução leal dos compromissos.

O esquema simplificado da negociação pode ser figurado como segue:

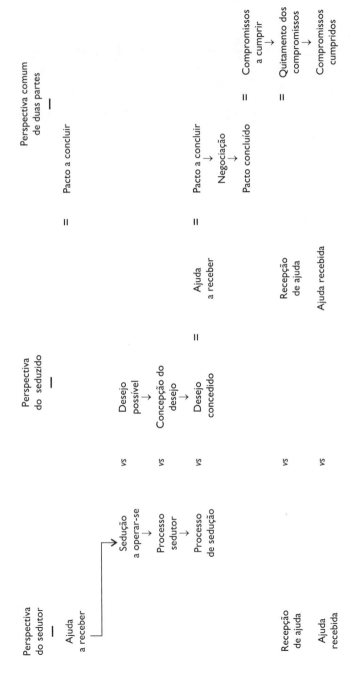

A lógica dos possíveis narrativos

A agressão

Optando pela negociação, o agente escolhia eliminar o adversário por uma troca de serviços que o transformava em aliado; optando pela agressão, escolhe infligir-lhe um dano que aniquila (ao menos enquanto obstáculo). Na perspectiva o agredir, o esboço deste processo constitui um perigo que, para ser afastado, requer normalmente uma conduta de proteção. Se esta fracassa, tem-se:

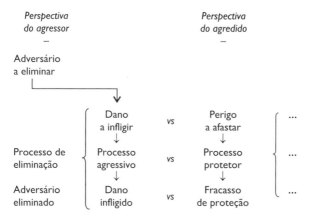

A vantagem permanece, no esquema acima, para o agressor. Esta saída não tem evidentemente nada de fatal. Se o adversário parece dispor de meios de proteção eficazes, o agressor tem interesse em enfrentá-lo desguarnecido. A agressão reveste-se então da forma mais complexa da cilada. Fazer cilada é agir de modo que o agredido, em lugar de se proteger como poderia fazê-lo, coopera à sua revelia com o agressor (não fazendo o que devia ou fazendo o que não devia). A cilada desenvolve-se em três tempos: primeiro, uma trapaça; em seguida, se a trapaça tem sucesso, um erro da vítima; enfim se o processo de erro é conduzido até seu termo, a exploração pelo trapaceiro da vantagem adquirida, que coloca à sua mercê um adversário desarmado:

Claude Bremond

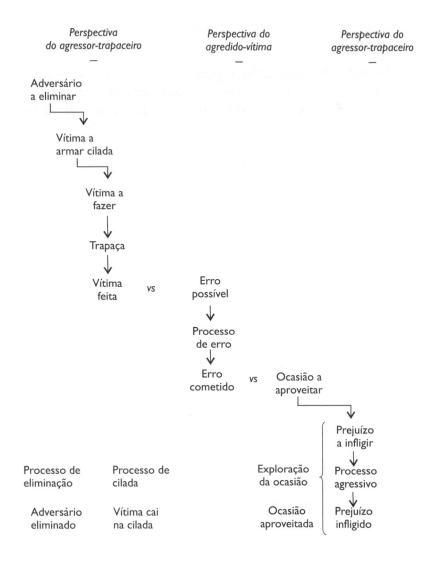

A primeira das três fases da cilada, a trapaça, é ela mesma uma operação complexa. Trapacear é, ao mesmo tempo, dissimular o que é, simular o que não é, e substituir o que não é pelo que é em um parecer ao qual a vítima reage como a um ser verdadeiro. Pode-se, pois,

A lógica dos possíveis narrativos

distinguir em toda trapaça duas operações combinadas, uma *dissimulação* e uma *simulação*. A dissimulação somente não é suficiente para constituir a trapaça (salvo na medida em que ela simula a ausência de dissimulação); a simulação apenas não é também suficiente, pois uma simulação que se mostra como tal (a do comediante por exemplo) não é uma trapaça. Para morder a isca, a vítima tem necessidade de crê-la verdadeira e de não perceber o anzol. O mecanismo da trapaça pode figurar-se pelo esquema seguinte:

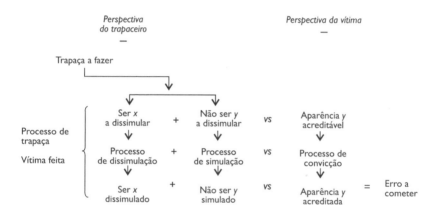

Levando mais longe a classificação, poder-se-ia distinguir muitos tipos de trapaça diferenciados pela maneira de simulação empregada pelo trapaceiro para mascarar a agressão que prepara:

a) o trapaceiro pode simular uma situação implicando a ausência de toda relação entre ele e a futura vítima: finge não estar presente, no sentido próprio (caso ele se esconda) ou no figurado (se ele finge dormir, olhar para outro lado, estar tomado de um acesso de loucura, etc.);

b) o trapaceiro pode simular intenções pacíficas: propõe uma aliança, tenta seduzir ou intimidar sua vítima, enquanto prepara clandestinamente a ruptura das parlamentações ou a tradição do pacto;

c) o trapaceiro simula intenções agressivas de modo "que a vítima, ocupada em repetir um assalto, imaginário, se descobre e fica sem defesa contra o ataque real.

Retribuições: recompensa e vingança

O dano causado pelo agressor à sua vítima pode ser considerado como um serviço ao contrário, não mais consentido pelo credor, mas arrancado pelo devedor, chamando em contrapartida a inflição de um dano proporcionado, assimilável no recobrimento do crédito aberto: o devedor paga, entretanto, a dívida de um empréstimo forçado. A recompensa do serviço prestado e a vingança do prejuízo sofrido são as duas faces da atividade retribuidora.

Como a retribuição dos serviços, a retribuição dos prejuízos resulta de um pacto, que, ou fica implícito (todo malfeito merece castigo, o sangue chama o sangue, etc.), ou se explicita nas cláusulas de uma aliança particular, sob forma de ameaça contra as rupturas de contrato.

Um novo tipo, o *retribuidor*, e dois subtipos, o *retribuidor-recompensador* e o *retribuidor-punidor*, aparecem aqui. O retribuidor é de qualquer modo a garantia dos contratos. Na sua perspectiva, todo serviço torna-se um favor que pede uma recompensa, todo prejuízo, um malfeito que pede um castigo. Seu papel coincide com o do devedor pontual a reembolsar suas dívidas, e supre as faltas do devedor insolvente ou recalcitrante.

Processo de degradação

Um processo de melhoramento, chegando a seu termo, realiza um estado de equilíbrio que pode marcar o fim da narrativa. Se escolhe prosseguir, o narrador deve recriar um estado de tensão, e, para fazer isto, introduzir forças de oposição novas, ou desenvolver germes nocivos deixados em suspenso. Um processo de degradação se instaura então. Ou pode-se referir à ação de fatores imotivados e inorganizados, como quando diz que o herói sai doente, começa a se aborrecer, vê novas nuvens apontar no horizonte, sem que a doença, os aborrecimentos, as nuvens sejam apresentadas como agentes responsáveis, dotados de iniciativa, e cujos comportamentos se articulam em condutas realizadoras de projeto: neste caso, o processo de degradação permanece indeterminado ou só se especifica em má sorte, concurso de circunstâncias infelizes. Ou ao contrário, é referido à iniciativa de um agente responsável (um homem, um animal, um objeto, uma entidade antropomorfa). Este agente pode ser o beneficiário mesmo, caso cometa um erro de consequências graves; pode ser um agressor; pode ainda ser um credor com quem o beneficiário tem uma dívida a saldar (em troca de um serviço prestado ou de um dano infligido); pode ser enfim um devedor em favor de quem o beneficiário escolhe deliberadamente sacrificar-se.

Já encontramos estas formas de degradação. Não são apenas os contrários, mais ainda, pela passagem de uma perspectiva a outra, os complementares das formas de melhoramento:

• ao melhoramento por serviço recebido de um aliado credor corresponde a degradação por sacrifício consentido em proveito de um aliado devedor;

• ao melhoramento por serviço recebido de um aliado devedor corresponde a degradação por absolvição da obrigação para com um aliado credor;

• ao melhoramento por agressão infligida, corresponde a degradação pela agressão sofrida;

• ao melhoramento por sucesso de uma cilada, corresponde a degradação por erro (que pode igualmente ser considerado como o contrário da tarefa: fazendo, não o que deve, mas o que não deve, o agente atinge o objetivo inverso do que visava);

* ao melhoramento por vingança obtida, corresponde a degradação por castigo recebido.

O processo de degradação anunciado por esses diversos fatores pode desenvolver-se sem encontrar obstáculos, ou porque estes não se apresentam por si mesmos, ou porque ninguém quer ou não pode interpor-se. Se, ao contrário, os obstáculos surgem, funcionam como proteções do estado satisfatório anterior. Estas proteções podem ser puramente fortuitas, resultar de um feliz concurso de circunstâncias; podem igualmente realizar a intenção de resistência de um agente dotado de iniciativa.

Neste caso, elas se organizam em condutas cuja forma depende, de um lado, da configuração do perigo, de outro, da tática que o protetor escolhe.

Estas proteções podem ter sucesso ou fracassar. Neste último caso, o estado degradado que se segue abre a possibilidade de processos, de melhoramento compensadores entre os quais alguns, vamos ver, tomam a forma de uma reparação especificamente adaptada ao tipo de degradação sofrida.

O erro

Pode-se caracterizar o processo do erro como uma tarefa cumprida ao contrário: induzindo ao erro, o agente põe em ação os meios que são precisos para atingir o resultado oposto a seu objetivo, ou para destruir as vantagens que quer conservar. No decorrer desta tarefa invertida, processos nocivos são considerados como meios, enquanto que regras próprias para assegurar ou conservar uma vantagem são tratadas como obstáculos.

O narrador pode apresentar estas regras como impessoais, derivando da simples "natureza das coisas"; sua transgressão só traz prejuízo ao imprudente que, dando início a um encadeamento funesto de causas e efeitos, sanciona ele próprio o erro que comete. Mas a narrativa pode igualmente fazer disto interdições que emanam da vontade de um legislador. Trata-se então de cláusulas restritivas introduzidas por um aliado "obrigante" no tratado que estabelece com o reconhecido. Este é engajado a observá-los para beneficiar, ou continuar a se beneficiar de um serviço (permanecer no paraíso terrestre, etc.). A transgressão da regra traz prejuízo ao aliado "credor" e é este dano que pede, eventualmente, a intervenção de um retribuidor que sanciona a traição do pacto. O erro consiste aí, não na infração mesma, mas na ilusão de poder transgredir impunemente a regra.

O elemento motor do erro sendo a cegueira, esta forma de degradação chama uma forma de proteção específica: a advertência (destinada a prevenir o erro) ou o cinismo (destinado a dissipá-lo). Por vezes os próprios fatos se encarregam oportunamente; em outro caso, aliados clarividentes assumem esta tarefa. Enunciando ou lembrando a regra, tendem a encarná-la, mesmo que eles não sejam seus autores; se a vítima ignora seus conselhos, esta perseverança no erro traz-lhes prejuízo, e a catástrofe que se segue é, ao mesmo tempo, a sanção desta transgressão nova.

Enquanto o aliado que encarna a regra é tratado como adversário, o adversário que ajuda a transgredi-la é tratado como aliado. Conforme ignore ou conheça as consequências da pseudoajuda que fornece, ele próprio é vítima ou trapaceiro. Neste último caso, a trapaça insere-se como fase preparatória de uma cilada, ou uma manobra de agressão.

A degradação que resulta do erro pode marcar o fim da narrativa. O sentido disto é então dado pelo afastamento que separa o fim visado do resultado obtido: encontra um correspondente psicológico na oposição presunção/humilhação. Se o narrador escolhe prosseguir, os diversos tipos de melhoramento que assinalamos estão à sua disposição. Entre estes, entretanto, há um que convém eletivamente à reparação das consequências do erro, porque representa o processo inverso: é a realização da tarefa, pela qual o agente, usando desta vez meios adequados, restabelece por seu mérito a prosperidade arruinada por sua tolice.

A obrigação

Encontramos acima o caso do melhoramento obtido graças à ajuda de um aliado credor. Esta prestação, constrangendo o beneficiário a pagar ulteriormente sua dívida, leva a uma fase de degradação. Esta sobrevém da mesma maneira em todos os casos onde um "reconhecido" é obrigado a cumprir um dever que lhe custa. A obrigação, como vimos, pode resultar de um contrato em boa e devida forma, explicitado em uma fase anterior da narrativa (como quando um herói vendeu sua alma ao diabo). Ela pode igualmente derivar das disposições "naturais" do pacto social: obediência do filho ao pai, do vassalo ao suserano, etc.

Na disjunção de cumprir seu dever, o reconhecido pode procurar proteger-se contra a degradação que o ameaça. Seu credor torna-se um agressor ao qual ele tenta escapar, seja rompendo o contrato (empreendendo a fuga), seja por meios pacíficos e leais (negociando uma revisão do contrato), seja por meios agressivos (provocando uma prova de força ou armando uma cilada). No caso em que julga ter sido vítima de uma trapaça, a liquidação agressiva de seus compromissos lhe aparece, não somente como uma defesa legítima, mas como uma operação justiceira. Na perspectiva do credor, ao contrário, a liquidação dos compromissos redobra a dívida; o reconhecido vai ter de pagar, não somente por um serviço, mas por um prejuízo.

Se, ao contrário, o devedor não pode ou não quer esquivar-se a suas obrigações, se ele voluntariamente as salda ou se ele, por escolha ou à força, é constrangido a manter seus compromissos, a degradação de seu estado que resulta disto pode marcar o fim da narrativa (cf. a *Filha de Jefté*, etc.). Se o narrador quer prosseguir, pode recorrer às diversas formas de melhoramento que assinalamos. Uma delas, entretanto, é privilegiada: consiste em transformar o cumprimento do dever em sacrifício meritório, pedindo por sua vez uma recompensa. O pagamento da dívida converte-se assim em abertura de crédito.

O sacrifício

Enquanto outras formas de degradação são processos sofridos, o sacrifício é uma conduta voluntária, assumida em vista de um mérito a adquirir, ou ao menos que torna o agente digno de uma recompensa. Há sacrifício cada vez que um aliado presta serviço sem ser obrigado, e se constitui assim em credor, que um pacto estipula a contrapartida esperada, ou que esta seja deixada à discrição de um retribuidor.

O sacrifício apresenta assim o duplo caráter de excluir a proteção e pedir uma reparação. Normalmente, o processo sacrificial deve ir até seu termo com o concurso da vítima (se o sacrifício parece ser uma loucura, aliados podem dar conselhos, mas esta proteção dirige-se contra a decisão, que constitui um erro, e não contra o próprio sacrifício). Em oposição, a degradação resultante do sacrifício pede uma reparação, sob forma de recompensa, e é neste estágio que uma proteção pode intervir. O pacto, com as garantias de que se cerca (juramento, refém, etc.), prevê também isto.

A agressão sofrida

A agressão sofrida difere dos outros tipos de degradação na medida em que resulta de uma conduta em que se propõe intencionalmente o dano como objetivo de sua ação. Para atingir este objetivo, o inimigo pode ou agir diretamente, por agressão frontal, ou manobrar obliquamente, esforçando-se por suscitar e utilizar as outras formas de degradação. Duas delas prestam-se a esta manobra: o *erro*, pelo qual o agredido, induzido pelo seu inimigo, deixa-se cair em uma cilada; a *obrigação*, pela qual o agredido, ligado a seu agressor por um compromisso irrevogável, deve quitar-se de um dever ruinoso (acontece além disso frequentemente que o agressor combina os dois procedimentos: engana sua vítima sugerindo-lhe um pacto danoso, depois o elimina, exigindo a execução do contrato).

O agredido tem a escolha entre se deixar apanhar e se proteger. Se escolhe a segunda solução, os modos de proteção que lhe são oferecidos podem reagrupar-se em estratégias: primeiro, tentar suprimir toda relação com o agressor, colocar-se fora do seu alcance: *fugir*; segundo, aceitar a relação com aquele, mas tentar transformar a relação hostil em relação pacífica, negociar (cf. *supra*); enfim, aceitar a relação hostil, mas devolvê-la golpe contra golpe, *ripostar*.

Se estas proteções são ineficazes, o agressor inflige o dano esperado. O estado degradado que resulta daí pode marcar, para a vítima, o fim da narrativa. Se o narrador escolhe prosseguir, uma fase de reparação do dano é aberta. Esta pode operar-se segundo todas as modalidades de melhoramento que reconhecemos (a vítima pode curar-se, tomar a si a tarefa de reparar os desgastes, receber socorros caritativos, voltar-se contra outros inimigos, etc.). Existe, entretanto, em acréscimo a estas, uma forma de reparação específica: a vingança, que consiste, não mais em restituir à vítima o equivalente do dano sofrido, mas em infligir ao agressor o equivalente ao prejuízo causado.

O castigo

Todo dano infligido pode tornar-se, na perspectiva de um retribuidor, um malfeito a ser punido. Na perspectiva do justiçado, o retribuidor é um agressor e a ação punitiva que pretende uma ameaça de degradação. Ao perigo assim criado, o justiçado reage por uma atitude de submissão ou de defesa. Neste último caso, as três estratégias assinaladas mais acima – a fuga, a negociação e a prova de força – são igualmente possíveis. Somente, entretanto, a segunda, a negociação, prenderá aqui nossa atenção, pois ela supõe a colaboração do retribuidor, e nos remete ao exame das condições pelas quais este se deixa convencer a renunciar a sua tarefa. Para que a situação de *Malfeito* a punir desapareça, ou ao menos deixe de ser percebida, é preciso que um dos três papéis em presença (o culpado, a vítima, ou o próprio retribuidor) perca sua qualificação. A vítima é desqualificada pelo *perdão*, graças ao qual o retribuidor restabelece, entre o antigo culpado e ela, as condições normais do pacto (pois o perdão é sempre condicional: transforma retroativamente o dano infligido em serviço obtido, e pede em contrapartida um serviço proporcional). O retribuidor desqualifica-se ele próprio pela corrupção (obtida por sedução ou intimidação), que estabelece, entre o culpado e ele, o liame de um pacto (transforma o dano a infligir ao culpado em serviço a devolver-lhe, e obtém em contrapartida um serviço proporcional). Enfim o culpado é desqualificado pela dissimulação de seu malfeito. Ele induz o retribuidor em erro fazendo-se passar por inocente e, eventualmente, fazendo passar no seu lugar um inocente por culpado.

Se estas proteções são vãs, a degradação que resulta do castigo pode marcar o fim da narrativa. Esta se constrói então sobre a oposição Malfeito/Castigo. Se o narrador escolhe prosseguir, deve introduzir uma fase de melhoramento que pode ser qualquer uma das que foram descritas. Uma delas, entretanto, deve ser privilegiada, pois representa uma reparação específica: trata-se de melhoramento obtido por um sacrifício: ao malfeito – tentativa de melhoramento demeritória conduzindo a uma degradação por castigo – responde então a penitência – tentativa de degradação meritória conduzindo à reabilitação do culpado, segundo o esquema:

Melhoramento, degradação, reparação: o circuito da narrativa está agora fechado, abrindo a possibilidade de degradações seguidas de reparações novas, segundo um ciclo que se pode repetir indefinidamente. Cada uma destas fases pode ela própria se desenvolver ao infinito. Mas, no curso de seu desenvolvimento, será levada a se especificar, por uma série de escolhas alternativas, em uma hierarquia de sequências encravadas, sempre as mesmas, que determinam exaustivamente o campo do "narrável". O encadeamento das funções na sequência elementar, depois das sequências elementares na sequência complexa é simultaneamente livre (pois o narrador deve a cada momento *escolher* a continuação de sua narrativa) e controlado (pois o narrador só tem escolha, após cada opção, entre os dois termos, descontínuos e contraditórios, de uma alternativa). É, pois, possível esboçar *a priori* a rede integral das escolhas oferecidas; dar um nome e assinalar seu lugar em uma sequência a cada forma de acontecimento realizado por estas escolhas; ligar organicamente estas sequências na unidade de um papel, coordenar os papéis complementares que definem o devir de uma situação; encadear os devires em uma narrativa ao mesmo tempo imprevisível (pelo jogo das combinações disponíveis) e codificável (graças às propriedades estáveis e ao número finito dos elementos combinados).

Este engendramento dos tipos narrativos é ao mesmo tempo uma estruturação das condutas humanas agentes e pacientes. Elas fornecem ao narrador o modelo e a matéria de um devir organizado que lhe é indispensável e que seria incapaz de encontrar em outro lugar. Desejada ou temida, seu fim comanda um encadeamento

A lógica dos possíveis narrativos

de ações que se sucedem, se hierarquizam, se dicotomizam segundo uma ordem intangível. Quando o homem, na experiência real, combina um plano, explora na imaginação os desenvolvimentos possíveis de uma situação, reflete sobre a marcha da ação empreendida, rememora as fases do acontecimento passado; ele narra para si mesmo as primeiras narrativas que poderíamos conceber. Inversamente, o narrador que quer ordenar a sucessão cronológica dos acontecimentos que relata, dar-lhes uma significação, não tem outro recurso a não ser ligá-los na unidade de uma conduta orientada em direção a um fim.

Aos tipos narrativos elementares correspondem assim as formas mais gerais do comportamento humano. A tarefa, o contrato, o erro, a cilada, etc. são categorias universais. A rede de suas articulações internas e de suas relações mútuas define *a priori* o campo da experiência possível. Construindo, a partir das formas mais simples da narratividade, sequências, papéis, encadeamentos de situações cada vez mais complexas e diferenciadas, lançamos as bases de uma classificação dos tipos de narrativa; além disso, definimos um quadro de referência para o estudo comparado desses comportamentos que sempre idênticos na sua estrutura fundamental, se diversificam ao infinito, segundo um jogo de combinações e de opções inesgotável, segundo as culturas, as épocas, os gêneros, as escolas, os estilos pessoais. Técnica de análise literária, a semiologia da narrativa tira sua possibilidade e sua fecundidade de seu enraizamento em uma antropologia.

James Bond: uma combinatória narrativa*

Umberto Eco
Universidade de Turim

É em 1953 que Fleming publica o primeiro romance da série 007, *Casino Royal*. Primeira obra que não pode escapar ao jogo normal das influências literárias: por volta de 1950, o escritor que abandonava o filão do romance policial tradicional para passar ao policial de ação não podia ignorar a presença de Spillane.

Casino Royal deve, sem dúvida, ao menos dois elementos característicos a Spillane. Primeiramente a jovem, Vésper Lynd, que inspira um amor confiante a Bond, revela-se no final um agente inimigo. Em um romance de Spillane, o protagonista tê-la-ia matado, mas em Fleming a mulher tem o pudor de suicidar-se; entretanto a reação de Bond diante do fato é semelhante à transformação do amor em ódio e da ternura em ferocidade que se encontra em Spillane: "Está morta a vagabunda", telefona Bond a seu correspondente de Londres e isto fecha este incidente sentimental.

Em segundo lugar, Bond está obcecado por uma imagem: a de um japonês especialista em códigos secretos que ele abateu fria-

---

* Este texto foi extraído de uma obra coletiva, traduzida do italianjo, *Il Caso Bond*. Constitui os três primeiros capítulos de um artigo intitulado: "Les structures narratives chez Fleming". In: *Le Cas Bond*. Milão: Bompiani, 1965.

mente no trigésimo sexto andar do arranha-céu R.C.A. no Rockfeller Center, atingindo-o na face de uma janela do quadragésimo andar do arranha-céu em frente. Esta analogia não é um acaso. Mike Hammer aparecia constantemente perseguido pela lembrança de um pequeno japonês morto na selva durante a guerra, entretanto com maior participação emotiva (uma vez que o homicídio de Bond, autorizado administrativamente por seu duplo zero, é mais asséptico e burocrático). A lembrança do japonês é a origem da inegável neurose de Mike Hammer, de seu masoquismo e de sua provável impotência; a lembrança de seu primeiro homicídio poderia ser a origem da neurose de James Bond, se não fosse pelo fato de, em *Casino Royal*, tanto a personagem quanto o autor resolverem o problema de outra maneira que não a via terapêutica, isto é, excluindo a neurose do universo das possibilidades narrativas. Decisão que influenciará a estrutura dos onze romances futuros de Fleming e que provavelmente é a origem de seu sucesso.

Após a volatização de dois búlgaros que tinham tentado fazê-lo explodir com uma bomba, após ter sido torturado com golpes sobre os testículos, após a eliminação de Chiffre por um agente soviético que lhe inflige um ferimento na mão e após ter-se arriscado a perder a mulher amada, Bond, saboreando a convalescência dos justos em um leito de hospital, tagarela com seu colega francês Mathis e torna-o ciente de suas perplexidades. São eles lutadores de uma causa justa? Chiffre, que financiava as greves dos operários franceses, não preenchia "uma missão maravilhosa, verdadeiramente vital, talvez a melhor de todas e a mais elevada"? A diferença entre o bem e o mal é verdadeiramente tão nítida, reconhecível, como o quer a hagiografia da contraespionagem? Neste momento, Bond está maduro para a crise, para o reconhecimento salutar da ambiguidade universal, e para tomar o caminho percorrido pelo protagonista de Le Carré. Mas no momento em que ele se interroga sobre a aparência do diabo e em que está pronto para reconhecer no adversário um "irmão separado", James Bond é salvo por Mathis:

"...Quando você voltar a Londres, descobrirá que há outros Chiffre que tentam destruí-lo, destruir seus amigos e seu país. 'M' lhe falará. E agora que viu um homem verdadeiramente mau, saberá sob que aspecto o mal pode apresentar-se, irá à procura dos maus para destruí-los e proteger assim os que você ama, e você mesmo. Você sabe agora de que tipo eles são e o que podem fazer ao próximo... Cerque-se de seres humanos, meu caro James. É mais fácil lutar por eles do que por princípios. Mas... não me decepcione transformando-se você mesmo em humano. Perderíamos uma máquina maravilhosa."

Foi por esta frase lapidar que Fleming definiu o personagem de Bond para os romances que viriam. De *Casino Royal*, restar-lhe-á a cicatriz na face, o sorriso um pouco cruel, o gosto da boa comida e uma série de características acessórias minuciosamente catalogadas no curso deste primeiro volume. Mas, convencido pelo discurso de Mathis, Bond abandonará as vias incertas da meditação moral e do tormento psicológico, com todos os perigos de neuroses que poderiam daí decorrer. Bond cessará de ser um assunto para psiquiatras salvo voltar a sê-lo no último romance, aliás atípico, da série (*The man with the golden gun*), e tornar-se-á uma máquina magnífica, como o querem Mathis, o autor e o público. A partir deste momento, Bond não meditará mais sobre a verdade e sobre a justiça, sobre a vida e sobre a morte a não ser em raros momentos de tédio, de preferência nos bares dos aeroportos, contudo sem jamais se deixar dominar pela dúvida (nos romances pelo menos, pois ele se permite algum luxo intimista nas novelas). De um ponto de vista psicológico, uma conversão tão súbita, provocada por algumas frases pronunciadas por Mathis, é pelo menos curiosa; não é fornecida em outro lugar justificação alguma a este respeito. Nas últimas páginas de *Casino Royal*, Fleming renuncia de fato à psicologia enquanto motor da narração e decide transpor caracteres e situações para o nível de uma estratégia objetiva e convencional. Fleming realiza assim sem o saber uma escolha familiar a inúmeras disciplinas contemporâneas; passa do método psicológico ao método formal.

Existem já, em *Casino Royal*, todos os elementos permitindo construir uma máquina funcionando à base de unidades suficientemente simples sustentada por regras rigorosas de combinação. Esta máquina, que funcionará sem falha nos romances seguintes, está na origem do sucesso da "saga 007", um sucesso que, de maneira singular, é devido não só ao consentimento das massas, quanto à apreciação dos leitores mais refinados. Resta agora examinar em detalhe esta máquina narrativa para determinar quais são as razões de seu sucesso. Trata-se de construir um quadro descrevendo as estruturas narrativas em Ian Fleming, procurando avaliar ao mesmo tempo a incidência provável de cada elemento sobre a sensibilidade do leitor.

Esta pesquisa é feita nos romances seguintes, enumerados na ordem de sua publicação (as datas de redação devem provavelmente ser avançadas em um ano): *Casino Royal*, 1953; *Live and let die*, 1954; *Moonraker*, 1955; *Diamonds are forever*, 1956; *From Russia with love*, 1957; *Dr. No*, 1958; *Goldfinger*, 1959; *Thunderball*, 1961; *On Her Majesty's secret service*, 1963; *You only live twice*, 1964. Nós nos reportaremos igualmente às novelas de *For your eyes only*, de 1960, e a *The man with the golden gun*, publicada em 1965. Em compensação, não trataremos de *The spy who loved me* que ocupa um lugar inteiramente à parte.

1. A oposição dos caracteres e dos valores

Os romances de Fleming parecem construídos sobre uma série de oposições fixas que permitem um número limitado de modificações e de interações. Estes pares constituem invariantes ao redor das quais gravitam os pares menores que constituem, de um romance para outro, variantes daqueles. Enumeramos aqui quatorze pares; quatro destes opõem quatro caracteres segundo diversas combinações, enquanto que os outros constituem oposições de valores, diversamente encarnados pelos quatro caracteres de base. Os quatorze pares são:

a) Bond – "M"
b) Bond – O Mau
c) O Mau – A Mulher
d) A Mulher – Bond
e) O Mundo livre – A União Soviética
f) A Grã-Bretanha – os países não anglo-saxões
g) Dever – Sacrifício

h) Cupidez – Ideal
i) Amor – Morte
j) Risco – Programação
l) Fartura – Privação
m) Natureza excepcional – Medida
n) Perversão – Candura
o) Lealdade – Deslealdade

Estes pares não representam elementos "vagos", mas "simples", isto é, imediatos e universais e, examinando de mais perto o alcance de cada par, percebe-se que as variantes possíveis cobrem uma extensa gama e esgotam todos os achados narrativos de Fleming.

Com Bond – "M", tem-se uma relação dominado-dominante que caracteriza desde o começo os limites e as possibilidades do personagem Bond, e dá campo livre às aventuras. Já se falou em outro lugar da interpretação que convém dar, no ponto de vista psicológico ou psicanalítico da atitude de Bond diante de "M".[1] É fato que, mesmo se atendo puramente à narrativa, "M" coloca-se diante de Bond como detentor de uma informação total concernente aos acontecimentos. Daí sua superioridade sobre o protagonista, que depende dele e que parte em direção a suas diversas tarefas em condição de inferioridade em relação à onisciência de seu chefe. Não é raro que o chefe envie Bond para aventuras cujo resultado ele já previu; Bond encontra-se então vítima de uma manobra, por mais bem-intencionada que seja, e não espera que o desen-

---

1. AMIS, Kingsley. *The James Bond Dossier*. London 1965. Encontrar-se-ão diversas interpretações de James Bond no estudo de LILLI, Laura. "James Bond et la critique". In: *Le Cas Bond*. Op. cit.

rolar dos fatos ultrapasse as tranquilas previsões de "M". A tutela sob a qual "M" mantém Bond, submetido pela autoridade a visitas médicas, a curas naturistas (*Thunderball*), a modificações em seu armamento (*Dr. No*), torna cada vez mais indiscutível a autoridade do chefe. Portanto, em "M", adicionam-se facilmente outros valores como a religião do Dever, a Pátria (ou a Inglaterra) e o Método (que funciona como elemento de programação em face da tendência típica de Bond em confiar na improvisação). Se Bond é o herói e possui consequentemente qualidades excepcionais, "M" representa a Medida, compreendida como valor nacional. Em realidade, Bond não é tão excepcional quanto uma leitura apressada dos livros (ou a interpretação espetacular que os filmes dão aos livros) pode fazer pensar. O próprio Fleming afirma tê-lo concebido como um personagem totalmente comum, e é do contraste com "M" que emerge a estatura real do 007, dotado de superioridade física, de coragem e de agilidade de espírito, sem possuir, por isto, estas qualidades nem outras em uma medida excepcional. É mais uma certa força moral, uma fidelidade obstinada a seu dever – sob as ordens de "M", sempre presente como guia – que lhe permitem superar certas provas inumanas sem exercer faculdades sobre-humanas.

A relação Bond-"M" supõe, sem dúvida alguma, uma ambivalência afetiva, um amor-ódio recíproco, e isto sem que haja necessidade de recorrer a explicações psicológicas. No começo de *The man with the golden gun*, Bond, emergindo de uma longa amnésia e condicionado pelos soviéticos, tenta uma espécie de parricídio ritual atirando sobre "M" com uma pistola de cianeto. O gesto decorre de uma série de tensões narrativas que se tinham estabelecido cada vez que "M" e Bond se tinham encontrado face a face.

Colocado por "M" na rota do Dever a todo preço, Bond entra em contraste com o Mau. A oposição põe em jogo diversos valores, dos quais alguns são apenas variantes do par caracterológico. Bond representa indubitavelmente Beleza e Virilidade diante do Mau que se apresenta, ao contrário, como monstruoso e impotente. A monstruosidade do Mau é um dado constante, mas para esclarecê-la é preciso introduzir aqui uma noção de método que será igualmente válida no exame de outros pares. Entre as variantes, é preciso considerar também a existência de "papéis de substituição"; isto significa que existem personagens de segundo plano cuja função só se explica se são considerados como variações de um dos caracteres principais, dos quais "assumem" por assim dizer algumas das características. Os papéis de substituição funcionam de ordinário para a Mulher e para o Mau, e às vezes para "M", se entretanto for necessário interpretar como "substitutos" de "M" certos colaboradores excepcionais de Bond, como Mathis de *Casino Royal*, que são portadores de valores pertencentes a "M" como a chamada ao Dever ou ao Método.

Quanto às encarnações do Mau, enumeremo-las na ordem. Em *Casino Royal*, Le Chiffre é pálido, glabro, com cabelos ruivos cortados à escovinha, uma boca pequena como a de uma mulher, dentes postiços de alta qualidade, orelhas pequenas com lóbulos grandes, mãos peludas; não ri nunca. Em *Live and let die*, Mr. Big, negro do Haiti, tem uma cabeça que se assemelha a uma bola de futebol, apresentando o dobro das dimensões normais e absolutamente esférica. "A pele era de um preto-acinzentado terroso, esticada e brilhante como o rosto de um afogado de uma semana. O crânio era calvo, com exceção de alguns fiapos cinza-castanhos acima das orelhas. Não tinha nem cílios nem sobrancelhas e os olhos eram extraordinariamente separados, de tal modo que não se podiam fixar os dois ao mesmo tempo... Eram mais olhos de um animal que de um homem e lançavam chamas." As gengivas pareciam anêmicas.

Em *Diamonds are forever*, o Mau cinde-se em três figuras de substituição. Há, em primeiro lugar, Jack e Seraffimo Spang, dos quais o primeiro é corcunda e tem cabelos ruivos (Bond... "não se lembrava de ter visto jamais um corcunda de cabelos ruivos"), olhos que pareciam emprestados a um empalhador, orelhas de lóbulos desproporcionais, lábios vermelhos e secos, uma ausência

James Bond: uma combinatória narrativa

quase que total de pescoço. Seraffimo tem um rosto cor de marfim, sobrancelhas negras e cerradas, cabelos hirsutos e penteados à escovinha, maxilares "proeminentes e impediosos". Caso se acrescentar que Seraffimo está habitualmente vestido com calças de pele preta bordadas com prata, usa esporas de prata, uma pistola de coronha de marfim, um cinto preto com munições e que conduz um trem modelo 1870 com um equipamento da época vitoriana, forma-se um quadro completo para filme em tecnicolor. A terceira figura de substituição é a do Senhor Winter que viaja com uma pasta de documentos de couro, onde está escrito sobre a lingueta da fechadura: "Meu grupo sanguíneo é F", e que, em realidade, é um matador a soldo dos Spang. É um indivíduo gordo e suarento, com uma verruga sobre a mão, um rosto flácido, olhos esbugalhados.

Em *Moonraker*, Hugo Drax tem um metro e oitenta, espáduas "excepcionalmente largas", uma cabeça enorme e quadrada, cabelos ruivos, o lado direito do rosto brilhante e todo pregueado como consequência de uma intervenção de cirurgia plástica malsucedida, o olho direito diferente do esquerdo, maior como resultado de uma contração da pele da pálpebra, "de uma vermelhidão penosa". Tem espessos bigodes vermelhos, costeletas que vão até os lóbulos das orelhas, com alguns tufos suplementares sobre as maçãs do rosto. Além disso, seus bigodes esforçam-se por dissimular, mas sem grande sucesso, seu maxilar superior proeminente e dentes que sobressaem de maneira muito nítida. O dorso das mãos é coberto por uma espessa penugem vermelha e, no conjunto, a personagem evoca um diretor de circo.

Em *From Russia with love*, o Mau dá origem a três personagens de substituição: Red Grant, o matador profissional a soldo de Smersh, de cílios ralos cor de areia, olhos azuis lavados e opacos, boca pequena e cruel, inumeráveis sardas sobre uma pele de um branco leitoso, e poros profundos e espaçados; o Coronel Grubozaboyschikov, chefe de Smersh, de rosto estreito e pontudo, olhos redondos como duas bolas de gude translúcidas, empapuçados por duas bolsas caídas e moles, boca enorme e sinistra, crânio completamente nu; e enfim Rosa Klebb, de lábios úmidos e pálidos manchados de nicotina, voz rouca, uniforme e privada de toda emoção, com um metro e sessenta, chata, braços curtos, pescoço curto, clavículas enormes, cabelos grisalhos, reunidos em um coque apertado e "obsceno", "olhos brilhantes de cor marrom-claro", óculos grossos, nariz pontudo com narinas largas enfarinhado de pó de arroz, "o antro úmido da boca que se abria e se fechava continuamente como se fosse manobrado por um sistema de fios", a aparência geral de um ser sexualmente neutro. Em *From Russia with love* encontra-se também uma variante que é retomada em muitos poucos dos outros romances. Entra aí em cena um ser fortemente caracterizado, que apresenta muitas qualidades morais do Mau, ressalvando-se que ele as utiliza em vista do bem ou se bate sempre ao lado de Bond. Pode representar uma certa Perversão e é certamente portador de uma Natureza excepcional, mas conserva-se sempre do lado da Lealdade. Trata-se de Darko Kerim, o agente turco. Há alguns casos análogos: o chefe da espionagem japonesa, Tiger Tanaka, em *You only live twice*; Draco em *On Her Majesty's secret service*; Enrico Colombo em "Risico" (uma novela de *For yours eyes only*) e, de maneira parcial, Quarell em *Dr. No*. Estes personagens são substitutos simultaneamente do Mau e de "M"; nós os chamaremos de "substitutos ambíguos". Com eles, Bond estabelece uma espécie de aliança competitiva; ele os ama e os teme ao mesmo tempo, ele os utiliza e os admira, ele os domina e se lhes submete.

Em *Dr. No*, o Mau, além de sua altura desmesurada, distingue-se pela ausência de mãos, substituídas por pinças de metal. Sua cabeça raspada tem o aspecto de uma gota invertida, a pele é translúcida, sem rugas, as maçãs do rosto parecem de marfim velho, suas sobrancelhas parecem pintadas, seus olhos não têm cílios, têm a aparência de "duas pequenas bocas negras"; o nariz é fino e acaba muito próximo da boca que respira a crueldade e a decisão.

Em *Goldfinger*, a personagem do mesmo nome é simplesmente o monstro perfeito. O que o distingue é a falta total de proporções. "Ele era pequeno, não ultrapassando um metro e cinquenta, e, em cima de um corpo atarracado e pesado, plantado sobre duas robustas pernas de camponês, sua enorme cabeça redonda parecia engastada entre suas espáduas. A impressão era que *Goldfinger* tinha sido feito por uma reunião de partes pertencentes a diversas pessoas." E as diversas partes deste corpo não se correspondiam. Em suma, era um pequeno homem malfeito, de cabelos vermelhos e um rosto bizarro. Seu substituto é o coreano Oddjob, de dedos em espátulas, cujas extremidades brilham como o osso, e que pode quebrar a balaustrada de madeira de uma escadaria com um soco.

É em *Thunderball* que aparece pela primeira vez Stravo Blofeld, reencontrado em *On Her Majesty's secret service* e em *You only live twice*, romance onde ele enfim morre. Como substitutos, ele tem, em *Thunderball*, o Conde Lippe e Emilio Largo. Todos dois são belos e agradáveis, embora vulgares e cruéis, mas sua monstruosidade é toda interior. Em *On Her Majestty's secret service*, aparece Irma Blunt, a alma danada de Blofeld, uma longínqua reencarnação de Rosa Klebb, e mais um séquito de "vilões" que morrem tragicamente. No terceiro romance, o papel principal é retomado e levado a seu paroxismo pelo monstro Blofeld, já descrito em *Thunderball*: dois olhos que parecem lagos profundos, cercados "como os olhos de Mussolini" por duas escleróticas de um branco muito puro, de uma simetria que lembra os olhos das bonecas, por causa também dos cílios negros e sedosos do tipo feminino, dois olhos puros em um rosto infantil, marcado por uma boca vermelha úmida "como um ferimento mal cicatrizado", sob um nariz grosseiro; no conjunto, uma expressão de hipocrisia, de tirania e de crueldade "em um nível shakespeariano". Pesa cento e vinte quilos, informa-se em *On Her Majesty's secret service* e não tem lóbulos nas orelhas. Seus cabelos são cortados à escovinha. Esta singular unidade de fisionomia de todos os Maus por profissão confere uma certa unidade à relação Bond – O Mau, sobretudo se acrescenta que, de ordinário, o mau se distingue também por toda uma série de características raciais e biográficas.

O Mau vê o dia em uma zona étnica que vai da Europa Central aos países eslavos e à bacia do Mediterrâneo. É habitualmente de sangue mestiço e suas origens complexas e obscuras. É assexuado ou homossexual; em todo caso, não é sexualmente normal. Dotado de qualidades excepcionais de invenção e de organização, ele empreendeu por sua própria conta uma atividade considerável que lhe permite juntar uma imensa fortuna, graças à qual trabalha em favor da Rússia. Com esse fim, concebe um plano cujas características e dimensões são próprias da ficção científica; estudado em seus menores detalhes, visa a colocar em sérias dificuldades ou a Inglaterra ou o mundo livre em geral. A figura do Mau reúne de fato os valores negativos que identificamos em alguns pares de oposições, em particular os polos União Soviética e países não anglo-saxões (a condenação racista atinge particularmente os judeus, os alemães, os eslavos e os italianos, sempre considerados como metecos), a Cupidez elevada em nível de paranoia, a Programação como metodologia tecnicizada, o Fausto satrápico, a Natureza excepcional física e psíquica, a Perversão física e moral, a Deslealdade radical.

Le Chiffre, que alimenta os movimentos subversivos na França, descende de uma "mistura de raças mediterrâneas com os ancestrais prussianos e poloneses"; tem também sangue judeu, revelado por "pequenas orelhas de lóbulos carnudos". Jogador, embora leal, trai entretanto seus patrões e procura recuperar por meios criminosos o dinheiro perdido no jogo. É masoquista (é pelo menos o que assegura sua ficha do Serviço Secreto) embora heterossexual. Montou uma enorme cadeia de casas de tolerância, mas dilapidou seu patrimônio levando uma vida mundana.

Mister Big é um negro. Suas relações com Solitaire, que ele explora, são ambíguas (jamais obteve seus favores). Ajuda os soviéticos graças à sua possante organização criminal fundada sobre o culto vudu, procura e escoa nos Estados Unidos tesouros escondidos desde o século XVII, controla grandes negócios escusos (*rackets*) e prepara-se para arruinar a economia americana introduzindo no mercado clandestino quantidades consideráveis de moedas raras.

A nacionalidade de Hugo Drax é imprecisa: é inglês por adoção, mas de fato é alemão. Possui o controle da columbita, material indispensável para a construção de reatores, e faz presente à Coroa britânica de um foguete extremamente possante. Em realidade, seu projeto é fazer cair sobre Londres este foguete de ogiva atômica, e fugir em seguida para a Rússia (equação comunismo = nazismo). Frequenta clubes muito fechados, é apaixonado pelo *bridge*, mas só sente prazer em trapacear. Sua história não deixa suspeitar atividades sexuais notáveis.

Os chefes dos personagens de substituição de *From Russia with love* são soviéticos; é evidentemente de seu trabalho pela causa comunista que estes personagens tiram fartura e poder. Rosa Klebb é sexualmente neutra: "Era possível que ela tivesse prazer no ato físico, mas o instrumento não importava". Quanto a Red Grant, é um lobisomem que mata por paixão; leva uma vida luxuosa à custa do governo soviético, em uma vila com piscina. O plano consiste em atrair Bond para uma cilada complicada, utilizando como isca uma mulher e um aparelho para codificar e descodificar os telegramas cifrados, matá-lo em seguida e fazer fracassar a contraespionagem inglesa.

O Dr. No é de sangue mestiço de chinês e alemão. Trabalha para a Rússia. Não demonstra tendências sexuais bem definidas; tendo entre as mãos Honeychile, propõe-se a fazê-la ser devorada pelos caranguejos de Crab Key. Vive de uma florescente indústria de guano e é bem-sucedido ao fazer desviar os mísseis teleguiados lançados pelos americanos. No passado, edificou sua riqueza enganando as organizações criminosas das quais era o caixa. Vive em sua ilha, em um palácio de um fausto fabuloso, uma espécie de aquário gigante.

Goldfinger é provavelmente de origem báltica, mas deve ter sangue judeu. Vive faustosamente do comércio e do contrabando de ouro, e pode assim financiar os movimentos comunistas na Europa. Projeta roubar o ouro de Fort Knox (e não torná-lo radioativo como o afirma enganosamente o filme), e obtém, para fazer explodir as últimas barreiras, uma bomba atômica tática subtraída às forças da Otan. Tenta envenenar a água de Fort Knox. Não tem relações sexuais com a jovem que tiraniza e restringe-se a cobri-la de ouro. Trapaceia no jogo por vocação, empregando custosos expedientes como a luneta e o rádio; trapaceia para ganhar dinheiro, embora seja fabulosamente rico e viaje sempre com uma reserva de ouro importante em sua bagagem.

Blofeld, por sua vez, é filho de pai polonês e de mãe grega. Utiliza sua qualidade de empregado do telégrafo, na Polônia, para começar um lucrativo comércio de informações secretas; torna-se chefe da mais vasta organização independente de espionagem, de chantagem, de rapina e de extorsão de fundos. Assim, com Blofeld, a Rússia deixa de ser o inimigo habitual, em virtude do relaxamento da situação internacional, e o papel de organização maléfica é retomado pelo Spectre. O Spectre tem, entretanto, todas as características de Smersh, aí compreendido o emprego de elementos eslavo-latino-germânicos, os métodos de tortura e intimidação, o ódio jurado às Potências do Mundo Livre. Entre os planos de ficção científica de Blofeld, o de *Thunderball* consiste em subtrair à Otan duas bombas atômicas, e em fazer chantagem por este meio com a Inglaterra e os Estados Unidos. Em *On Her Majesty's secret service*, prevê a preparação, em uma clínica de montanha de jovens camponeses alérgicos com a finalidade de difundir vírus mortais destinados a arruinar a agricultura e a criação britânicas. Em *You only live twice*, última etapa da carreira de Blofeld, que se encaminha de agora em diante para a loucura sanguinária, ele se restringe, em uma escala política mais reduzida, à organização de um jardim dos suicidas, que atrai, ao longo das costas japonesas, legiões de herdeiros dos kamikase, desejosos de se fazer envenenar por plantas exóticas refinadas e mortais, para grande prejuízo do patrimônio humano democrático japonês. O gosto de Blofeld por um fausto de sátrapa manifesta-se já no modo de vida que leva na montanha em Piz Gloria, e mais ainda na Ilha de Kyûshû, onde vive como tirano da Idade Média e passeia em seu *hortus deliciarum* protegido por uma armadura de ferro. Anteriormente, Blofeld havia mostrado desejo de honrarias (aspirava a ser reconhecido como Conde Bleuville). Sexualmente impotente, vive maritalmente com Irma Blofeld, ela também assexuada e também repugnante. Para retomar a palavra de Tiger Tanaka, Blofeld "é um demônio que tomou uma aparência humana".

Só os maus de *Diamonds are forever* não têm nenhuma conivência com a Rússia. Em um certo sentido, o gangsterismo internacional dos Spang apareceria como uma prefiguração do Spectre, e, de resto, Jack e Seraffimo apresentam todas as taras habituais.

Aos atributos típicos do Mau opõem-se as qualidades de Bond, em particular a Lealdade ao Serviço, a Medida anglo-saxônica oposta à natureza excepcional do sangue mestiço, a escolha da Privação e a aceitação do Sacrifício contra o Fausto que o inimigo demonstra, a improvisação (Risco) oposto à fria Programação e que triunfa desta, o sentido do Ideal oposto à cupidez (Bond ganha às vezes no jogo o dinheiro do Mau, mas aplica habitualmente a enorme soma ganha em seu Serviço ou em favor da amante do momento, como o faz em benefício de Jill Masterson; de toda maneira, quando conserva o dinheiro, não faz disto um fim em si). De outro ponto de vista, certas oposições axiológicas não funcionam apenas nas relações Bond – o Mau, mas também no interior do comportamento do próprio Bond: assim, Bond é geralmente leal, mas não despreza combater seu inimigo com as próprias armas deste, trapaceando com o trapaceiro e fazendo-lhe chantagem (cf. *Moonraker* ou *Goldfinger*). Natureza excepcional e Medida, Risco e Programação opõem-se igualmente nos gestos e nas decisões do próprio Bond, em uma dialética de observação do método e de cabeçadas, e é precisamente esta dialética que torna fascinante o personagem, que lhe dá vantagem precisa porque não é absolutamente perfeito (como o são ao contrário "M" e o Mau). Dever e Sacrifício aparecem como elementos de debate interior cada vez que Bond sabe que deverá fazer fracassar os planos do Mau com risco de sua vida e, neste caso, é o ideal patriótico (Grã-Bretanha e Mundo Livre) que tem a primazia. A preocupação racista de afirmar a superioridade do homem britânico tem igualmente seu papel. Em Bond opõem- se também Fausto (gosto pelas boas refeições, refinamento no trajar, escolha de hotéis suntuosos, gosto pelas salas de jogos, criação de *cocktails*, etc.) e Privação (Bond está sempre pronto a abandonar o Fausto, mesmo se ele toma a forma da Mulher que se oferece, para enfrentar uma nova situação de Privação, cujo ponto culminante é a tortura).

Temos insistido longamente sobre o par Bond – o Mau porque ele resume de fato todas as oposições enumeradas, inclusive o jogo entre Amor e Morte, que, sob a forma primordial de uma oposição entre Eros e Tanatos, princípios de prazer e de realidade, se manifesta no momento da tortura (teorizada de maneira explícita em *Casino Royal* por uma espécie de relação erótica entre carrasco e vítima).

Esta oposição se aperfeiçoa na relação entre o Mau e a Mulher. Vésper é tiranizada pelos soviéticos que a submeteram a uma chantagem, e portanto por Le Chiffre; Solitária é a vítima submissa de Big Man; Tiffany Case é dominada pelos Spang; Tatiana está sob o domínio de Rosa Klebb e do governo soviético em geral; Jill e Tilly Masterson são dominadas de maneira diversa por Goldfinger, e Pussy Galore trabalha sob suas ordens; Domino Vitali curva-se às vontades de Blofeld por intermédio de suas relações físicas com Emílio Largo, figura de substituição; as jovens inglesas hospitalizadas em Piz Glória estão sob o controle hipnótico de Blofeld e sob a vigilância virginal de Irma Blunt, figura de substituição; Honeychile, ao contrário, mantém apenas uma relação simbólica com o poder do Dr. No, passeando pura e sem experiência pela orla de sua ilha maldita, e é apenas no final que o Dr. No oferece seu corpo nu aos caranguejos (Honeychile foi dominada pelo Mau por intermédio do brutal Mander, que a violou, e que ela fez punir com justiça matando-o pela picada de um escorpião, antecipando assim sua vingança sobre No quando recorre aos caranguejos). Enfim, Kissy Suzuki, que vive em sua ilha à sombra do castelo maldito de Blofeld, sofre por parte dele um domínio puramente alegórico, como toda a população do lugar. A meio caminho, Gala Brand, que é agente do Serviço, torna-se entretanto a secretária de Hugo Drax e estabelece com ele uma relação de submissão. Na maior parte dos casos, esta relação torna-se mais perfeita pela tortura que a mulher sofre do mesmo modo que Bond. Aí o par Amor-Morte funciona igualmente no sentido de uma comunicação erótica mais íntima das duas vítimas através da prova comum.

O esquema que é comum a todas as mulheres de Fleming é o seguinte: 1º) a jovem é bela e boa; 2º) ela tornou-se fria e infeliz por duras provas sofridas durante a adolescência; 3º) isto a preparou para servir o Mau; 4º) por seu encontro com Bond ela realiza sua própria plenitude humana; 5º) Bond a possui, mas acaba por perdê-la.

Este *curriculum vitae* é comum a Vésper, a Solitaire, a Tiffany, Tatiana, Honeychile, Domino, parcialmente a Gala, distribuído equitativamente entre as três mulheres de substituição de *Goldfinger* (Jill, Tilly e Pussy; as duas primeiras conheceram um passado doloroso, mas só a terceira foi violada por seu tio; Bond possui a primeira e a terceira, a segunda é morta pelo Mau, a primeira torturada com o ouro; a segunda e a terceira são lésbicas e Bond só resgata a terceira, etc.). O passado das jovens de Piz Glória é mais confuso e mais incerto: cada uma teve um passado infeliz, mas Bond só possui de fato apenas uma (ele se casa paralelamente com Tracy, de passado infeliz, dominada além disso pelo pai, Draco, substituto ambíguo, e

Umberto Eco

que é morta no final por Blofeld que realiza então seu domínio sobre ela e conclui com a Morte a relação de Amor que ela mantinha com Bond). Kissy Suzuki sofreu uma experiência hollywoodiana que a tornou prudente em relação à vida e aos homens.

Em cada caso, Bond perde cada uma destas mulheres ou por sua própria vontade ou pela de outrem (no caso de Gala, é a mulher que se casa com outro, embora contra a vontade). Assim, no momento em que a Mulher resolve a oposição com o Mau para entrar com Bond em uma relação purificador-purificada, salvador-salva, ela volta para o domínio do negativo. O par Perversão-Candura combateu durante muito tempo dentro dela (combate exterior na relação Rosa Klebb-Tatiana). Este combate faz dela parente próxima da virgem perseguida richardsoniana, portadora de pureza através, malgrado e contra a lama. Ela apareceria igualmente como resolvendo o contraste entre raça escolhida e sangue mestiço não anglo-saxônico, pois pertence frequentemente a uma raça inferior. Mas, a relação erótica findando sempre por uma morte real ou simbólica, Bond recobra, quer queira ou não, sua pureza de celibatário anglo-saxônico. A raça permanece ao abrigo da contaminação.

2. As situações de jogo e intriga como "partida"

Os diversos pares de oposição (dos quais só consideramos algumas possibilidades de variantes) aparecem como os elementos de uma *ars combinatoria* de regras bastante elementares. É claro que, no curso do romance, o leitor não sabe se, nem em que momento da ação, o Mau baterá Bond ou Bond o Mau, e assim sucessivamente. Mas antes do fim do livro, a álgebra deve-se desenvolver segundo um *código fixado por antecipação*, como no jogo chinês que 007 e Tanaka disputam no início de *You only live twice*: a mão bate o ponto, o punho bate dois dedos, dois dedos batem a mão. "M" bate Bond, Bond bate o Mau, o Mau bate a Mulher, mesmo quando é Bond quem bate a Mulher primeiro; o mundo livre bate a União Soviética, a Inglaterra bate os países impuros, a Morte bate o Amor, a Medida bate a Natureza excepcional, e assim sucessivamente.

Esta interpretação da intriga em termos de jogo não é fruto do acaso. Os livros de Fleming são dominados por algumas situações-chave que chamaremos "situações de jogo". Veem-se aparecer aí antes de tudo algumas situações arquétipos, como a viagem ou a refeição. A viagem pode-se fazer de auto (e aqui intervém uma rica simbologia do automóvel, característica de nosso século); pode-se fazer por trem (outro arquétipo, do gênero século XIX este), ou por avião, ou ainda de navio. Mas, em geral, uma refeição, uma perseguição por automóvel ou uma corrida louca de trem são sempre jogadas sob a forma de desafio, de partida. Bond dispõe a escolha dos pratos como se dispõem as partes de um quebra-cabeças; prepara-se para a refeição com os mesmos escrúpulos de método que para uma partida de *bridge* (ver a convergência dos dois elementos em uma relação meios-fins em *Moonraker*) e compreende a refeição como um fator de jogo. Do mesmo modo, trem e viatura são os elementos de uma aposta feita com o adversário: antes que a viagem termine, um deles aplicou seus golpes e pôs seu adversário em xeque-mate.

É inútil lembrar aqui que lugar proeminente ocupam em cada livro as situações de jogo no sentido próprio e preciso de jogo de azar com suas convenções. A maneira minuciosa de descrever estas partidas será objeto de outras considerações no parágrafo que consagraremos às técnicas literárias. Se as partidas ocupam tal lugar aqui, é porque elas constituem, de algum modo, modelos reduzidos e formalizados desta situação de jogo mais geral que é o romance. O romance, tendo sido dadas as regras de combinações dos pares de oposições, desenvolve-se como uma sequência de "lances" que respondem a um código, e que obedecem a um esquema perfeitamente regrado.

Este esquema invariável é o seguinte:

A – "M" joga e confia uma missão a Bond.
B – O Mau joga e aparece a Bond (eventualmente sob uma forma substitutiva).
C – Bond joga e inflige um primeiro fracasso ao Mau – ou O Mau inflige um fracasso a Bond.
D – A Mulher joga e apresenta-se a Bond.
E – Bond consegue a Mulher; ele a possui ou empreende a possessão.
F – O Mau prende Bond (com ou sem a Mulher, ou em momentos diversos).
G – O Mau tortura Bond (com ou sem a Mulher).
H – Bond bate o Mau (ele o mata ou mata o substituto ou assiste à sua morte).
I – Bond convalescente se entretém com a Mulher, que perderá em seguida.

O esquema é invariável no sentido de que todos os elementos estão sempre presentes em cada romance; poder-se-ia afirmar que a regra do jogo fundamental é "Bond joga e ganha em oito lances", ou, em razão da ambivalência Amor-Morte, na medida em que "o Mau responde e ganha em oito lances". Não foi dito que os lances devam sempre ser jogados na mesma ordem. Uma esquematização minuciosa dos dez romances estudados mostrará alguns destes construídos a partir do esquema ABCDEFGHI (*Dr. No*, por exemplo), mas, com mais frequência, há inversões e repetições de diversas naturezas. Por vezes, Bond encontra o Mau no começo do romance e lhe inflige uma primeira derrota; só depois é que lhe será confiada uma missão por "M". Este é o caso do *Goldfinger* que apresenta um esquema do tipo BCDEACDFGDHEHI, no qual se pode notar a repetição de muitos lances com dois encontros e duas partidas jogadas contra o Mau, duas seduções e três encontros com mulheres, uma primeira fuga do Mau após sua derrota, e sua morte no fim, etc. Em *From Russia with love*, os Maus multiplicam-se graças à presença do substituto ambíguo Kerim, em luta com o substituto do Mau e ao duplo duelo mortal de Bond com Red Grant e com Rosa Klebb, presa após ter ferido gravemente Bond; de sorte que o esquema, muito complicado é BBBBDA(BBC)EFGHGH (I). Presencia-se aqui um longo prólogo na Rússia, com a parada dos substitutos do Mau, e uma primeira relação entre Tatiana e Rosa

Klebb, o envio de Bond à Turquia, um longo parêntese no curso do qual aparecem os vicários Karim e Krilenku, com a derrota deste último; a sedução de Tatiana, a fuga no trem com a tortura infligida por substituição a Kerim, a vitória sobre Red Grant, o segundo *round* com Rosa Klebb que, no momento em que é batida, inflige a Bond graves ferimentos. No trem, e durante os últimos golpes, Bond consuma sua convalescência de apaixonado por Tatiana, prevendo a separação.

O conceito de tortura sofre ele próprio variações e consiste ou tem uma vexação direta, ou em uma espécie de percurso de horror ao qual Bond é submetido, seja por vontade expressa do Mau (Dr. No), seja por acaso, para escapar do Mau (percurso trágico na neve, perseguição, avalancha, corrida vertiginosa através de pequenas cidades suíças em *On Her Majesty's secret service*).

Ao lado da sequência de lances diretos, há lugar para numerosos lances indiretos, que enriquecem a aventura de escolhas imprevistas, sem entretanto alterar o esquema de base. Caso se quisesse dar uma representação gráfica desta maneira de proceder, poder-se-ia resumir como se segue a trama de um romance, *Diamonds are forever* por exemplo, representando à esquerda a sequência dos lances diretos e à direita a multiplicidade dos lances indiretos:

Longo e curioso prólogo, que introduz ao contrabando dos diamantes na África do Sul.

(A) "M" envia Bond para a América sob o disfarce de um falso contrabandista.
(B) Os Maus (os Spang) aparecem indiretamente na descrição que é feita a Bond.
(D) A Mulher (Tiffany Case) encontra-se com Bond na qualidade de intermediária.

Minuciosa viagem em avião: ao fundo dois substitutos do Mau. Situação de jogo, duelo imperceptível caça-caçadores.

Umberto Eco

(B) Primeira aparição em avião do substituto do Mau, Winter (grupo sanguíneo F).

(B) Encontro com Jack Spang.

(E) Bond começa a seduzir Tiffany

(C) Bond inflige um primeiro fracasso ao Mau.

(B) Aparição de Seraffimo Spang.

(C) Bond inflige um novo fracasso ao Mau.

(F) Spang captura Bond.

(G) Spang faz torturar Bond.

(H) Bond bate Seraffimo que se esmaga com sua locomotiva contra a montanha.

Encontro com Félix Leiter que informa Bond sobre os Spang.

Longa interrupção em Saratoga, nas corridas. Ajudando Leiter, Bond prejudica de fato os Spang.

Aparição dos substitutos do Mau no salão de banhos de lama e punição do *jockey* traidor, antecipação simbólica da tortura de Bond. Todo o episódio de Saratoga constitui uma minuciosa *situação de jogo*.

Bond decide ir a Las Vegas. Descrição dos lugares.

Outra longa e minuciosa situação de jogo. Partida com Tiffany como crupiê. Jogo de mesa, esgrima amorosa indireta com a mulher, jogo indireto com Seraffimo. Bond ganha dinheiro.

Na noite seguinte, longa fuzilaria entre automóveis. Associação Born-Ernie Cureo.

Longa descrição de Spectreville e do trem de brinquedo de Spang.

Bond ajudado por Tiffany começa uma fuga fantástica em um pequeno vagão através do deserto, perseguido pela locomotiva de brinquedo conduzida por Seraffimo. *Situação de jogo.*

Repouso com o amigo Leiter, partida por navio, longa convalescença amorosa com Tiffany, entre trocas de telegramas cifrados.

162

James Bond: uma combinatória narrativa

(E) Bond possui enfim Tiffany.
(B) O substituto do Mau, Winter, reaparece.

                                                           Situação de jogo no navio. Partida mortal jogada por deslocamentos infinitesimais entre os dois matadores e Bond. A situação de jogo é simbolizada por apostas sobre o tempo de percurso do navio. Os matadores capturam Tiffany. Ação acrobática de Bond para atingir a cabina da jovem e matar os assassinos.

(H) Bond bate definitivamente os substitutos do Mau.

                                                           Meditação sobre a morte diante dos dois cadáveres. Retorno a casa.

(I) Bond sabe que poderá aproveitar o repouso merecido com Tiffany. Entretanto...

                                                           ...desvio do caso para África do Sul onde Bond destrói o último elo da cadeia.

(H) Bond bate pela terceira vez o Mau na pessoa de Jack Spang.

    Seria possível traçar um esquema deste gênero para cada um dos dez romances. As invenções colaterais são muito ricas e constituem a carne do esqueleto narrativo próprio a cada um; elas constituem, sem nenhuma dúvida, um dos principais encantos da obra de Fleming, mas não provam, senão em aparência, sua faculdade de invenção. Com efeito, é fácil ligar essas invenções colaterais a fontes literárias precisas; elas agem, pois, como uma lembrança familiar de situações aceitáveis para o leitor. A trama verdadeira permanece imutável e o "suspense" estabelece-se de maneira curiosa sobre uma sequência de acontecimentos inteiramente esperados. Resumamos: a trama de cada livro de Fleming é, *grosso modo*, a seguinte: Bond é enviado a um lugar dado para esclarecer e evitar um plano de tipo ficção científica, urdido por um indivíduo monstruoso de origem incerta, em todo caso não inglês, que, utilizando uma atividade própria seja como produtor seja como chefe de uma organização, não somente ganha dinheiro enormemente, mas faz o jogo dos inimigos do Ocidente. Indo enfrentar este ser monstruoso, Bond encontra uma mulher dominada por ele e a liberta de seu passado, estabelecendo com ela uma relação erótica, interrompida pela captura de Bond pelo Mau e pela tortura que lhe é infligida. Mas Bond derrota o Mau que morre de maneira horrível, e depois repousa de suas duras fadigas entre os braços da mulher, que ele está, entretanto, destinado a perder.

É para se perguntar como este mecanismo rígido é compatível com uma procura de sensações e de surpresas imprevisíveis. Em realidade, o que caracteriza o romance policial, seja ele enquete ou ação, não é tanto a variação dos fatos quanto o retorno de um esquema habitual no qual o leitor poderá reconhecer alguma coisa já vista e que lhe agradou. Sob a aparência de uma máquina produzindo informação, o romance policial é, ao contrário, uma máquina produzindo redundância; fingindo comover o leitor, ela se afunda em uma espécie de preguiça de imaginação e fornece evasão contando não o que é ignorado, mas o já conhecido. Enquanto que, entretanto, no romance policial antes de Fleming, o esquema imutável é constituído pela personalidade do policial e de sua equipe, por seu método de trabalho e por seus tiques, enquanto que é no interior deste esquema que se desenrolam acontecimentos sempre imprevisíveis (e o mais imprevisível será a própria pessoa do culpado), no romance de Fleming o esquema monta a mesma cadeia de acontecimentos e as mesmas características de personagens secundários. O que antes de tudo se conhece desde o começo em Fleming é precisamente o culpado com suas características e seus planos. O prazer do leitor consiste em encontrar-se mergulhado em um jogo do qual se conhecem as peças e as regras, e mesmo o desfecho fora algumas variações mínimas[2].

---

2. Sobre esta característica "iterativa" da narração popular, cf. os estudos de meus *Apocalittici e Integrati*, Bompiani, 1964.

Poder-se-ia comparar um romance de Fleming a uma partida de futebol, em que se conhece desde o começo a ambiência, o número e a personalidade dos jogadores, as regras do jogo, o fato de que ele se realizará em terreno gramado. A única diferença é que em uma partida de futebol ignora-se até o fim a última informação: quem será o ganhador? Seria mais exato compará-lo a uma partida de basquetebol jogada pelos Harlem Globe Trotters contra uma pequena equipe provinciana. Sabe-se de maneira certa e em virtude de que regras os Harlem Globe Trotters a vencerão; o prazer consistirá então em ver com que achados e que virtuosismo atingirão o momento final, com que manobras enganarão o adversário. Nos romances de Fleming, celebra-se, pois, de maneira exemplar este elemento de jogo esperado e de redundância absoluta que caracteriza os instrumentos de evasão que funcionam no domínio das comunicações de massa. Perfeitos em seu mecanismo, estes engenhos são representativos das estruturas narrativas que trabalham sobre conteúdos evidentes e que não aspiram a declarações ideológicas particulares. É verdade, entretanto, que estas estruturas assinalam de passagem, inevitavelmente, posições ideológicas e que estas posições ideológicas não derivam tanto dos conteúdos estruturados quanto da maneira de estruturar os conteúdos na narração.

3. Uma ideologia maniqueísta

Os romances de Fleming têm sido diversamente acusados de macartismo, de fascismo, de culto do excepcional e da violência, de racismo e assim sucessivamente. É difícil, após a análise que acabamos de realizar, negar que Fleming se incline a pensar que o homem anglo-saxão é superior às raças orientais ou mediterrâneas, ou que ele professa um anticomunismo visceral. É, entretanto, marcante que cessa de identificar o mal com a Rússia desde que a situação internacional permite ao menos o temor *segundo a consciência comum*; é marcante que, apresentando a quadrilha negra de

Mister Big, Fleming demora a reconhecer as novas raças africanas e sua contribuição para a civilização contemporânea (o gangsterismo negro representaria uma prova da perfeição atingida em todos os domínios pelos povos de cor); marcante que a suspeita de ter sangue judeu, insinuada em relação a certos personagens, seja temperada por uma nuança de dúvida. Que ele reprove ou que absolva as raças inferiores, Fleming não ultrapassa jamais o racismo larvar do homem comum, o que nos faz suspeitar que nosso autor não caracteriza seus personagens de tal ou tal maneira como consequência de uma decisão ideológica, mas por pura exigência retórica.

Retórica entende-se aqui com o sentido original que lhe deu Aristóteles: uma arte de persuadir que se deve apoiar, para fundamentar raciocínios convincentes, sobre os *endoxa*, isto é, sobre as coisas que a maioria das pessoas pensa.

Fleming pretende, com o cinismo do *gentleman* desencantado, construir uma máquina narrativa que funcione. Para fazer isto, decide recorrer aos atrativos mais universais e mais seguros e põe em jogo *elementos arquétipos* que são aqueles já aprovados nas fábulas tradicionais. Revejamos um momento os pares de características que entram em oposição: "M" é o Rei e Bond o Cavaleiro investido de uma missão; Bond é o Cavaleiro e o Mau é o Dragão; a Mulher e o Mau estão entre eles como a Bela e a Fera; Bond, que traz a Mulher de volta à plenitude de seu espírito e de seus sentidos, é o Príncipe que desperta a Bela Adormecida. Entre o Mundo livre e a União Soviética, entre a Inglaterra e os países não anglo-saxões apresenta-se novamente a relação épica primitiva entre Raça eleita e Raça inferior, entre Branco e Negro, entre Bem e Mal.

Fleming é racista como o é todo ilustrador que, desejando representar o diabo, faz-lhe os olhos repuxados, como o é a ama que, desejando evocar o Bicho-Papão, sugere que é um negro.

É singular que Fleming seja anticomunista com a mesma indiferença que é antinazista e antialemão. Não é que seja reacionário em um caso e democrata no outro. É simplesmente maniqueísta por motivos de comodidade.

Fleming procura oposições elementares; para dar uma fisionomia às forças primitivas e universais, recorre a clichês. Para identificar os clichês, prende-se à opinião comum. Em período de tensão internacional, o mau comunista torna-se clichê, como o é, a partir de um momento historicamente dado, o criminoso nazista impune. Fleming emprega-os a um e a outro com a maior indiferença. No máximo tempera sua escolha pela ironia, mas esta ironia é completamente mascarada e só se revela por um exagero levado ao absurdo. Em *From Russia with love*, seus soviéticos são tão monstruosos, tão incrivelmente maus que não pareceria possível levá-los a sério. E, entretanto, Fleming faz preceder o livro de um breve prefácio no qual explica que todas as atrocidades que ele narra são absolutamente verídicas. Ele escolheu como instrumento a fábula, e a fábula quer ser consumida como verossímil, sob pena de transformar-se em um apólogo satírico. Dir-se-ia quase que o autor escreve seus livros para uma dupla leitura e que os destina aos que os tomam por ouro em barra, como para os que saberão rir de tudo. Mas é necessário, para que possam representar este duplo papel, que o tom seja autêntico, ingênuo, digno de fé, de uma clareza truculenta. Um homem que faz uma tal escolha não é nem fascista nem racista; é somente um cínico, um engenheiro de romances para consumo de massa.

Fleming não é reacionário pelo fato de preencher a lacuna "mal" de seu esquema com um russo ou um judeu; é reacionário porque procede por esquemas. A construção por esquemas, a bipartição maniqueísta é sempre dogmática, intolerante. O democrata é o que recusa os esquemas e que reconhece as nuanças, as distinções e justifica as contradições. Fleming é reacionário como o é na sua origem a fábula, qualquer fábula. É o espírito conservador ancestral, dogmático e estático, das fábulas e dos mitos, que transmitem uma sabedoria elementar, construída e transmitida por um simples jogo de luz e sombra, e a transmitem por imagens indiscutíveis não permitindo a crítica. Se Fleming é fascista, ele o é porque é próprio do fascismo ser incapaz de passar da mitologia para a razão, tender a governar servindo-se de mitos e fetiches.

Os próprios nomes dos protagonistas participam desta natureza mitológica; por uma imagem ou um jogo de palavras, eles revelam de maneira imutável o caráter do personagem, desde o início, sem possibilidade de modificações ou de conversão (impossível chamar-se *Branca de Neve* se não se é branca como a neve, de fisionomia como de coração). O mau vive do jogo? Chamar-se-á *Le Chiffre*. Está a serviço dos vermelhos? Chamar-se-á *Red*, e *Grant* se trabalha por dinheiro e é devidamente subvencionado. Um coreano, matador de profissão, mas utilizando meios inusitados, chamar-se-á Oddjob (*"trabalho extravagante"*), um obcecado pelo ouro, *Auric Goldfinger*. Sem insistir sobre o simbolismo do nome de um Mau que se chama *No*, o rosto, talhado pela metade, de *Hugo Drax* será evocado pelo caráter incisivo da onomatopeia de seu nome de família. Bela e transparente, telepata, *Solitaire* evocará o frio do diamante; elegante e interessando-se por diamantes, *Tiffany* lembrará o grande joalheiro nova-iorquino e a *beauty case* dos manequins de costura. A ingenuidade faz-se evidente no próprio nome de *Honeychile*, o impudor sensual no de *Pussy* (referência anatômica em *slang*) *Galore* (outro termo *slang* que quer dizer "bem centrado"). Peão de um jogo tenebroso, eis *Domino;* terna-amante japonesa, quintessência de Oriente, eis *Kissy Suzuki* (a referência ao nome de família do vulgarizador mais popular da espiritualidade Zen é obra do acaso?). Inútil falar de mulheres de menor interesse como *Mary Goodnight* ou *Miss Trueblood*. E se o nome de Bond foi escolhido, como o afirma Fleming, quase por acaso, para dar ao personagem uma aparência muito comum, será então por acaso, mas com razão, que este modelo de estilo e de sucesso evoca tanto a refinada Bond Street quanto os Bônus do (*bond*) do Tesouro.

Compreende-se claramente agora como os romances de Fleming puderam obter um sucesso tão generalizado: eles põem em movimento uma rede de associações elementares, eles pedem uma dinâmica original e profunda. Agradam ao leitor sofisticado que encontra aí, com uma ponta de complacência estética, a pureza da epopeia primitiva traduzida sem pudor e com malícia em termos de atualidade e aplaude em Fleming o homem culto. Reconhece-o como um dos seus: o mais hábil e o mais privado de preconceitos.

Uma narrativa de imprensa: os últimos dias de um "Grande Homem"

Jules Gritti

O *corpus* sobre o qual vão apoiar-se as reflexões que se seguem é constituído pelos artigos que relatam a agonia e a morte de Sua Santidade João XXIII em seis diários de Paris: *France Soir, Le Parisien Libere, Le Figaro, L'Aurore, Humanité, La Croix* –, em quatro hebdomadários: *Paris-Match, France-Dimanche, Ici-Paris, Le Pèlerin*[1]. É evidente que uma análise de conteúdo, versando sobre a narrativa dos últimos dias de João XXIII e sobre a evocação retroativa de sua vida e de seu papel, ultrapassa o campo delimitado pelo presente artigo. Remetemos a estudos ulteriores tudo o que concerne à "Figura" do papa desaparecido, isto é, o sistema de atribuições; ou ainda o registro religioso e mesmo hagiográfico, registro que estabelece uma espécie de "itinerário" espiritual: registro semelhante põe à luz o difícil problema do "sagrado" e do profano na imprensa. De redução em redução, atingimos o nível de uma única transitividade: a narrativa de uma doença presumida como mortal. A contrapartida da redução é a possível generalização de algumas hipóteses e de alguns resultados adquiridos. Se bem que é menos a narrativa particular concernente a João XXIII que nos ocupa aqui, de que um substrato narrativo válido para um personagem reconhecido e proclamado "grande homem" – de onde nosso títu-

---

1. Quatro outros semanários evocam a figura do papa desaparecido, sem narrar sua agonia: *La Vie Catholique lllustrée, Le Canard Enchaîné, L'Express* e *Carrefour*.

lo – no interior de um universo de verossimilhança ou de opinião pública provável (e presumida como tal pela imprensa). Após termos prevenido alguns erros, estamos diante de uma surpresa: o "repórter", expedindo no dia a dia seus artigos em sua mesa de redação, acaso se reconhecerá em uma análise de impulsos dramáticos, de sequências, de funções ativas e expressivas, etc.? O mesmo é pedir ao homem da rua que fala o "neofrancês" que se enquadre na gramática que se venha a formar deste idioma!

Logo que a eventualidade da morte de... (João XXIII) é seriamente encarada, a narrativa jornalística instaura-se. Cessará com a própria morte para dar lugar às narrativas seguintes: funerais, eleições no Conclave, caso Profumo! À primeira vista, a diégese de um conto, de uma obra dramática, de um filme... parece diferir da de uma narrativa de jornal: a primeira emana de uma criação fabuladora, a segunda é comandada dia a dia pelo acontecimento; na primeira, "o suspense" é manipulado, na segunda aparece inteiramente dado. O acontecimento opor-se-ia à estrutura como a natureza ao "artefato", o acidental ao categorial. E, entretanto, "seja a ação vivida ou representada, é suscetível das mesmas apreciações, cai sob as mesmas categorias"[2]. No instante em que o acontecimento é apresentado, o vivido transmuta-se em representado, o dado circunstancial é apreendido segundo as "categorias" da narrativa. Imaginemos um instante que a última doença se tenha reduzido a um longo coma[3]; um mínimo de modulação temporal com signos de agravação ou de melhoramento, numa distribuição das funções ativas ou expressivas em torno do moribundo, teriam, entretanto, parecido necessárias. No caso de João XXIII, apenas um jornal, *Le Monde*, esforçou-se por esvaziar toda a reconstrução narrativa e fornecer uma reportagem denotada, sublinhando, em caso de necessidade, seu

---

2. GOUHIER, Henri. *Théâtre et existence*. Paris: Aubier, 1952, p. 13.
3. Exercício não muito gratuito no caso das narrativas de jornal contando a agonia de Churchill.

Jules Gritti

projeto de objetividade; ele não foi menos constrangido a registrar a narratividade comum[4] e proceder à ablação de elementos que teriam perturbado seu projeto[5]. Atenuações e reduções que rendem tributo à regra geral, à diégese comumente instaurada.

Um eixo recitativo é esboçado, qual é sua orientação? Étienne Souriau, a partir de uma espécie de axiologia estética[6] e Greimas, sistematizando sobre a base de um postulado freudiano, o princípio do Prazer[7], estrutura toda "narrativa-procura", senão toda narrativa, segundo o eixo do desejo: "a força vetorial" (sujeito) é orientada em direção do "Bem" ou do "valor" (objeto) diz Souriau; Greimas retoma: o Sujeito deseja Objeto, Sujeito $\xrightarrow{Desejo}$ Objeto. Segundo este eixo, uma narrativa de doença mortal poderia ser a de uma luta contra a morte, a do desejo de cura: Sujeito $\xrightarrow{Desejo}$ Cura. Mas diversas modificações podem intervir. Postulado por postulado, podemos recuperar "narrantes" segundo uma estrutura fundada sobre o princípio de Realidade, a aceitação da Necessidade: Sujeito $\xrightarrow{Aceitação}$ Necessidade = Morte.

Ou ainda, na medida em que o esquema judaico-cristão introduz narrantes específicos, a Necessidade pode transmutar-se em "Providência", a morte tornar-se objeto intermediário em vista do Objeto final ("Vida Eterna") e o desejo transfigurar-se.

---

4. A 28 de maio de 1963, o jornal cortou por antecipação qualquer alternativa, todo "suspense", declarando a doença "incurável". Mas a 31 de maio ele comenta as novas melhoras e instaura um mínimo de modulação temporal: "O estado de saúde de João XXIII permanece grave apesar da melhora registrada desde dois dias" (uma, título)... "Não parece, portanto, mais inverossímil que o desenlace fatal só se produza daqui a diversas semanas" (p. 20).
5. O doente passa rapidamente das "ilusões" à "lucidez" sobre seu estado. Por isso ele só proferirá uma parte das palavras transcritas pelo conjunto dos jornais, as da resignação à morte (e não as da espera da cura).
6. *Les 200 000 situations dramatiques*. Paris: Flammarion, 1950.
7. *Cours de sémantique*. Institut Poincaré. Centro de linguística quantitativa, abril 1964, cap. VI: "L'analyse actantielle" [mimeo.].

Uma narrativa de imprensa: os últimos dias de um "Grande Homem"

Os personagens, exercendo suas funções ativas ou expressões em torno do Sujeito, podem diferir deste quanto ao objeto do desejo ou da aceitação: a Multidão pode desejar a cura, enquanto o sujeito moribundo aceita a morte (e deseja a "Vida eterna"). O próprio narrador (jornalista), traçando as orientações de uns e de outros, pode significar a sua própria. De fato as narrativas de morte, na imprensa, atestam que a posição do narrado é ambivalente. A narrativa esboça-se porque a morte é provável, entrevista e preparada como conclusão normal; mas logo o narrador tende a professar o desejo (e a esperança) de uma improvável cura, a conduzir sua narrativa segundo este eixo do desejo. A morte é esperada, a cura "desejada". Desde então a narrativa é como ameaçada por uma dupla decepção: de um lado a morte escapa-lhe, torna-se pura informação, fora da narrativa; de outro a cura seria uma suspensão pura e simples, não uma conclusão[8]. A narrativa iniciada tende a uma conclusão, a morte, que o narrador diz temer e se revela passível de uma suspensão, a cura, que o narrador diz esperar.

Para discernir estruturas no interior desta mistura de eixos, devemos estabelecer diversos níveis de análise: o da transitividade "natural" e das funções ativas e expressivas que aí se exercem (o de um itinerário "espiritual" com conotação hagiográfica que vale no caso de João XXIII, mas para o qual reservamos um estudo mais aprofundado), o do narrador em luta com as fontes de informação, do qual falaremos brevemente. A ambivalência entrevista no nar-

---

8. Esta hipótese não tem nada de gratuita ou paradoxal. Ao chegar as sequências de "melhora", a narrativa se ameniza em lugar de se intensificar, as funções ativas e expressivas conhecem uma notável redução.

Jules Gritti

rador obriga-nos a nos apoiar fortemente sobre a transitividade de base. A perspectiva da morte-conclusão e do desejo de cura (com ameaça de suspensão da narrativa), a incerteza quanto à hora do desenlace vão determinar uma paradigmática de uma parte e de outra do eixo da transitividade, a alternativa entre os signos de enfraquecimento e de restabelecimento.

Na maior parte dos jornais estudados, esta alternativa toma uma dupla figura estrutural: a disjunção que opõe dois termos suspende a conclusão e a faz depender do termo vitorioso – o *dilema* (no sentido aristotélico) que opõe dois termos enquanto a conclusão permanece a mesma seja qual for o termo retido.

1. Exemplo de disjunção:	signos de doença incurável ↔ signos de cura possível.
2 e 3. Exemplos de dilema:	doença X ou doença Y → todas duas incuráveis.
	Em algumas horas ou em algumas semanas → morte certa.

O "suspense" comporta ou uma estrutura paradigmática, a disjunção (exemplo 1: Vai-se curar? Não se vai curar?) – ou a projeção do paradigma sobre o eixo temporal ou sintagmático (exemplo 3: Logo? ou mais tarde?).

A escolha dos impulsores narrativos comanda a delimitação das sequências da narrativa. Cada jornal joga com estes impulsores e determina as sequências conforme sua própria escritura narrativa, mas todos os jornais (cotidianos e hebdomadários) obedecem a um esquema narrativo comum, a uma espécie de temário fundamental:

1. Dilema	Doença incurável
2. Disjunção	Melhora possível
3. Dilema	Agravamento irremediável

Le Monde confirma, à sua maneira, a regra comum porque registra a Melhora e a "reviravolta" que conduzem à Agonia. As mais preciosas testemunhas desta rítmica ternária são *France Soir* e *Le Parisien Libere*. *France Soir*, que começa pelo dilema com conclusão fatal, parece dever fixar a narrativa; mas introduz uma segunda sequência de melhora fortemente marcada. *Le Parisien Libere*, que experimenta alguma hesitação em introduzir a sequência da melhora ("Calmaria", "Melhora provisória") compensa isso narrando *in extremis* um restabelecimento repentino, conotando-o mesmo de miraculoso.

Entrevemos já que a segmentação das sequências revela a escritura narrativa de cada jornal. *Le Parisien Libere*, mais hesitante, *Le Figaro*, mais variável, manifestam um ritmo calmo, desenvolvem sua narrativa em cerca de seis sequências: doença misteriosa → doença incurável → calmaria → melhora provisória → agravamento → agonia. *L'Aurore* e *France-Soir* precipitam o ritmo e comportam quatro sequências, de resto muito diferentes de um jornal para o outro. *France Soir*: Doença incurável → Melhora → Agravamento → Agonia. *Aurore*: Doença misteriosa → Doença incurável → Melhora → Agonia. Este último jornal "lança" muito cedo a Agonia e atesta seu constrangimento por vê-la prolongar-se: "a atroz agonia do papa prolonga-se" (3 de junho). Entre os dois grupos coloca-se *La Croix*. Posição de meio-termo com as cinco sequências: Doença misteriosa → Doença incurável → Melhora → Agravamento →Agonia. Esta poderia ser a narrativa simplificada[9].

A distribuição das funções, de uma parte e de outra do eixo de transitividade, suscita múltiplas dificuldades das quais eis algumas. O paradigma, adjuvante/oponente, proposto por Greimas em virtude do postulado de desejo (cura) é válido para toda narrativa de morte? No caso da morte de um "grande homem", os personagens oponentes desaparecem ou entram na sombra. Se eles reaparecem pode ser em um processo marginal: oposição aos familiares do doente e não ao sujeito (*France-Soir*, *Paris-Match*: oposição a Monsenhor Capovilla) – oposição mais à obra passada que à pessoa (*L'Aurore*). Pode ser do latente que aflora por via indireta: o doente

---

9. A assinalar, entretanto, uma certa timidez – ou precaução pedagógica, na passagem da primeira à segunda seqüência.

manifesta cordialidade em relação aos parentes e desmaia com a chegada dos dignitários oficiais (*France-Soir*). Na falta de personagens-oponentes, a oposição pode ser significada por entidades tais como a doença, de onde o tema da "luta" (*France-Soir*, *L'Aurore*, *Paris-Match*), mas o índice pode inverter-se a partir do momento em que o eixo de aceitação (da morte) substitui-se ao de desejo (de cura)[10]. Assim também, sem renunciar a recolher qualquer processo marginal de oposição, qualquer afloramento do latente e toda conotação de "luta", vale mais conservar-se solidamente no eixo de transitividade. Para começar, este determina uma partição entre funções que significam restabelecimento. É o caso da função de vigilância (os guardas de honra, "anjos da morte", conota o *France-Soir*) que anuncia a morte próxima – e da função de colaboração, vestígio da saúde anterior (ou recuperável). Contudo, mais frequentemente, o eixo de transitividade atravessa as mesmas funções que podem ser afetadas pelo índice enfraquecimento ou restabelecimento segundo a situação. Aí o registro se desdobra: propomos chamar *funções ativas* as que intervêm diretamente no processo da doença e contribuem para determinar suas fases (tratamentos médicos, vinda dos membros da família, etc.); funções expressivas, as que "ressoam" (em tempo, ou contratempo, segundo o caso) nas diversas fases da doença (reações do sujeito, dos parentes, da multidão[11]. Surge uma nova dificuldade: podemos repartir as funções expressivas segundo o conteúdo expresso, inquietude ou esperança, mas somos reduzidos por um instante a reagrupar as funções ativas no gênero global de *assistência* e a reparti-las em "espécies" ou categorias sociológicas: assistência médica, eclesiástica, doméstica, familiar. A heterogeneidade das bases de partição salta aos olhos; um trabalho mais elaborado na sistematização deveria conseguir reduzi-la.

---

10. Sem contar que "doença" opor-se-ia a "cura", isto é, ao fim, ao objeto, mais ainda do que ao sujeito.

11. A multidão e o sujeito doente exercem unicamente as funções expressivas enquanto que todas as categorias de assistência exercem alternativamente funções ativas e expressivas.

De imediato, esta partição das funções ativas e expressivas dos dois lados do eixo de transitividade e esta distribuição das diversas "espécies" sociológicas do gênero assistência permitem-nos analisar convergências e particularidades nas escrituras narrativas. Convergências em torno da assistência médica e familiar: visita transferida ou tratamentos ineficazes (diria *La Palisse*), presença silenciosa, significam enfraquecimento; em uma perspectiva "diacrônica", enquanto que a assistência médica se inscreve na própria corrente da doença, a assistência familiar pode intervir contra a corrente, significar restabelecimento pelos entretenimentos, no momento em que a situação parecia desesperada (divergências na posição significante da assistência eclesiástica tanto privada quanto oficial... mas aqui entramos na substância de uma narrativa particular, a da morte de um soberano pontífice). Divergências nas relações entre funções ativas e funções expressivas: enquanto na maior parte dos jornais funções ativas e funções expressivas constituem redundância no interior da mesma "espécie" (os médicos mencionam sua esperança ao mesmo tempo que fornecem tratamentos eficazes), em *L'Aurore* produz-se uma distorção: os médicos anunciam a esperança a despeito da ineficácia dos tratamentos, etc. *France-Soir*, *France-Dimanche*, *Paris-Match* dão o primado à inquietude, a um lamento contínuo da multidão; *Le Parisien Libere* faz alternar esperança e inquietude, noticiando a esperança coletiva no próprio momento da morte. As funções expressivas da multidão dão lugar a conotações as mais variadas, reveladoras de uma espécie de "sociologia afetiva"[12] de cada jornal: multidão anárquica e infantil de *L'Aurore*; multidão disciplinada de *La Croix* e de *Le Figaro*; multidão patética de *France-Soir*; multidão colorida, exótica e dramatúrgica do *Le Monde*, etc. (a expressividade pessoal do sujeito moribundo, João XXIII, que põe em jogo o registro dos recursos à gratificação divina e se inscreve em um itinerário "espiritual" distinto da transitividade "natural", será objeto de estudos particulares mais aprofundados).

---

12. Além disso, uma análise mais diretamente sociológica apresentaria certamente interesse: quem compõe a multidão neste ou naquele jornal?

Jules Gritti

Para ilustrar as precedentes análises, eis o esquema que se pode construir a partir da narrativa do *France-Soir*. Lembremos, entre outras particularidades, que a multidão, na sua função expressiva (ou coral), não exprime aí jamais a esperança, diferindo da maior parte dos outros jornais.

A narrativa de imprensa – notadamente nos cotidianos – caracteriza-se enfim por uma espécie de jogo metanarrativo, o das relações entre narrador e fontes de informação. Este jogo participa simultaneamente de duas funções atribuídas à linguagem por Roman Jakobson: a função metalinguística ou deciframento das informações, a função referencial ou recurso ao contexto, à "realidade". No caso de uma narrativa de morte, o contexto está escondido, protegido. A fonte de informação, ao mesmo tempo, detém o código a decifrar e mediatiza o contexto. O papel do narrador vai, pois, mais especialmente manifestar-se pela posição que ele se outorga diante da fonte de informação.

Na maior parte dos cotidianos – salvo *L'Humanité* que se alinha nas informações oficiais (vaticanas) – uma oposição revela-se constante nas primeiras sequências da narrativa: entre informantes oficiais ("fontes autorizadas", Rádio Vaticano, etc.) e informantes oficiosos (rumores, declarações privadas, etc.). Enquanto os informantes oficiais dão informações sibilinas, tendendo a acentuar os signos de restabelecimento e atenuar os de enfraquecimento, os informantes oficiosos tendem, por uma formulação explícita, mas excessiva, à acentuação dos signos de enfraquecimento. *La Croix* explicita esta oposição em termos de complementaridade e reparte as tarefas, senão os lugares, entre oficiais e oficiosos.

Dois jornais tentam introduzir uma espécie mista, informantes meio-oficiais/meio-oficiosos. Para *L'Aurore*, são os membros da família, para o *Le Monde* são os "diplomatas". Enquanto a família, semelhante aos informantes oficiais, tende a acentuar os signos de restabelecimento e atenuar os de enfraquecimento, "os diplomatas" do *Le Monde* propõem uma formulação adequada.

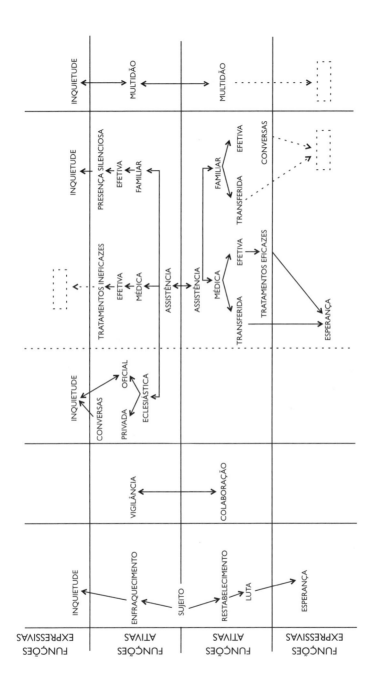

Jules Gritti

Na medida em que a narrativa progride, o narrador tende a dissociar mais oficiais e oficiosos, mas procura uma espécie de estatuto de analogia com os informantes oficiais. *Le Figaro* denuncia as indiscrições e formulações excessivas dos oficiosos, dá prioridade ao policiamento exercido pelos oficiais e valoriza o policiamento interno de sua própria narrativa. *Le Monde* denuncia a retórica indiscreta de informantes oficiosos (que ousam manipular o *suspense*) e descreve a justa posição do narrador, situado na Secretaria de Imprensa, a meio caminho entre fontes oficiais e rumores incontroláveis. *La Croix*, que reprova as formulações excessivas, errôneas, dos informantes oficiosos, opera uma reconciliação final realçando os papéis dos oficiais e dos oficiosos, os primeiros introduzidos na intimidade da alcova, os segundos (jornalistas) credenciados pela Secretaria de Estado. *France-Soir* e, sobretudo, *France-Dimanche* terminam por criar uma total analogia entre o narrador e os íntimos da alcova; os intermediários oficiais desaparecem; sua narrativa assume diretamente a referência ao contexto.

Uma narrativa-procura comporta frequentemente e talvez normalmente, o registro da *gratificação*, que domina o da transitividade. Greimas (op. cit.) propõe o esquema seguinte:

A análise narrativa, ciência nascente, mal se aventurou em semelhante campo de investigações. A narrativa de imprensa deverá prestar-se a isto. No caso particular concernente aos últimos dias de João XXIII, o sistema de gratificação recupera, ao menos sobre o modo citacional, bom número de elementos do que poderia ser o esquema narrativo próprio da tradição judaico-cristã, e endossa conotações hagiográficas. Outros tantos domínios abertos à análise narrativa. De imediato, podemos emitir uma dupla constatação: a narrativa jornalística desenvolve-se antes de tudo no nível da transitividade "natural", a história de uma doença mortal; mas ela testemunha uma espantosa capacidade de "ingurgitar" rapidamente os mais variados narrantes culturais.

A historieta cômica

Violette Morin
École Pratique des Hautes Études, Paris.

Em uma rubrica intitulada "A Última", *France-Soir* apresenta cada dia uma historieta breve e engraçada. Ela é algumas vezes tão curta ou tão "engraçada" que seu valor de narrativa poderia ser posto em questão. Mas estas "historietas" são finalmente também narrativas. Como estas, e melhor ainda, fazem evoluir uma situação viva em função de reviravoltas imprevistas. Como estas, e mais ainda, despertam a vontade de desmontar-lhes as conexões. Colecionamos estas historietas durante 180 dias consecutivos, sem selecionar nem avaliar o gênero, o espírito ou o "valor" de cada uma delas. A fim de confrontar sua inesgotável variedade de estilo e de falas (*paroles*), tivemos muitas vezes de reconstituir seu discurso; restabelecer aqui elipses destinadas a torná-las mais percucientes, suprimir lá redundâncias destinadas a enchê-las de "suspense"; tivemos de localizar funções que sua desordem calculada tornava mais surpreendentes. Com a linearidade do traço de espírito restabelecida, estas narrativas apresentaram enfim certas constâncias de construção que tentamos classificar. Elas são comparáveis pelo número de palavras, pois que a maioria contém apenas de 25 a 40. São todas redutíveis a uma sequência única que coloca, argumenta e resolve uma certa problemática. Esta sequência nos parece ser uniformemente articulada por três funções[1] que ordenamos como

---

1. A.J. Greimas abriu-nos o caminho ao sublinhar os "traços formais constantes" destas "histórias" e designando suas "duas partes": a "narrativa-apresentação" e o "diálogo dramatizante". In: *Sémantique structurale*. Larousse. 1966, p. 70. Desdobramos somente a segunda parte.

se segue: uma *função de normalização* que situa os personagens; uma *função locutora de deflagração*, com ou sem locutor, que coloca o problema a resolver, ou questiona; enfim uma *função interlocutora* de distinção, com ou sem interlocutor, que resolve "comicamente" o problema, que responde "comicamente" à questão. Esta última função faz bifurcar-se a narrativa do "sério" para o "cômico" e dá à sequência narrativa sua existência de narrativa disjunta, de historieta "última".

A bifurcação é possível graças a um elemento polissêmico, o disjuntor sobre o qual a história deflagrada (normalização e locução) tropeça e se volta para tomar uma direção nova e inesperada. É a existência necessária deste disjuntor que tende a fazer classificar indiferentemente todas estas historietas nas espécies de jogos de palavras. De fato uma dezena de narrativas apenas, nas 180 propostas, respondem a esta definição: são as narrativas em que o disjuntor é apenas uma palavra-significante, uma palavra tomada somente em sua existência visual ou fônica, independentemente das significações que pode veicular. Obtém-se um jogo de palavras que liberta os significados e as significações de qualquer constrangimento do sentido. Ao cabo da sequência, a narrativa desagrega-se propositadamente em um caos perfeito; pode mesmo, por essa arte da acrobacia no vazio, quase não ser, e com frequência mesmo não ser, uma narrativa. *France-Soir* arrisca-se pouco a esse suicídio, seja por excesso de refinamento já que apenas os aprendizes riem do calembur como delírio verbal puro, seja por insuficiência de refinamento, pois que somente os entediados riem do calembur como traço de espírito de segundo grau, como paródia da paródia.

Estas historietas só raramente são jogos de palavras. São mais largamente jogos de signos. Sem dúvida, a palavra *"prendre"* é um disjuntor de qualidade, pelo menos nas historietas estudadas, nas quais o significado ("apropriar-se", "fazer seu"...) está sempre presente; a polissemia deste signo é rica, ao capricho de múltiplos contextos: *"prendre"* pode significar *"comprar"* em uma loja, *"casar-se"* na prefeitura, *"roubar"* quando se é ladrão, *"beber"* quando se está em um café...; mas este caráter verbal não é o mais corrente: com mais frequência os signos se apagam diante dos elementos referenciais da narrativa: gesto, ação, sentimento, cujas diversas significações ou polissemia alimentam a disjunção.

Em lugar de *"disjuntar"*[2] a significação do signo *"prendre"* (*prendre un verre/une femme*) pode-se disjuntar a significação do gesto designado pelos signos *"prendre un verre"* com: *prendre-un-verre* de *réconciliation/de rupture*.

É sobre a natureza do disjuntor que operamos a primeira classificação. Distinguimos as narrativas com *disjunção semântica*, quando o disjuntor é um signo, das narrativas com *disjunção referencial*, quando o disjuntor é um elemento ao qual se referem os signos, um referencial. Em cada série, discernimos três figuras narrativas comparáveis por seus modos disjuntivos de articulação:

1º) uma figura com articulação bloqueada;

2º) uma figura com articulação regressiva;

3º) uma figura com articulação progressiva.

Exporemos estas figuras em cada uma das classes indicadas. Este trabalho terá, portanto, três partes impostas pelas três figuras de articulação e, cada parte, duas classes: as disjunções semânticas e as disjunções referenciais.

---

2. É preciso arriscar este neologismo, pois "disjuntar" não é "separar": trata-se de um conceito analítico, oriundo da noção de disjuntor; o mesmo para *disjuntado, disjuntar-se*, empregados em seguida.

A historieta cômica

1. As figuras com articulação bloqueada

1. As narrativas com disjunção semântica: Articulação bloqueada por inversão dos signos

Seis narrativas somente fazem parte desta figura:

FUNÇÃO DE NORMALIZAÇÃO	FUNÇÃO LOCUTORA DE DEFLAGRAÇÃO	DISJUNTOR	FUNÇÃO INTERLOCUTOR DE DISJUNÇÃO
1. *Subentendido:* um faquir é insensível ao que o pica.	*O homem normal. Subentendido:* pachorrentamente estendido sobre um divã, ele acaricia seu gato.	Divã / cama de pregos. gato / porco-espinho.	*O Faquir* pachorrentamente estendido sobre sua cama de pregos, o faquir acaricia seu porco-espinho.
2. O viajante tendo perdido o trem fala ao chefe da estação.	*O viajante:* Se os trens não estão nunca no horário, de que servem os indicadores de horários?	Indicador / sala de espera.	*O chefe da estação:* Se os trens andassem no horário, de que serviriam as salas de espera?
3. Um garoto encontra um amigo da família.	*O amigo:* Você será bonito como sua mamãe e inteligente como seu papai.	Bonito / idiota. Inteligente / feio. Papai / Mamãe.	*O garoto:* X me disse "Você será idiota como sua mamãe e feio como seu papai".
4. Um marido aconselha sua mulher a fazer tricô.	*A mulher:* Não tenho tempo de fazer tricô, a cozinha não me deixa.	Cozinha / tricô.	*O marido:* "Sim, mas o tricô, este, não queima". *Subentendido:* Prefiro que você faça muito tricô e que não tenha tempo de cozinhar.
5. A mulher queria que seu marido a deixasse partir para o mar.	*A mulher:* À beira do mar só pensarei em você.	Mar / eu (moi)	*O marido:* Prefiro que penses no mar, diante de mim (moi).
6. Um carneiro encontra outro carneiro com ar fatigado.	*Subentendido:* o pastor conta seus carneiros antes de dormir.	Carneiro / pastor.	*O carneiro:* É que contei 147 pastores antes de dormir.

Esse sistema de disjunção constrói narrativas em que a interlocução se opõe à locução sobre certos signos, pretendendo respeitar a significação de todos os signos. A pretensão é formalmente justificada na medida em que o duplo sistema de oposição, que articula a passagem de uma função a outra, equivale formalmente a uma repetição. A interlocução toma os termos da locução em um sentido oposto, pois neutraliza o contrassenso da significação obtida, por uma nova oposição de sentido contrário ou por uma permutação de socorro. Essa reviravolta simétrica dá ilusão de uma espécie de equivalência matemática, ou de confiante tautologia: se 3 = 3 quando 3 - 3 = 0, por que "ser bonito" não seria igual a "não ser feio" se "bonito" é o contrário de "feio". É no seio desta ambivalência natural que trabalha a disjunção da narrativa. A ambivalência pode ser reforçada: multiplicam-se à vontade os erros de equivalências, não se utilizando pares de antônimos verdadeiros, mas sim pares de oposições relativas. A "relatividade" é objeto de uma escolha que constitui toda a qualidade do conteúdo narrativo. A oposição relativa não é oposição de qualquer coisa. Ela está apoiada em uma categoria sêmica que sela a homogeneidade da narrativa. Se a relatividade das oposições é necessária para que a interlocução não seja (como em matemática) simplesmente "verdadeira" ou "falsa" face à locução, a categoria sêmica não é menos necessária para garantir a homogeneidade dos termos opostos e salvar a disjunção da incoerência.

Note-se que a função de normalização articula igual e independentemente um do outro a deflagração e a disjunção já que os dois estão em oposição simétrica diante dela. A narrativa torna-se portanto bivalente. Ela é disjuntada por duas narrativas igualmente consequentes: a narrativa normal por hipótese, a que é indicada pela função de normalização e pela função de deflagração; e a narrativa de disjunção, narrativa parasita por hipótese, que se torna nesse sistema tão normal quanto a outra, pois que é, como aquela, articulada diretamente sobre a função de normalização. Vê-se pois uma narrativa com duas narrações paralelas, duas narrações ligadas pelo dorso, que não podem mais nem se aproximar, nem se separar. Pode-se conceber o esquema da figura assim[3]:

Narrativa normal FN → FE → D →
↓
Narrativa parasita FN ────→ FD' →

É sem dúvida neste grupo que as variantes de articulação são proporcionalmente mais numerosas. O primeiro e o sexto caso são comparáveis por sua forma particularmente clássica de disjunção: no primeiro caso, "*divã/cama de pregos*" e "*gato/porco-espinho*" referem-se a uma categoria sêmica de conforto e repousam sobre a antonímia "*macio/picante*"; no segundo caso "*carneiro/pastor*", a categoria sêmica vigilância recobre a dicotomia "*homem/animal*" ou mais precisamente (a escolha) "*senhor/escravo*". Um por inversão, o outro por permutação disjuntam-se em uma equivalência de contrariedade que arriscaria ser a verdadeira apenas se uma falha viesse garantir sua anormalidade parasita. Nesses casos, é a função de normalização que assume esta falha; é ela que é anormal. O faquir está em oposição categórica *macio/picante*, com o resto da sociedade e basta desenvolver sua normalidade anormal, para que a equivalência de contrariedade torne-se naturalmente paradoxal. O carneiro, em face de seu pastor, está em contradição com as normas desde o instante em que se explica; basta que esta normalidade-anormal se desenvolva para que a disjunção previsível (se ele fala como pastor, é "normal" que os papéis se possam um dia inverter) faça irromper o paradoxo (pois não é finalmente normal que o carneiro fale).

---

3. FN, FE, FD – Funções de Normalização, de Deflagração, de Disjunção; D = Disjuntor.

A terceira narrativa surge de uma combinação mais sutil. A oposição dos antônimos *bonito/feio* e *inteligente/idiota* provocaria uma inversão radical (o menino poderia muito simplesmente "enganar-se" e dizer *feio como mamãe e idiota como papai*), se ela não fosse corrigida na equivalência pela permutação dos termos *papai/mamãe*. Mas por sua vez esta permutação enriquece a narrativa de uma categoria sêmica, os pais, na qual a oposição idealmente "relativa" de *papai/mamãe* homogeneiza e compromete simultaneamente a equivalência obtida: o contrário de *mamãe/bonita* não é necessariamente um *papai/feio*, mas não o exclui.

Quanto aos três últimos exemplos, casos 2, 4 e 5, os termos disjuntores estão em oposição tão relativa, que a disjunção irrompe necessariamente por pouco que se repuxe (pelos cabelos...) seus significados até descobrir neles uma semia comum. A categoria *horário-dos-trens* pode recobrir a oposição indicador/sala de espera; a categoria *atividade-da-mulher-no-lar* pode recobrir a oposição *cozinha/tricô*; a atividade *elementos-do-conforto-feminino* pode recobrir a oposição *mar/marido*. A descoberta destas oposições categóricas é um dos múltiplos "prazeres" deste sistema disjuntivo. O risco corrido é, nestes três casos, a incoerência. Donde por vezes, para reforçar a disjunção, a necessidade de um adjuvante destinado a tornar a oposição proposta mais antonímica: *"o tricô, este, não queima"*. Se o adjuvante não estivesse lá, a opção do marido em favor do tricô contra a cozinha seria apenas, em sentido próprio e figurado, singular.

As narrativas deste sistema são, portanto, duplas narrativas: uma narrativa convencionalmente dita normal vem apoiar-se sobre uma narrativa convencionalmente dita parasita, cada uma encontrando-se igualmente fortalecida e destruída pela outra. O conteúdo[4] destas narrativas parece ter traços conformes ao sistema de dis-

---

4. Que não nos propomos estudar aqui, mas enquadrá-lo também em uma certa "forma".

junção que os articula. A ausência de defrontação, já que existe simultaneamente oposição e equivalência, entre a locução e a interlocução, torna a problemática nula (caso do faquir em face do homem normal) ou anulada (não se saberá nunca o que pensa o marido de sua mulher, o chefe da estação do viajante, o carneiro do pastor e inversamente). Não há pergunta nem resposta entre um locutor e o interlocutor. Uma espécie de surdez mental torna-os tão conciliadores quanto irreconciliáveis. Cada um, enganado pelo discurso do outro, encontra-se bloqueado indefinidamente diante dele.

Esta oposição na equivalência impõe aos personagens da narrativa uma intimidade de relações e de ardis comparáveis aos de um casal. Do mesmo modo que certos trocadilhos (*contre-pèterie*) só se justificam pela descoberta de uma situação pornográfica, esta figura não se disjunta eficazmente senão pela colocação de uma tragédia acoplada em paralelo: "nem sem você, nem com você". Um certo ardil imobiliza a agressão e a torna simultaneamente incisiva e impotente; não há pior humilhação do que ser contraditado na aprovação (sistema apropriado às crianças e aos loucos) e não há pior impotência do que ser dividido entre um verdadeiro-falso e um falso-verdadeiro.

2. As narrativas com disjunção referencial: Articulação bloqueada por polissemias antinômicas

Reproduzimos alguns exemplos, tomados entre as vinte e seis narrativas conformes a esta disjunção.

Violette Morin

FUNÇÃO DE NORMALIZAÇÃO	FUNÇÃO LOCUTORA DE DEFLAGRAÇÃO	FUNÇÃO INTERLOCUTORA DE DISJUNÇÃO
1) A criança procura o papagaio.	*O pai*: Você o viu?	*A criada*: Não, mas falei a um quarto de hora com o gato.
2) O louco que pensava ser um cachorro afirma ter-se curado.	*O médico*: Você está bem certo?	*O louco*: Sim, a prova, toque meu nariz, está frio.
3) O africano afirma que não existem mais canibais.	*Alguém*: Você tem certeza?	*O africano*: Sim, comeram-se os três últimos há poucos dias.
4) Dois loucos discutem.	*Um*: Mandei construir uma cama vertical.	*O outro*: Bah! É uma história de dormir em pé (= maçante).
5) Se uma criança quiser jogar-se pela janela?	*Subentendido*: Que fazer?	*Alguém*: Que o faça; não recomeçará duas vezes.
6) Uma jovem e um senhor discutem.	*A jovem*: Tenho 17 anos.	*O Senhor*: Eu também, mas na desordem (= ordem contrária).
7) Um rapazinho entrando em casa à 1 hora da manhã, afirma que são apenas dez.	*O pai*: Mas o relógio bateu uma hora...	*O rapazinho*: ...é o que dizia; desde quando os relógios batem os zeros?
8) No dentista.	*O cliente*: O senhor me disse que ele era tão bom quanto um verdadeiro, mas ele me dói.	*O dentista*: Justamente, pois aí está!
9) O aluno deve fazer uma redação sobre o sonho de ser rico.	*O professor*: Por que uma folha em branco?	*O aluno*: É o meu sonho, professor.
10) O aluno deve copiar 100 vezes: eu não sei fazer contas.	*O professor*: Por que copiou apenas 30 vezes?	*O aluno*: Não sei fazer contas, professor.
11) Um marido procura sua mulher ao longo de um rio e encontra alguém que a viu.	*O marido*: Se o senhor a viu não deve estar longe.	*O fulano*: Sobretudo porque a correnteza não está muito forte.
12) Um turista em Londres encontra um garoto.	*O turista*: Diga, menino, vê-se o sol com frequência por aqui?	*O menino*: Não sei, meu senhor, só tenho treze anos.

A historieta cômica

13) Alguém censura o amigo por deixar a mulher mandar em casa.

14) A mulher dirige o carro, com o marido ao lado.

15) Um jovem espera sua noiva em um café.

16) O amigo diante da mãe de dois gêmeos.

O amigo: Não acha que estou certo?

A mulher: Ah, esses pedestres!

O jovem ao garçom: Estou inquieto, minha noiva está atrasada.

O amigo: Deve ser difícil distingui-los.

O marido: De acordo. Ela exige isto e aquilo..., mas não é preciso exagerar, também, posso mandar no peixe dourado.

O marido: De acordo, querida, mas desça da calçada.

O garçom: Se está atrasada é porque virá!

A mãe: De modo nenhum, eu os mando contar: um só vai até 76, o outro até 110.

Este sistema de disjunção propõe narrativas em que a interlocução confirma a locução por uma prova que a desmente ou inversamente a desmente por uma prova que a confirma. Dito de outro modo, a interlocução justifica-se, dando razão à opinião locutora que lhe é contrária. Encontramos o mesmo paralelismo que na disjunção precedente em que uma falsa justificação formal a tornava possível. No caso de que nos ocupamos, ela é possível por uma falsa justificação empírica. O resultado é comparável nos dois sistemas: a narrativa normal do locutor e a narrativa parasita do interlocutor se reforçam em sua oposição. Temos, pois, uma narrativa normal: o marido procura a mulher e vê sua angústia confirmar-se ao saber que ela derivava ao sabor da correnteza, havia pouco; e uma narrativa parasita: o informante, tendo acabado de vê-la à deriva, afirma ao marido que a mulher não está longe. A disjunção apoia-se na atividade mental do locutor: *encontrar-a-mulher*, atividade que a interlocução parasita por uma inversão de significações: *morta/viva*. As narrativas consolidam-se pelas costas, paralelamente, como na figura precedente:

Narrativa normal FN → FE → D →
                              ↓
Narrativa parasita FN ────→ FD' →

FUNÇÃO DE NORMALIZAÇÃO	FUNÇÃO LOCUTORA DE DEFLAGRAÇÃO	DISJUNTOR	FUNÇÃO INTERLOCUTURA DE DISJUNÇÃO
1. Alguns homens jogam *bridge* em um café.	*O garçom:* Para quem é a cerveja? (bière)	bière (cerveja ou caixão) { *bridge* / enterro	*Um jogador:* Para o morto.
2. *Subentendido:* em francês *tricot* é sinônimo de *pull-over*.	*Pergunta:* O que é um *pull sem over*?	over ou ovaire (ovário) { *Pull* / glândulas genitais	*Resposta:* Um tricô steril. *Justificativa:* Tricosteril.
3. *Subentendido:* caçada.	*Pergunta:* Que pressa prefere o advogado?	defesas { *do advogado* / do elefante	*Resposta:* O elefante para tomar suas defesas.
4. Duas traças trabalham em um guarda-roupa.		Manche (Mancha ou manga) { *mar* / parte de uma roupa Doublure (prega ou ator substituto) { *papel teatral* / parte de uma roupa	*Uma traça:* Estou-me preparando para atravessar a manga (*Manche*). *A outra traça:* Quanto a mim, só me dedico a pregas (*doublures*).
5. Um gato resfriado entra em uma farmácia.		Matou ou Ma toux (minha tosse) { *gato* / resfriado	*O gato:* Queria um xarope para minha tosse (*Ma toux*).
6. Um pinheiro vê aproximar-se um colhedor de resina.		tronc (tronco ou caixa de esmolas) { *de árvore* / de igreja	*O pinheiro:* Cuidado com o pilhador de troncos (*tronc*).

7. O canibal chega à sobremesa.	*Suisse* (queijo) *Esquimaux* (fator ou carteiro)	alimentos cidadãos
8. O pai dos gêmeos vai visitar o médico.	O *pai*: Mais por que gêmeos?	
	Facteur (fator ou carteiro)	razões (empregados dos correios)
9. O doente, dobrado de dor, vai ver o médico.	O *doente*: O senhor me disse para comer tudo sem sal.	
	Sel (sal) ou *Selle* (selim)	de cozinha de bicicleta
10. Um depressivo dobrado de dor vai ao médico.	O *doente*: O senhor me disse para repetir: "Eu sou muito importante" (*gonflé à bloc*).	
	Gonflé à bloc (muito importante ou muito inchado).	próprio figurado
11. Um marido agride a mulher.	O *juiz*: Mas por que com um ferro de engomar?	
	Plis: pregas ou maus hábitos.	do tecido (próprio) do caráter (figurado)
12. Dois loucos tomam banho a -15ºC.	*Um*: Está frio.	
	Maillot (maiô ou agasalho).	de banho roupa de baixo

O canibal: Já estou farto destes queijinhos (*suisse*). Amanhã vou querer um picolé (*esquimau*).

O doutor: Na base existem dois fatores (*facteurs*).

O mesmo: Mais de bicicleta, machuca muito.

O mesmo: Mais agora estou com o estômago dilatado.

O marido: porque ela começava a ter maus hábitos (*plis*).

O outro: Sim, suporta-se bem o maiô (*maillot*).

Diversas variantes são possíveis no interior do sistema. Até o exemplo 8, a superposição das duas significações contraditórias é feita por um só personagem, o interlocutor. Este último, como a serpente que morde a própria cauda, disjunta-se ele próprio. Nos outros exemplos, a disjunção retoma seu lugar entre o locutor e o interlocutor. As duas funções, colocadas sobre suas paralelas, só se destroem logicamente no infinito.

Os conteúdos destas narrativas são comparáveis aos precedentes em alguns pontos, notadamente na impulsão psicológica que os anima. Um caráter fundamental de ardil rege sua articulação, mesmo se, como é o caso, este ardil é involuntário; a paradoxal eficacidade da justificação, que não é uma justificação, subsiste sempre. Uma mesma moderação na agressividade opõe os dois locutores: eles são impermeáveis um ao outro.

Entretanto a disjunção referencial mobiliza um conjunto de conteúdos mais variados e mais ricos do que a semântica. No grupo precedente, a articulação estava bloqueada por signos, e portanto indiretamente pelo humor que os atualizava, o que reduzia a problemática a conflitos passageiros e as relações dos personagens a relações privilegiadas em que o humor, precisamente, comanda os dramas. Neste, a articulação liberada formalmente de qualquer constrangimento sinalizador não impõe nenhum acidente preciso de humor, nenhuma relação privilegiada entre os personagens. Ela bloqueia as significações em níveis mais amplos. Cada caso representa em definitivo um par generalizável de indivíduos, locutor e interlocutor: o imbecil ou o enganado-feliz fazem frente comum diante do sensato-feliz. Caso se queira generalizar a articulação destas historietas, poder-se-ia dizer que ela opõe o *bem-aventurado ao realista*, ficando entendido que um *ardil ingênuo* serve de suporte aos dois.

A historieta cômica

II. As figuras com articulação regressiva

1. As narrativas com disjunção semântica: articulação regressiva por homonímia de significantes

Uma vintena de narrativas parecem articuladas por este sistema de disjunção. Reproduzimos uma dúzia delas, de tendências as mais variadas.

Nestas narrativas, as duas primeiras funções, extremamente pouco distintas quando há pouco ou nenhum personagem, deflagram uma narrativa cuja coerência formal é respeitada até o fim, apesar de um "desarranjo" no meio do caminho: a história tropeça em um signo-disjuntor e engana-se de significado. Ao contrário do paralelismo precedente, temos aqui uma sequência unilinear; sua forma é consequente, mas seu sentido é absurdo. Esta consequência encadeia até a fusão as duas primeiras funções à terceira e, inversamente, a terceira regressa em permanência para as duas primeiras, até seu ponto de partida. A terceira função, a narrativa parasita, por exemplo uma *bicicleta-sem-selim-machuca*, tornar-se-ia normal se não estivesse ligada ao fato de que um regime-sem-sal provocou o acidente. É a coesão das três funções que disjunta a terceira. É o mesmo que dizer que a linearidade desta narrativa fecha-se sobre si mesma como a quadratura do círculo: não há saída. Pode-se desenhar o esquema da figura assim:

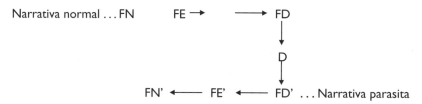

A coesão formal desta figura é consolidada por um sistema de articulação preciso. Para evitar o caso-limite do calembur (o famoso "*comment vas-tu-yau de poêle*" que teria seu lugar no sistema), o disjuntor é transferido de uma narrativa à outra com o elemento que o funcionaliza: *"sans"* (sem), em *"sans-ovaires"* (sem ovários); *"un sirop pour"* (um xarope para), em *"un sirop pour ma-toux"* (um xarope para minha tosse); *"un pilleur de"*, em *"un pilleur de tronc"* (um pilhador de tronco)...; este ajudante funcional consolida o rigor do formalismo e torna por isso mais brilhante, e portanto mais significante, a coincidência disjuntante.

Pode-se estudar, nestas narrativas, algumas variantes narrativas, em função da natureza do ajudante; elas vão do quase calembur quando o ajudante não tem senão um traço potencial de ativação, à história propriamente dita, no caso inverso. As preposições *"sans"* ou *"pour"* são apenas evidentemente pré-posicionais. Elas não dão ao disjuntor uma posição suficientemente significante para que a disjunção se opere a todo custo: *"sans over"* se disjunta em um *"tricot-stérile"* (*tricôstéril*). Esta disjunção calemburesca seria tão fácil (ou banal... ou gratuita) quanto o seria a disjunção *"haricot vert"* (feijão verde = vagem) (não dizemos mais ou menos cômica), se uma segunda disjunção não viesse dar consistência à primeira coincidência e introduzir como justificativa de apoio a semia farmacêutica do *tricosteril*. Salva-se a fraqueza de uma primeira disjunção por uma segunda (*tricot stérile/tricostéril*) e a fraqueza das duas primeiras narrativas, por uma terceira (alusão ao unguento farmacêutico). Na primeira historieta se *"pour"* introduzisse apenas *"le mort"* (o morto) sem a *"bière"* (caixão), ou inversamente, nenhuma semia necrológica perturbaria o jogo de *bridge*. Com o ajudante *"manger"* (comer), que é entretanto muito ativo, o *Esquimau* destinado ao canibal arriscava-se a ser um disjuntor fácil, já que, na Groenlândia ou outro lugar, é preciso que o canibal coma alguém. A feliz existência do *Petit-Suisse* vem reforçar a disjunção e tornar a refeição mais notável. A coesão formal da sequência cresce na mesma proporção que o poder funcional do ajudante. Com ajudantes como *traverser* (atravessar), *prendre* (tomar), *manger* (comer) precisamente, e com muitos outros, a narrativa parasita adquire

A historieta cômica

uma significação por si mesma, pois articula-se mais significativamente com a narrativa normal.

A estas variantes de ajudantes juntam-se variantes de articulações que participam dos próprios disjuntores. As narrativas lineares podem enriquecer-se segundo o número de semias disjuntadas. Nos exemplos 1 e 7, os dois disjuntores reforçam a própria semia parasita (necrologia para o primeiro, e refeição canibal para o sétimo); eles dobram a disjunção. No exemplo 4, os dois disjuntores trazem duas semias distintas, uma marítima e outra teatral com *"manche"* (mancha) e *"doublure"* (substituto), que enriquecem a figura desdobrando a disjunção. Poder-se-iam designar assim as variantes do esquema precedente:

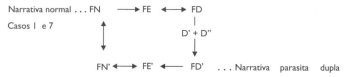

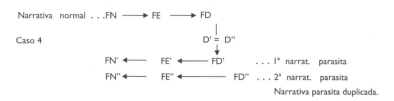

Em todos os casos, a narrativa normal funde-se com uma ou diversas narrativas parasitas em uma sequência narrativa formalmente homogênea. A disjunção liga-se a esta discursividade formal que concilia em circuito fechado dois universos irreconciliáveis. O *conteúdo* destas historietas ressente-se destas quadraturas-circulares simples, duplas ou desdobradas. Um único personagem, ou dois idênticos como dois loucos ou duas traças, realiza e suporta a disjunção. Quando existe um locutor, juiz ou doutor, este não é senão o álibi destinado a revelar o monólogo do interlocutor. A disjunção põe em causa a interlocução resolvendo uma problemática de sua definição, sua natureza, ou seus hábitos. A fissura mental participa da vida "interior"; ao se disjuntar, o sujeito torna-se objeto de disjunção ou, caso se queira, psicologicamente, de agressão. Ao contrário do diálogo precedente em que a agressividade, mesmo surda, ia de um personagem ao outro, no monólogo presente ela não visa a ninguém. Imbecil ou louco, a vida interior do interlocutor regride na anormalidade catastrófica. Esta figura disjunta, nos limites em que os jogos de signos lhe permitem as infelicidades da consciência individual[5].

2. *As narrativas com disjunção referencial: articulação regressiva por polissemia simples*

O número das historietas sendo mais importante neste grupo e nos que se seguem, alongaremos a lista de exemplos. Consideremos os exemplos seguintes:

FUNÇÃO DE NORMALIZAÇÃO	FUNÇÃO LOCUTORA DE DEFLAGRAÇÃO	FUNÇÃO INTERLOCUTORA DE DISJUNÇÃO
1) Um escocês sabe pela manhã que o trem em que viajava sua esposa sofrera um acidente.	*O escocês*: Ele hesita diante do quiosque e não compra o jornal.	*O mesmo*: Comprarei a edição da tarde, que trará a lista das vítimas.
2) Dois escoceses estão brigando.	*Um*: Quebra uma garrafa na cabeça do outro.	*O mesmo*: Tome! Estava consignada.
3) Dois pais escoceses procuram um médico: seu bebê havia engolido uma moeda.	*Os pais*: O médico é bom?	*Outro escocês*: Sim, de qualquer maneira é honesto, não creio que guarde a moeda.

---

5. Pede-se evidentemente pensar que o marido zomba do juiz (caso 11). Mas as razões de riso do zombador são tão numerosas quanto os próprios zombadores e não podem ser tomadas em consideração. De qualquer modo, é possível adiantar que o marido agrava "catastroficamente" seu caso.

A historieta cômica

4) Um corso vai a um enterro com seu asno.

5) O pai e o filho corsos fazem a sesta.

6) Um corso quer um livro de agricultura.

7) Marie-Chantal quer comprar um livro.

8) Marie-Chantal volta de Maiorca.

9) Gladys vai ao médico.

10) Uma gastrectomia é uma operação que o cirurgião está fazendo.

11) O presidente diante da laureada num concurso de beleza.

12) Até os onze anos, o garoto não tinha pronunciado uma só palavra, subitamente, à mesa, ele pede o sal.

13) Um boxeador, antes da luta, informa-se sobre a localização do camarim.

14) O porteiro indica um quarto ao cliente: "Entre na primeira porta depois da viga".

15) Dois garotos conversam.

16) O guarda do zoo chora o elefante morto.

O amigo: Por que trouxe o asno?

O pai: Chove?

O livreiro: Leve este. Quando acabar de ler, o trabalho já estará feito pela metade.

Gladys: Por quê?

Gladys: Onde fica?

Gladys: Não tenho coragem de me despir diante dele.

O amigo do filho do cirurgião: Que é uma gastrectomia?

O presidente: Que gênero de leitura você levaria para uma ilha deserta?

Os pais: Meu Deus, que milagre. Mas que aconteceu?

O boxeador: Onde fica ele?

O cliente: Bam!

Um: Em sua casa fazem-se orações antes das refeições?

O dono: Console-se, será substituído.

O corso: Quem carregará o luto na volta?

O filho: Espere, vou assobiar para chamar o cachorro, veremos se está molhado.

O corso: Então me dê dois deles.

Marie-Chantal: Por que meu marido me comprou um marcador.

Marie-Chantal: Não sei, vim de avião.

Mme. Chantal: Deixe disso; é um homem como os outros.

O pequeno: São 150 mangos.

A laureada: Um marinheiro tatuado.

O garoto: Até aqui, o serviço era bem-feito.

O manager: Não tem importância, você virá carregado.

O porteiro: Esta é a viga, em frente está a porta.

O outro: Oh não! Mamãe faz bem a comida.

O guarda: Vê-se bem que não é o senhor que vai enterrá-lo.

Neste sistema, como no precedente, a interlocução responde formalmente à locução, mas enganando-se de significação sobre um elemento referencial da narrativa. É trocando as motivações deste elemento disjuntor que ela parasita o sentido da narrativa normal. Este parasitismo é ambíguo na medida em que a polissemia disjuntante não é privilegiada. As semias modificadas não são contraditórias como na primeira figura: são indiferentes e variáveis ao infinito. A narrativa normal vem a ser simultaneamente persistente e perturbada, reconhecida e destruída pela narrativa parasita, como precedentemente. O fato de que o escocês não compra, por economia, o jornal da manhã, não exclui que ele possa saber à tarde *com uma impaciência ainda maior* se sua mulher morreu. O fato de que Marie-Chantal compra livros porque seu marido lhe deu um marcador não exclui que *ela tenha mais do que antes* a ocasião de lê-los. É a coesão formal das três funções que parasita a terceira. E esta terceira regride constantemente nas duas primeiras para justificar seu próprio movimento. As narrativas normais e parasitas completam-se dividindo-se, e a história, como anteriormente, gira em uma circularidade sem fim: o interlocutor substitui por uma motivação acessória, inconfessável, improvisada... uma motivação normal. Reencontramos a quadratura circular da figura precedente:

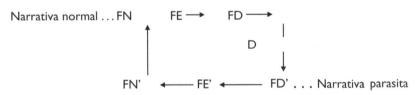

As variantes do sistema são pouco numerosas em função da simplicidade e da flexibilidade de sua articulação. O disjuntor referencial é o suporte de uma multidão de complementos que basta modificar não importa em que nível (causas, fins, consequências, lugar...) para ter uma disjunção. Donde o grande número das narrativas deste grupo. Donde igualmente, e em função deste grande número, uma necessidade de selecioná-las articulando-as em certos tipos de conteúdo.

Esses conteúdos com efeito têm tendência a fazer ressaltar certos traços comuns baseados em defeitos de caráter. Encontramos um bom número de narrativas articuladas psicologicamente pela avareza dos escoceses, a preguiça dos corsos, a frivolidade mundana de Marie-Chantal. Reencontramos aí o caráter intimista das histórias anteriores. Reencontramos a ausência de agressividade de um personagem para com o outro, a não ser esta regressão mental engendrada pelo aspecto convencionalmente deceptivo (para o locutor) de receber uma resposta que deflora invariavelmente a questão. Quando os dois locutores têm o mesmo caráter, isto é, o mesmo defeito: dois corsos, dois escoceses... a regressão opera-se, fora da própria narrativa, na consciência dúplice do leitor-ouvinte.

Mas aí os conteúdos das narrativas com articulação regressiva ainda se enriqueceram passando da disjunção semântica à disjunção referencial. Em lugar de disjuntar humores caracteriais em situações excepcionais, eles disjuntam traços de caráter estabilizados, tipos sociais. Poder-se-ia generalizar a articulação de seus conteúdos dizendo que opõem o *idealismo do caráter ao prosaísmo dos caracteres* ficando entendido que a *carência dos caracteres torna* a oposição não categórica.

III. As figuras com articulação progressiva

1. As narrativas com disjunção semântica: articulação progressiva por homonímia de significações

Tomemos os exemplos seguintes:

Violette Morin

FUNÇÃO DE NORMALIZAÇÃO	FUNÇÃO LOCUTORA DE DEFLAGRAÇÃO	FUNÇÃO INTERLOCUTORA DE DISJUNÇÃO
1. Dois ladrões saem da prisão.	*Primeiro ladrão*: Toma-se (*prende*) alguma coisa?	*Segundo ladrão*: De quem?
2. Dois ladrões discutem.	*Primeiro ladrão*: Você põe todo seu dinheiro de lado para a velhice?	*Segundo ladrão*: Não, para meu advogado!
3. Um pai quer oferecer uma bicicleta a seu filho-problema, que se tem comportado bem.	*O pai*: Como você a quer? (*se te la prends comment?*)	*O filho*: Sem que te vejam.
4. Dois mendigos encontram-se na Bolsa.	*Primeiro mendigo*: Você especula com quais minas?	*Segundo mendigo*: Na daqueles que saem.
5. O motorista de uma viatura acidentada vai à garagem.	*O motorista*: O que se pode salvar (*en tirer*)?	*O garagista*: Uma foto.
6. O garçom do café trabalha com o chapéu sobre a orelha.	*O patrão*: Por que este chapéu durante o trabalho e, ainda por cima, de lado?	*O garçom*: Que quer o senhor, é tudo que consegui botar de lado desde que comecei a trabalhar em sua casa.
7. O garçom de café vai pagar seus impostos.	*O garçom*: O senhor aceita as gorjetas? – Não se aborreça, levo tudo de volta.	*O recebedor*: O senhor está zombando de mim.
8. O convalescente escocês diante de seu médico.	*O médico*: É a sua constituição que você deve seu restabelecimento.	*O doente*: Então não lhe devo nada?
9. A velha dama na Autoescola.	*O professor*: E agora, vamos fazer a marcha a ré (*faire marche arrière*).	*A velha*: Inútil, não recuo nunca diante de pessoa alguma.
10. Duas avós jogam nas corridas de cavalos.	*Uma*: Perdemos neste cavalo.	*A outra*: Tanto melhor! Que teríamos feito dele se tivéssemos ganhado?
11. Dois amigos escoceses encontram-se.	*Um*: Dê-me (*prêter*) um pouco de atenção.	*O outro*: Sim, mas com juros altos.
12. Uma criança rica com sua babá no jardim.	*Um passante*: Que bela criança! Já anda?	*A babá*: Andar? Mas ele não precisará nunca andar.

A historieta cômica

Neste grupo, a narrativa normal não tropeça em um signo enganando-se de significado, mas em um ou vários signos, enganando-se de significações. Este sistema torna as duas primeiras funções essenciais. A função de normalização propõe uma situação na qual os personagens têm um papel. A locução de deflagração concretiza sua problemática em função deste papel. O interlocutor não responde mais somente e automaticamente a um signo, mas interpreta este signo segundo sua lógica própria. Dito de outro modo, há nestas narrativas duas lógicas consecutivas e heterogêneas, a normal contra a parasita, que a coerência formal da narrativa liga uma a outra. Elas não se bloqueiam uma na outra nem paralelamente, nem circularmente; elas se sucedem trocando de caminho e justificam-se separadamente. Temos, pois, uma figura livre e aberta cujo esquema poderia estabelecer-se assim:

Narrativa normal ... FN ⟶ FE ⟶ D ... FD
                                  ↓
                          FD' ⟶ FE' ⟶ FN' ... Narrativa parasita

As variações de articulação são ínfimas nestes sistemas, elas podem ser enriquecidas por uma segunda disjunção desencadeada, como no exemplo do garçom de café (caso 7): uma primeira disjunção (polissemia semântica) provoca a reação do recebedor; uma segunda (polissemia referencial) provoca a do garçom. Elas podem ser inversamente enfraquecidas por uma modificação dos signos como nos exemplos 9 e 10: fazer *marcha a ré na autoescola* não significa voltar atrás (*faire marche arrière*); *perder nas corridas "em" ou "com" um cavalo* não significa perder um cavalo. Sem dúvida não é por acaso que os personagens escolhidos são uma velha dama e uma avó: suas faculdades mentais ou auditivas são conhecidamente deficientes.

É no nível dos conteúdos que estas narrativas são mais ricas. Seu ritmo duplamente consequente (dupla lógica dos locutores, coerência formal da sequência) parece torná-las aptas a utilizar elementos disjuntores mais estruturados socialmente. Como os exemplos o mostram, os conteúdos apoiam-se sobre mecanismos psicossociológicos de condicionamentos conformes aos mecanismos simultaneamente automatizados e interpretativos do sistema. Um estudo dos conteúdos poderia fazer neste grupo o recenseamento das condições sociais "disjuntadas"; de todos esses meninos-problema, velhos, mendigos, garagistas, garçons de café... Esses condicionamentos não excluem traços de caráter encontrados em outras historietas, mas igualmente condicionados, como a avareza escocesa ou a preguiça dos corsos; os mesmos temas podem cavalgar vários grupos.

Não é preciso dizer, já que tomamos a agressividade como teste de articulação psicológica, que esta é imperceptível. Os personagens não se opõem diretamente. O garçom de café com-o-chapéu-de-lado somente deixa aflorar o insulto dirigido ao patrão, pois que a noção de gorjeta engaja menos a responsabilidade do último do que a do cliente. A agressividade, se ela existe[6], é inteiramente latente, difusa, agressiva pela surpresa; o locutor descobre, mais do que um contraditor, um "mundo" de contradições. Esta articulação é tão "progressiva" que o diálogo poderia ir... muito longe. Se quiséssemos caracterizar este sistema, diríamos que ele opõe a inocência à perversão, levando em conta o condicionamento social que as comanda e reduz sua distância.

---

6. Mas não existe sempre agressividade?

A historieta cômica

2. As narrativas com disjunção referencial: articulação progressiva com polissemia antonímica.

FUNÇÃO DE NORMALIZAÇÃO	FUNÇÃO LOCUTORA DE DEFLAGRAÇÃO	FUNÇÃO INTERLOCUTORA DE DISJUNÇÃO
1) Uma mulher censura o marido por sua indiferença.	*A mulher*: Antigamente você me apertava as mãos.	*O marido*: Porque antigamente você tocava piano.
2) Um marido, após uma briga, parece ter a última palavra.	*O marido*: Eu sabia bem que você acabaria por se calar.	*A mulher*: Não me calei, estou descansando.
3) O marido sustenta nos braços a mulher desmaiada.	*O marido*: Maria, traga-me o conhaque.	*Maria*: E para Madame?
4) O empregado beija a secretária.	*Patrão*: É para isto que eu lhe pago?	*O empregado*: Ah, não senhor, isto eu faço de graça.
5) O condenado diante do carrasco.	*O condenado*: Você não tem vergonha?	*O carrasco*: Bah! Sabe muito bem que todo mundo precisa viver...
6) Um cliente encontra vestígios de café em sua xícara.	*O cliente*: Que é isto aí?	*A garçonete*: Sou apenas garçonete, não visionária.
7) Em Londres, um cliente encontra uma mosca na sopa.	*O cliente*: Garçom, que é que ela está fazendo aí?	*O garçom*: Aparentemente, Sir, pratica natação.
8) Duas amigas conversam.	*Uma*: Adoro a natureza.	*A outra*: Depois de tudo que ela lhe fez?
9) Um jovem confessa-se antes de se casar.	*O padre*: Você cortejou muitas mulheres?	*O jovem*: Vim aqui para humilhar-me, padre, não para vangloriar-me.
10) A jovem vem confessar-se.	*A jovem*: Padre, eu me acuso de orgulho: quando me olho no espelho, acho que sou bela.	*O padre*: Pode ficar sossegada, minha filha, não é orgulho, é um erro.
11) Dois amigos discutem ao sair da igreja.	*Um*: Quando o padre disse: "Não roubarás", você ficou verde.	*O outro*: Porque havia perdido meu guarda-chuva.
	Um: Mas quando ele disse: "Não cometerás adultério", você começou a rir?	*O outro*: Porque me lembrei onde o tinha esquecido.

FUNÇÃO DE NORMALIZAÇÃO	FUNÇÃO LOCUTORA DE DEFLAGRAÇÃO	FUNÇÃO INTERLOCUTORA DE DISJUNÇÃO
12) Gladys informa Marie-Chantal que a mãe de Gérard sofrera um acidente.	*Gladys*: Está desfigurada. *Gladys*: Um cirurgião lhe refará o rosto como era antes.	*Marie-Chantal*: Ah, Que horrível! *Marie-Chantal*: Ah, Que horrível!
13) Na véspera de um duelo, um dos adversários, com medo, telefona à polícia.	*O medroso*: Dois homens vão-se bater; vão até lá, para evitar um crime.	*O policial*: Já sei, seu adversário já me telefonou.
14) Um condenado por insultar um policial está diante do tribunal.	*O presidente*: Você tem alguma coisa a acrescentar?	*O condenado*: Sim, mas com esta tarifa não tenho coragem.
15) O dono ouve à noite barulho na loja; desce e encontra um ladrão – Que está procurando?	*O ladrão*: Dinheiro!	*O dono*: Então, procuremos juntos e dividamos.
16) Dois automobilistas, face a face, recusam-se dar passagem.	*Um motorista* abre o jornal e lê.	*O outro* grita pela janela: Quando tiver acabado, passe-me o jornal.

Este sistema de disjunção referencial com articulação progressiva distingue-se da regressiva como caso-limite ou privilegiado. A interlocução é diametralmente oposta à locução. Daí uma especificidade própria a este sistema, especificidade que exprime mais do que um grau superior de divergência entre as significações normais e parasitas. Nesta figura, o locutor traz seu coeficiente pessoal de presença, sua opinião, os quais o interlocutor leva em conta na sua resposta. Dito de outro modo, enquanto o sistema regressivo propunha uma espécie de reconhecimento destruidor do normal pelo parasita, este propõe, de certo modo, sua refutação reabilitadora. A função normal está logicamente articulada na função parasita com a única exceção da intenção dramática: a lógica das significações-deflagradas é conservada, mas as opiniões que as deflagram são invertidas. Esta troca de direção se opera sobre significações de segundo grau, significações de significações. Na consecução lógica das funções disjuntantes, as duas últimas, a problemática deflagrada segue seu caminho, mas desnaturando-se no decorrer da disjunção. Temos como na articulação semântica precedente uma sequência consequente e aberta, mas livre.

Narrativa normal ... FN ⟶ FE ⟶ D ... FD
                                    ↓
                              FD' ⟶ FE' ⟶ FN' ... Narrativa parasita.

As variações de figuras são tecnicamente inexistentes, como sempre que se trata de significações. Elas podem aparecer no nível das relações entre o locutor e o interlocutor: podem ir da agressão alusiva (caso 3) à agressão precisa (caso 8). Podem ir da agressão direta (casos 2 e 6) à agressão por pessoa interposta (casos 11 e 12). Nos dois últimos casos, não é o locutor que é agredido, mas indiretamente a mãe de Gérard ou o padre (como se quiser). Um sistema de compensação funciona então e vem dobrar a articulação disjuntora. A agressividade indireta fazia correr um risco de fraqueza de transmissão já que se podia não compreender imediatamente (caso do padre), ou um risco de não disjunção, já que se podia considerar o primeiro lance "sério" (caso da mãe de Gérard).

Sobre o plano do conteúdo, estas narrativas, como suas sósias progressivas anteriores, apresentam um certo grau de temperança na problemática que opõe os locutores. Uma certa inocência de réplica disjuntora lhe é comum. Os interlocutores anunciam de saída um ponto de vista empírico que só a interpretação revela agressivo. Mas, aí ainda, passando do semântico ao referencial, o campo dos conteúdos da figura intensifica-se e alarga-se: a guerra não é aberta, mas as cargas explosivas estão colocadas. Os exemplos de agressão feroz, disfarçada sob o reconhecimento inocente de um fato, são numerosos: a interlocutora toma gentilmente o partido de sua amiga contra a natureza que lhe fez tanto mal; o padre vem gentilmente em socorro de sua pecadora para dizer-lhe que se tinha enganado, etc. Este desvio mediador entre a reconciliação factícia e a agressividade real é a marca própria deste sistema. Os exemplos 15 e 16 são privilegiados; o interlocutor-motorista mima o locutor para melhor exasperá-lo; o interlocutor-roubado mima o ladrão para melhor mistificá-lo.

Dizemos que, mesmo camuflado, o sistema desta figura pode atingir a ferocidade. Ela opera a disjunção em um nível de significações extremamente sensíveis para o locutor; contesta-lhe o conformismo de sua existência, sua honorabilidade. O cliente que encontrou a mosca na sopa e que teve a infelicidade de não apreciar os exercícios de natação do inseto sente-se negado enquanto homem-cliente. Poder-se-ia generalizar a articulação psicossociológica destas historietas dizendo que opõe o *conformismo ao cinismo* ficando entendido que estas historietas encarregam-se de relativizar os extremos[7].

Em todas estas narrativas com três funções, a articulação maior, a que disjunta a sequência entre a locução e a interlocução, tem sentido único. A narrativa toma por hipótese a bifurcação parasita. A estabilidade sequencial tem a resistência de um nó górdio: não se pode desatá-lo senão esquecendo a história (articulação bloqueada ou regressiva) ou desenvolvendo-a até a morte (articulação progressiva); isto explica talvez que a mesma história possa fazer rir indefinidamente: quando se entra na articulação, fica-se preso à rede. Se bem que esta disjunção seja retoricamente comparável às "anomalias semânticas" da escritura séria, tais como as estudou T. Todorov[8], ela difere daquelas pela função que lhe é dada na sequência narrativa. Na narratividade normal, digamos "séria" em oposição à "cômica", a anomalia é um elemento constitutivo da

---

7. Não damos, para aliviar este trabalho, as sete narrativas residuais, das 180 recolhidas, cujo hermetismo resulta de uma mistura dos sistemas descritos.
8. In: *Langages*, n. 1, 1966, p. 102ss.

A historieta cômica

expressão narrativa e carrega poeticamente (como os exemplos dados pelo autor o provam) uma finalidade em si, a presença de uma "combinação anômala" de semas "de um morfema em outro" para retomar os termos de Todorov, é uma taça de sombra na lógica da língua, o suporte de um sonho reorganizador. A coerência narrativando sintagma encontra-se reforçada por ele. Na narratividade disjunta, ao contrário, a anomalia substitui uma incoerência por duas coerências e impõe um fim de narrativa que é o fim de tudo, aí compreendida e sobretudo da poesia[9]. A anomalia disjuntora não é esclarecedora, mas destruidora.

---

9. O que não exclui naturalmente que ela possa, na ausência de qualquer sonho poético, e por causa desta ausência, reencontrar uma poesia que lhe é própria.

A grande sintagmática do filme narrativo

Christian Metz
Centre National de la Recherche Scientifique

> Este texto constitui a segunda parte de uma exposição oral pronunciada a 2 de junho de 1966 em Pesaro (Itália), no quadro de uma mesa-redonda cujo tema era: "Por uma nova consciência crítica da linguagem cinematográfica" (esta mesa-redonda fazia ela própria parte do II Festival do Cinema Novo, em Pesaro, de 28 de maio a 5 de junho de 1966). A exposição tinha por título global: "Considerações sobre os elementos semiológicos do filme". A origem oral deste texto explica o estilo das linhas que se seguem.

Há uma grande *sintagmática* do filme narrativo. Um filme de ficção divide-se em um certo número de *segmentos autônomos*. Sua autonomia é apenas evidentemente relativa, pois cada um só toma sentido em relação ao filme (este último sendo o *sintagma máximo* do cinema). Entretanto, chamamos aqui "segmento autônomo" todo segmento fílmico que é uma subdivisão de primeiro nível, isto é, uma subdivisão direta do filme (e não uma subdivisão de uma parte do filme).

No estado atual de *normalização relativa* da linguagem cinematográfica, parece que os segmentos autônomos se distribuem em torno de *seis grandes tipos*, que seriam assim "tipos sintáticos" ou, melhor ainda, tipos sintagmáticos[1]. Sobre estes seis tipos, cinco são *sintagmas*, isto é, unidades formadas de muitos planos. O sexto é fornecido pelos segmentos autônomos que consistem em um só plano, isto é, *planos autônomos*.

1) A cena reconstitui por meios já fílmicos uma unidade ainda sentida como "concreta" e como análoga àquelas que nos oferece o teatro ou a vida (um lugar, um momento, uma pequena ação particular e concentrada). No cenário, o significante é fragmentário (muitos planos, que são todos apenas "perfis" – *Abschattungen* – parciais), mas o significado é percebido como unitário. Todos os perfis são interpretados como extraídos de uma massa comum, pois a "visão" de um filme é de fato um fenômeno mais complexo, pondo em jogo constantemente três atividades distintas (percepções, reestruturações do campo, memória imediata) que se relançam sem cessar uma e outra e trabalham sobre os dados que elas fornecem a si mesmas. Os hiatos espaciais ou temporais no interior da cena são *hiatos de câmera*, não *hiatos diegéticos*.

2) A sequência constrói uma unidade mais inédita, mais especificamente fílmica ainda, a de uma ação complexa (embora única) desenvolvendo-se através de muitos lugares e "saltando" os momentos inúteis. Exemplo-tipo: as sequências de perseguição (unidade de lugar, mais essencial e não mais literal; é "o lugar da perse-

---

1. Existem diversas maneiras de apresentar o "quadro" dos grandes sintagmas fílmicos, diversos *graus de formalização*. O nível que é aqui apresentado corresponde a uma etapa intermediária da formalização, relativamente próxima ainda do império cinematográfico e das análises dos teóricos clássicos do cinema (análises sem dúvida muito incompletas, mesmo em seu nível; ver as diversas "tábuas de montagem"). Esta etapa, tornada indispensável pelo estado atual da semiologia do cinema (disciplina nascente), deverá ser ultrapassada em benefício de uma formalização mais completa que fará aparecer melhor as escolhas reais (isto é, mais ou menos inconscientes) diante das quais se encontra colocado o cineasta em cada ponto da cadeia fílmica. Esta formalização mais completa não significará uma mudança das opiniões emitidas quanto à linguagem cinematográfica, mas um aperfeiçoamento da metalinguagem semiológica (trabalho em curso).

guição", isto é, a paradoxal unidade de um lugar móvel). No interior da sequência há hiatos diegéticos, embora reputados insignificantes, ao menos no plano da denotação (os momentos saltados são "sem importância para a história"). É o que diferencia estes hiatos dos que a fusão com negro (*fondu au noir*) assinala (ou qualquer outro processo ótico) entre dois segmentos autônomos: estes últimos são considerados supersignificantes (neles, nada nos é dito, mas deixa-se compreender que haveria muito a dizer: a fusão com o negro é um segmento fílmico que não oferece nada para se ver, mas que é muito visível). Contrariamente à cena, a sequência não é o lugar onde coincidem – pelo menos em princípio – o tempo fílmico e o tempo diegético.

3) O sintagma alternante (exemplo-tipo; o que se chama "montagem paralela" ou "montagem alternada" segundo os autores) não se apoia mais sobre a unidade da coisa narrada, mas sobre a da narração, que mantém aproximados os ramos diferentes da ação. Este tipo de montagem é rico em conotações diversas, mas define-se primeiro como sendo uma certa maneira de construir a denotação.

A montagem alternante divide-se em três subtipos, caso se escolha como pertinência a natureza da denotação temporal. Na montagem alternativa, o significado da alternância é, no plano da denotação temporal, a alternância diegética (a das "ações" apresentadas). Exemplo: dois jogadores de tênis, cada um sendo "enquadrado" no momento em que a bola está com ele. Na montagem alternada, o significado da alternância é a simultaneidade diegética (exemplo: os perseguidores e os perseguidos). Na montagem paralela (exemplo: o rico e o pobre, a alegria e a tristeza), as ações aproximadas não têm entre elas nenhuma relação pertinente quanto à denotação temporal, e esta defecção do sentido denotado abre a porta a todos os "simbolismos", para os quais a montagem paralela é um lugar privilegiado.

A grande sintagmática do filme narrativo

4) O sintagma frequentativo (exemplo: marcha muito longa a pé pelo deserto traduzida por uma série de vistas parciais por fusões encadeadas em cascata) põe sob nossos olhos o que poderemos jamais ver no teatro ou na vida: um processo completo, reagrupando virtualmente um número indefinido de ações particulares que seria impossível abarcarem em um olhar, mas que o cinema comprime até nos oferecer sob forma praticamente unitária. Além dos significantes *redundantes* (procedimentos óticos, música, etc.), o significante *distintivo* da montagem frequentativa será procurado na *sucessão aproximada de imagem repetitiva*. No nível do significante, o caráter *vetorial* do tempo, que é próprio do "narrativo" (sequências ordinárias), tem tendência a enfraquecer-se, por vezes a desaparecer (retornos cíclicos). Dentre os significados podem-se distinguir três tipos de sintagmas frequentativos: o *frequentativo pleno* abraça todas as imagens em uma grande sincronia, no interior da qual a vetorialidade do tempo cessa de ser pertinente. O *semifrequentativo é uma* sucessão de pequenas sincronias e traduz uma evolução contínua com progressividade lenta (um processo psicológico na diégese, por exemplo): cada *flash* é percebido como extraído de um grupo de outras imagens possíveis, correspondendo a um *estágio* do processo; mas em relação ao conjunto do sintagma, cada imagem vem-se colocar no seu lugar sobre o eixo do tempo: a estrutura frequentativa não se desenvolve, pois, na escala do sintagma inteiro, mas apenas na de cada um de seus estágios. O *sintagma em chave* consiste em uma série de breves evocações tratando de acontecimentos oriundos de uma mesma ordem de realidades (exemplo: cenas de guerra); nenhum destes fatos é *tratado* com a amplidão sintagmática a que poderia pretender; contentamo-nos com *alusões,* pois é apenas o conjunto que se destina a ser levado em conta pelo filme. Há aqui um equivalente fílmico (balbuciante) da *conceptualização*.

5) O sintagma descritivo opõe-se aos quatro tipos pré-citados pelo fato de que nos últimos a sucessão das imagens sobre a tela (= lugar do significante) correspondia sempre a alguma forma de re-

lação *temporal* na diégese (= lugar do significado). Não seriam sempre *consecuções* temporais (exemplo: montagem alternante na sua variante paralela, montagem frequentativa na sua variante "plena"), mas seriam sempre relações temporais. No sintagma descritivo, ao contrário, a sucessão das imagens sobre a tela corresponde unicamente a séries de *coexistências espaciais* entre os fatos apresentados (notar-se-á que o significante é sempre linear e consecutivo, enquanto que o significado pode ou não sê-lo). Isto não implica em nada que o sintagma descritivo possa-se aplicar somente a objetos ou a pessoas *imóveis*. Um sintagma descritivo pode muito bem tratar de *ações*, com a condição de que sejam ações nas quais o único tipo de relação inteligível seja o paralelismo espacial (em qualquer momento do tempo em que sejam tomadas), isto é, ações que o espectador não pode mentalmente colocar lado a lado no tempo (exemplo: um rebanho de carneiros em marcha: tomadas dos carneiros, do pastor, do cão, etc.).

Em resumo, o sintagma descritivo é o único sintagma no qual os agenciamentos temporais do significante não correspondem a nenhum agenciamento temporal do significado, mas somente a agenciamentos espaciais deste significado.

6) O plano autônomo não se reduz apenas ao famoso "plano-sequência", comporta também algumas destas imagens que se chamam *insertos* (*inseris*) assim como diversos casos intermediários. O plano-sequência (e seus diversos derivados) é uma *cena* (ver acima) tratada senão em um só "plano", ao menos em uma só *tomada*. Os insertos definem-se por seu estatuto *interpolado*. Caso se escolha como princípio de classificação a causa deste caráter interpolado, distinguir-se-ão quatro grandes subtipos de insertos: as imagens *não diegéticas* (metáforas puras), as imagens ditas subjetivas (isto é, as que não são visadas como presentes, mas visadas como ausentes pelo heroí diegético; exemplo: lembrança, sonho, alucina-

ção, premonição, etc.), as imagens plenamente diegéticas e "reais", mas *deslocadas* (isto é, subtraídas de sua colocação fílmica normal e colocadas intencionalmente como enclave em um sintagma onde parecem estranhas; exemplo: no meio de uma sequência relativa aos perseguidores, uma imagem única dos perseguidos) e enfim insertos explicativos (detalhe aumentado, efeito de lupa; o motivo é subtraído de seu espaço empírico e colocado no espaço abstrato de uma intelecção). Todas estas espécies de imagens só são insertos quando apresentadas uma só vez, e no meio de um sintagma estranho. Mas se elas são organizadas em série e apresentadas em alternância com uma outra série, dão lugar a um sintagma alternante (é um exemplo fílmico de *transformação*).

Diégese e filme

Estes seis grandes tipos sintagmáticos só podem ser descobertos *em relação* à diégese, mas *dentro* do filme. Correspondem a *elementos* de diégese, não à "diégese" simplesmente. Esta última é o *significado remoto* do filme tomado em bloco, enquanto os elementos de diégese são os *significados próximos* de cada segmento fílmico. Falar *diretamente* da diégese (como se faz nos cineclubes) não nos dará jamais a decupagem sintagmática do filme, porque assim se volta a examinar significados sem ter em conta seus significantes. Inversamente, querer delimitar unidades sem levar em conta o *todo* da diégese (como nas "mesas de montagem" de certos teóricos da época do cinema mudo), é operar sobre significantes sem significados, pois o próprio do filme narrativo é narrar. O significado *próximo* de cada segmento fílmico está unido a este mesmo segmento por indissolúveis laços de reciprocidade semiológica (*princípio da comutação*) e apenas um vaivém metódico da instância *fílmica* (significante) à instância *diegética* (significado) dá-nos alguma oportunidade de dividir algum dia o filme de maneira não muito contestável.

Christian Metz

Sintagmática e montagem

Cada um dos seis grandes tipos sintagmáticos – ou antes cada um dos cinco primeiros, porque para o plano autônomo o problema não se coloca – pode-se realizar de duas maneiras: seja pelo recurso à *montagem propriamente dita* (como era o caso mais frequente no cinema antigo), seja pelo recurso a *formas de agenciamento sintagmático mais sutis* (como é o caso frequente no cinema moderno). Agenciamentos que evitam a *colagem* (= filmagem em continuidade, planos longos, planos-sequência, etc.) não deixam de ser construções *sintagmáticas*, atividades de montagens no sentido amplo, como bem o mostrou Jean Mitry. Se é verdade que a montagem concebida como manipulação irresponsável, mágica e todo-poderosa está ultrapassada, a montagem como *construção de uma inteligibilidade por meio de "aproximações" diversas* não está de maneira nenhuma "ultrapassada", porque o filme é de toda maneira *discurso* (isto é, lugar de concorrência de diversos elementos atualizados).

Exemplo: uma descrição pode-se realizar em um só "plano", fora de toda montagem, por simples movimentos de aparelho: a estrutura inteligível reunindo diferentes *motivos* apresentados será a mesma que a que reúne os diferentes planos de um sintagma descritivo clássico. A montagem propriamente dita representa uma forma *elementar* da grande sintagmática do filme, pois cada "plano" isola em princípio um motivo único: por este fato as *relações entre motivos coincidem com relações entre planos*, o que torna a análise mais fácil do que nas formas *complexas* (e culturalmente "modernas") da sintagmática cinematográfica.

Consequência: uma análise mais intensa da sintagmática dos filmes *modernos* exigiria que se revisse o estatuto do *plano autônomo* (= o sexto de nossos grandes tipos), porque ele é *suscetível de conter os cinco primeiros*.

Conclusão

Existe uma organização da linguagem cinematográfica, uma espécie de "gramática" do filme. Ela não é arbitrária (contrariamente às verdadeiras gramáticas) e não é imutável (evolui mesmo mais rápido que as verdadeiras gramáticas).

A noção de "gramática cinematográfica" é hoje muito depreciada; tem-se a impressão de que não existe mais. Mas é porque *não foi procurada no lugar onde era necessária*. Fez-se sempre referência implicitamente à *gramática normativa de línguas particulares* (= línguas maternas dos teóricos do cinema), enquanto que o fenômeno linguístico e gramatical é infinitamente mais vasto e concerne *às grandes figuras fundamentais da transmissão de toda informação*. Somente a linguística *geral e a semiologia geral* (disciplinas não-normativas, simplesmente analíticas) podem fornecer ao estudo da linguagem cinematográfica "modelos" metodológicos apropriados. Não é suficiente, pois, constatar que não existe nada no cinema que corresponda à proposição consecutiva francesa ou ao advérbio latino, que são fenômenos linguísticos infinitamente particulares, não necessários, não universais. O diálogo entre o teórico do cinema e o semiólogo não se pode estabelecer senão em um ponto situado contra a corrente das especificações idiomáticas ou destas prescrições conscientemente obrigatórias. O que precisa ser compreendido é o fato de que os filmes sejam compreendidos. A analogia icônica não saberia dar conta sozinha desta inteligibilidade das concorrências no discurso fílmico. Aí está a tarefa de uma grande sintagmática.

As categorias da narrativa literária

Tzvetan Todorov
École Pratique des Hautes Études, Paris.

Estudar a "literalidade" e não a literatura: é a fórmula que, há cerca de cinquenta anos, assinalou a aparição da primeira tendência moderna nos estudos literários, o Formalismo russo. Esta frase de Jakobson quer redefinir o objeto da pesquisa; entretanto desprezou-se por bastante tempo sua verdadeira significação. Pois ela não visa a substituir um estudo imanente de enfoque transcendente (psicológico, sociológico ou filosófico) que reinava até então: em nenhum caso limita-se à descrição de uma obra, o que não poderia além disso ser o objetivo de uma ciência (e é mesmo de uma ciência de que se trata). Seria mais justo afirmar que, em lugar de projetar a obra sobre um outro tipo de discurso, ela é projetada aqui sobre o discurso literário. Estuda-se não a obra, mas as virtualidades do discurso literário, que o tornaram possível: é assim que os estudos literários poderão tornar-se uma ciência da literatura.

SENTIDO E INTERPRETAÇÃO. Mas do mesmo modo que para conhecer a linguagem deve-se primeiro estudar as línguas, para ter-se acesso ao discurso literário, devemos tomá-lo em obras concretas. Um problema apresenta-se aqui: como escolher entre as múltiplas significações, que surgem no curso da leitura, as que se ligam à literalidade? Como isolar o domínio do que é propriamente literário, deixando à psicologia e à história o que lhes pertence?

Para facilitar este trabalho de descrição, propusemo-nos a definir duas noções preliminares: o *sentido* e a *interpretação*.

O sentido (ou a função) de um elemento da obra é sua possibilidade de entrar em correlação com outros elementos desta obra e com a obra inteira[1]. O sentido de uma metáfora é o de se opor a tal outra imagem ou de ser mais intensa que ela em um ou muitos graus. O sentido de um monólogo pode caracterizar um personagem. É o sentido dos elementos da obra em que pensava Flaubert quando escrevia: "Não há no meu livro uma descrição isolada, gratuita; todas servem a meus personagens e têm influência longínqua ou imediata sobre a ação." Cada elemento da obra tem um ou muitos sentidos (salvo se esta é deficiente), que são em número finito e que é possível estabelecer uma vez por todas.

O mesmo não se dá com a interpretação. A interpretação de um elemento da obra é diferente segundo a personalidade do crítico, suas posições ideológicas, segundo a época. Para ser interpretado, o elemento é incluído em um sistema que não é o da obra, mas o do crítico. A interpretação de uma metáfora pode ser, por exemplo, uma conclusão sobre as pulsões de morte do poeta ou sobre sua atração por tal "elemento" da natureza mais que por tal outro. O mesmo monólogo pode então ser interpretado como uma negação da ordem existente ou, digamos, como se questionasse a condição humana. Estas interpretações podem ser justificadas e elas são, de todas as maneiras, necessárias; mas não esqueçamos que se trata de interpretações.

O SENTIDO DA OBRA. Mas então, dir-nos-ão, em que se transforma a obra ela mesma? Se o sentido de cada elemento reside na

---

1. Cf. TYNIANOV. "De l'evolution littéraire", p. 123; aqui, como sempre neste texto, as citações dos formalistas russos remetem à coletânea *Théorie de Littérature*, Ed. Du Seuil, 1965, que indicaremos daqui em diante por TL.

219

possibilidade de integrar-se em um sistema que é a obra, esta última teria um sentido?

Caso se decida que a obra é a maior unidade literária, é evidente que a questão do sentido da obra não tem sentido. Para ter um sentido, a obra deve ser incluída em um sistema superior. Se não se faz isto, é necessário confessar que a obra não tem sentido. Ela só se relaciona com ela mesma, é pois um *index sui*, ela indica-se a si própria sem enviar a nenhum outro lugar.

Mas é uma ilusão crer que a obra tem uma existência independente. Ela aparece em um universo literário povoado pelas obras já existentes e é aí que ela se integra. Cada obra de arte entra em relações complexas com as obras do passado que formam, segundo as épocas, diferentes hierarquias. O sentido de *Madame Bovary* é o de se opor à literatura romântica. Quanto à sua interpretação, ela varia segundo as épocas e as críticas.

Nossa tarefa aqui é propor um sistema de noções que poderão servir ao estudo do discurso literário. Limitamo-nos, de um lado, às obras em prosa e, de outro, a um certo nível de generalidade na obra: o da narrativa. Apesar de ser a maior parte do tempo o elemento dominante na estrutura das obras em prosa, a narrativa não é entretanto o único. Entre as obras particulares que analisaremos, voltaremos mais frequentemente a *Les liaisons dangereuses*.

HISTÓRIA E DISCURSO. Em nível mais geral, a obra literária tem dois aspectos: ela é ao mesmo tempo uma história e um discurso. Ela é história, no sentido em que evoca uma certa realidade, acontecimentos que teriam ocorrido, personagens que, deste ponto de vista, se confundem com os da vida real. Esta mesma história poderia ter-nos sido relatada por outros meios; por um filme, por exemplo; ou poder-se-ia tê-la ouvido pela narrativa oral de uma testemunha, sem que fosse expressa em um livro. Mas a obra é, ao mesmo tempo, discurso: existe um narrador que relata a história; há diante dele um leitor que a percebe. Neste nível, não são os acontecimentos relatados que contam, mas a maneira pela qual o narrador nos fez conhecê-los. As noções de história e de discurso foram definitivamente introduzidas nos estudos da linguagem após sua formulação categórica por E. Benveniste.

São os formalistas russos que, primeiro, isolaram estas duas noções que chamaram fábula ("o que efetivamente ocorreu") e assunto ("a maneira pela qual o leitor toma conhecimento disto") (TOMACHEVSKI, TL, p. 268). Mas Laclos já havia sentido bem a existência destes dois aspectos da obra, e escreveu duas introduções: o Prefácio do Redator introduz-nos à história, a Advertência do Editor, ao discurso. Chklovski declarava que a história não é um elemento artístico, mas um material pré-literário; somente o discurso era para ele uma construção estética. Acreditava pertinente, para a estrutura da obra, o fato de que o desenlace fosse colocado antes do nó da intriga; mas não o fato que o herói realize tal ato em lugar de tal outro (na prática os formalistas estudavam um e outro). Entretanto os dois aspectos, a história e o discurso, são todos os dois igualmente literários. A retórica clássica ter-se-ia ocupado dos dois: a história originar-se-ia da *inventio*, o discurso da *dispositio*.

Trinta anos mais tarde, em uma crise de arrependimento, o mesmo Chklovski passava de um extremo a outro, afirmando: "É impossível e inútil separar a parte circunstancial de seu encadeamento composicional, pois trata sempre da mesma coisa: o conhecimento do fenômeno" (*O xudozhestvennoj proze*, p. 439). Esta afirmação nos parece tão inadmissível como a primeira: é esquecer que a obra tem dois aspectos e não apenas um. É verdade que não é sempre fácil distingui-los, mas não cremos que, para compreender a unidade mesma da obra, seja necessário isolar estes dois aspectos. É o que vamos tentar aqui.

I. A narrativa como história

Não é necessário crer que a história corresponda a uma ordem cronológica ideal. É suficiente que haja mais de um personagem para que esta ordem ideal se torne extremamente afastada da história "natural". A razão disto é que, para salvaguardar esta ordem, deveríamos saltar a cada frase de um personagem para outro para dizer o que este segundo personagem fazia "durante este tempo". Pois a história raramente é simples: contém frequentemente muitos "fios" e é apenas a partir de um certo momento que estes fios se reúnem.

A ordem cronológica ideal é antes um processo de apresentação, tentado nas obras recentes, e não é a ele que nos referimos falando da história. Esta noção corresponde antes a uma exposição pragmática do que se passou. A história é, pois, uma convenção, ela não existe no nível dos próprios acontecimentos. O relato de um agente de polícia sobre um *fait divers* segue precisamente as normas desta convenção, expõe os acontecimentos o mais claramente possível (enquanto o escritor que daí tira a intriga de sua narrativa passará em silêncio tal detalhe importante que nos será revelado apenas no fim). Esta convenção está tão largamente difundida, que a deformação particular feita pelo escritor na sua apresentação dos acontecimentos é confrontada precisamente com ela e não com a ordem cronológica. A história é uma abstração, pois ela é sempre percebida e narrada por alguém, não existe "em si".

Distinguiremos, não nos afastando nisto da tradição, dois níveis de história.

a) Lógica das ações

Tentemos, para começar, considerar as ações em uma narrativa por elas mesmas, sem levar em conta a relação que elas mantêm com os outros elementos. Que herança nos legou aqui a poética clássica?

As REPETIÇÕES. Todos os comentários sobre a "técnica" da narrativa apoiam-se sobre uma simples observação: em toda obra, existe uma tendência à repetição, que concerne à ação, aos personagens ou mesmo a detalhes da descrição. Esta lei da repetição, cuja extensão ultrapassa de muito a obra literária, precisa-se em muitas formas particulares que levam o mesmo nome (e justificadamente) que certas figuras retóricas. Uma destas formas seria por exemplo, a antítese, contraste que pressupõe, para ser percebido, uma parte idêntica em cada um dos dois termos. Pode-se dizer que, em *Les liaisons dangereuses*, é a sucessão das cartas que obedece ao contraste: as diferentes histórias devem-se alternar, as cartas sucessivas não concernem ao mesmo personagem; se elas são escritas pela mesma pessoa, haverá uma oposição no conteúdo ou no tom.

Uma outra forma de repetição é a *gradação*. Quando uma relação entre os personagens permanece idêntica durante muitas páginas, um perigo de monotonia espreita suas cartas. É, por exemplo, o caso de Mme. de Tourvel. Ao longo da segunda parte, suas cartas exprimem o mesmo sentimento. A monotonia é evitada graças à gradação: cada uma de suas cartas dá um indício suplementar, de seu amor por Valmont, de modo que a confissão de seu amor (1.90) vem como uma consequência lógica do que precede.

Mas a forma que é de longe a mais difundida do princípio de identidade é o que se chama comumente o *paralelismo*. Todo paralelismo é constituído por duas sequências ao menos, que comportam elementos semelhantes e diferentes. Graças aos elementos idênticos, as dissemelhanças encontram-se acentuadas: a linguagem, nós o sabemos, funciona antes de tudo através das diferenças.

Podem-se distinguir dois tipos principais de paralelismo: o dos fios da intriga, que trata das grandes unidades da narrativa; e o das fórmulas verbais (os "detalhes"). Citemos alguns exemplos do primeiro tipo. Um desses desenhos confronta os casais Valmont-Tourvel e Danceny-Cécile. Por exemplo, Danceny faz a corte a Cécile, solicitando o direito de escrever-lhe; Valmont conduz seu flerte da mesma maneira. Por outro lado, Cécile recusa a Danceny o direito de escrever-lhe, exatamente como Tourvel o faz para Valmont. Cada um dos participantes é caracterizado mais nitidamente graças a esta comparação: os sentimentos de Tourvel contrastam com os de Cécile, e acontece o mesmo quanto a Valmont e Danceny.

Outro desenho paralelo concerne aos casais Valmont-Cécile e Merteuil-Danceny; ele serve menos à característica dos heróis que à composição do livro, pois sem isto Merteuil permaneceria sem ligação importante com os outros personagens. Pode-se destacar aqui que um dos raros defeitos na composição do romance é esta fraca integração de Mme. de Merteuil na rede das relações entre os personagens; assim não temos provas suficientes de seu encanto feminino que representa entretanto um papel tão importante no desenlace (nem Belleroche nem Prévan estão diretamente presentes no romance).

O segundo tipo de paralelismo apoia-se sobre uma semelhança entre fórmulas verbais articuladas em circunstâncias idênticas. Eis, por exemplo, como Cécile termina uma de suas cartas: "É preciso que eu termine, pois já é quase uma hora; assim M. de Valmont não deve tardar" (1.109). Mme. de Tourvel conclui a sua de uma maneira semelhante: "Desejaria em vão escrever-lhe durante mais tempo; eis a hora em que ele (Valmont) prometeu vir, e qualquer outra ideia me abandona" (1.132). Aqui as fórmulas e as situações semelhantes (duas mulheres esperam seu amante que é a mesma pessoa) acentuam a diferença nos sentimentos das duas amantes de Valmont e representa uma acusação indireta contra ele.

Poder-se-ia fazer a objeção de que uma tal semelhança arrisca-se fortemente a passar despercebida, sendo as duas passagens separadas às vezes por dezenas ou mesmo por centenas de páginas. Mas uma tal objeção só concerne a um estudo situado no nível da percepção; enquanto nós nos colocamos constantemente no da obra. É perigoso identificar a obra com sua percepção em um indivíduo; a boa leitura não é a do "leitor médio", mas a melhor leitura possível.

Estas observações sobre as repetições são bem familiares à poética tradicional. Mas não há necessidade de dizer que a rede abstrata, por ela própria, é de uma tal generalidade que poderia dificilmente caracterizar este ou aquele tipo de narrativa. Por outro lado, este enfoque é demasiado "formalista": ele só se interessa por uma relação formal entre as diferentes ações, sem levar absolutamente em conta a natureza dessas ações. De fato, a oposição não está propriamente entre um estudo das "relações" e um estudo das "essências", mas entre dois níveis de abstração, e o primeiro revela-se como demasiadamente elevado.

Existe uma outra alternativa para descrever a lógica das ações: aqui ainda se estudam as relações que elas entretêm, mas o grau de generalidade é muito menos elevado, e as ações são caracterizadas de mais perto. Pensamos, evidentemente, no estudo do conto popular e do mito. A pertinência destas análises para o estudo da narrativa literária é certamente maior do que se pensa habitualmente.

O estudo estrutural do folclore data de muito pouco tempo, e não se pode dizer que, no momento atual, se tenha feito um acordo sobre a maneira pela qual se deve proceder para analisar uma narrativa. Pesquisas ulteriores provarão o maior ou menor valor dos modelos atuais. De nossa parte limitar-nos-emos aqui, à guisa de ilustração, a aplicar dois modelos diferentes à história central de *Les liaisons dangereuses* para discutir as possibilidades do método.

O MODELO TRIÁDICO. O primeiro método que exporemos é uma simplificação da concepção de C. Bremond (cf. "*Le message narratif*", Communications, 4). Segundo esta concepção, a narrativa inteira é constituída pelo encadeamento ou encaixamento de micronarrativas. Cada uma destas micronarrativas é composta de três (ou por vezes de dois) elementos cuja presença é obrigatória. Todas as narrativas do mundo seriam constituídas, segundo esta concepção, por diferentes combinações de uma dezena de micronarrativas de estrutura estável, que corresponderiam a um pequeno número de situações essenciais na vida: poder-se-ia designá-los por palavras como "trapaça", "contrato", "proteção", etc.

Assim a história das relações entre Valmont e Tourvel pode ser apresentada como se segue:

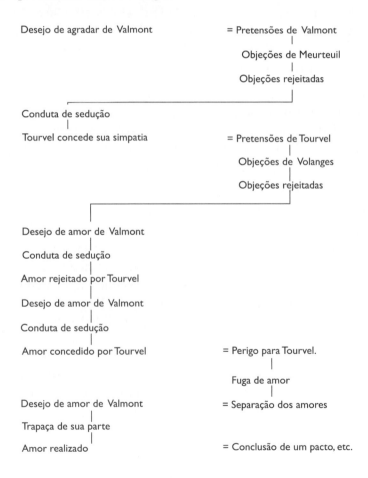

As ações que compõem cada tríade são relativamente homogêneas e se deixam facilmente isolar das outras. Destacam-se três tipos de tríades: o primeiro concerne à tentativa (frustrada ou realizada) de concretizar um projeto (as tríades da esquerda); o segundo, uma "pretensão"; terceiro, um perigo.

O MODELO HOMOLÓGICO. Antes de tirar uma conclusão qualquer desta primeira análise, procederemos a uma segunda, fundada também sobre os métodos correntes de análise do folclore e, mais particularmente, da análise dos mitos. Seria injusto atribuir este modelo a Lévi-Strauss, pois, por ter-lhe dado uma primeira imagem, este autor não pode ser considerado responsável pela fórmula simplificada que apresentaremos aqui. Segundo este, supõe-se que a narrativa representa a projeção sintagmática de uma rede de relações paradigmáticas. Descobre-se pois no conjunto da narrativa uma dependência entre certos elementos, e procura-se encontrá-la na sucessão. Esta dependência é, na maior parte dos casos, uma "homologia", isto é, uma relação proporcional de quatro termos (A:B:a:b). Pode-se também proceder na ordem inversa: tentar dispor de diferentes maneiras os acontecimentos que se sucedem, para descobrir, a partir das relações que se estabelecem, a estrutura do universo representado. Procederemos aqui desta segunda maneira e, na falta de princípio já estabelecido, contentar-nos-emos com uma sucessão direta e simples.

As proposições que inscrevemos no quadro que se segue resumem o mesmo fio de intriga: as relações Valmont-Tourvel até à queda de Tourvel. Para este fio, é necessário ler as linhas horizontais que representam o aspecto sintagmático da narrativa. Em seguida compararemos as proposições colocadas uma sob a outra (em uma mesma coluna, presumida paradigma) e procuremos seu denominador comum.

Valmont deseja agradar	Tourvel deixa-se admirar	Merteuil tenta pôr obstáculo ao primeiro desejo	Valmont rejeita os conselhos de Merteuil
Valmont procura seduzir	Tourvel concede-lhe sua simpatia	Volanges tenta colocar obstáculo à simpatia	Tourvel rejeita os conselhos de Volanges
Valmont declara seu amor	Tourvel resiste	Valmont persegue-a obstinadamente	Tourvel rejeita o amor
Valmont procura novamente seduzir	Tourvel concede-lhe seu amor	Tourvel foge diante do amor	Valmont rejeita na aparência o amor
O amor é realizado...			

Procuremos agora o denominador comum de cada coluna. Todas as proposições da primeira concernem à atitude de Valmont em relação a Tourvel. Inversamente, a segunda coluna concerne exclusivamente a Tourvel e caracteriza seu comportamento diante de Valmont. A terceira coluna não tem um sujeito por denominador comum, mas todas as proposições descrevem atos, no sentido forte da palavra. Enfim, a quarta possui um predicado comum, é a rejeição, a recusa (na última linha, é uma rejeição fingida). Os dois membros de cada par encontram-se em uma relação quase antitética, e podemos construir a proposição:

Valmont, Tourvel, os atos: a rejeição dos atos

Esta apresentação parece sobretudo justificada na medida em que indica corretamente a relação geral entre Valmont e Tourvel, a única ação brusca de Tourvel, etc.

Diversas conclusões impõem-se a partir destas análises:

1) Parece evidente que, na narrativa, a sucessão das ações não é arbitrária, mas obedece a uma certa lógica. A aparição de um projeto provoca a aparição de um obstáculo, o perigo provoca uma resistência ou uma fuga, etc. É muito possível que estes esquemas de

base sejam em número limitado e que se possa representar a intriga de qualquer narrativa como uma derivação deles. Não estamos seguros que seja necessário preferir uma divisão à outra, e não estava em nosso projeto tentar decidi-lo, a partir de um único exemplo. As pesquisas empreendidas pelos especialistas do folclore (sobre o modelo triádico, cf., aqui mesmo, C. Bremond; sobre o modelo homológico, cf. aqui mesmo, P. Maranda) mostrarão qual é o mais apropriado à análise das formas simples da narrativa.

O conhecimento dessas técnicas e dos resultados obtidos graças a elas é necessário para a compreensão da obra. Saber que tal sucessão de ações parte dessa lógica permite-nos não lhe procurar uma outra justificação na obra. Mesmo se um autor não obedece a esta lógica, devemos conhecê-la: sua desobediência toma todo seu sentido precisamente em relação à norma que esta lógica impõe.

2) O fato que, segundo o modelo escolhido, obtemos um resultado diferente a partir da mesma narrativa é um pouco inquietante. Revela-se de um lado que esta mesma narrativa pode ter muitas estruturas; e as técnicas em questão não nos oferecem critério algum para escolher uma delas. Por outro lado, certas partes da narrativa são apresentadas, nos dois modelos, por proposições diferentes; entretanto em cada caso permanecemos fiéis à história. Esta maleabilidade da história nos adverte de um perigo: se a história permanece a mesma, embora modifiquemos algumas de suas partes, é que estas não são verdadeiras partes. O fato de que no mesmo lugar da cadeia apareça uma vez "pretensões de Valmont", e uma outra, "Tourvel deixa-se admirar", assinala-nos uma margem perigosa de arbitrário e mostra que não podemos estar seguros do valor dos resultados obtidos.

3) Um defeito de nossa demonstração prende-se à qualidade do exemplo escolhido. Um tal estudo das ações apresenta-as como um elemento independente da obra; privamo-nos assim da possibilidade de reuni-las aos personagens. Ora *Les liaisons dangereuses*

participa de um tipo de narrativa que se poderia chamar "psicológica" e na qual estes dois elementos estão muito estreitamente ligados. Não seria o caso do conto popular nem mesmo das novelas de Boccacio em que o personagem não é mais, na maior parte do tempo, que um nome que permite reunir as diferentes ações (aí se encontra o campo de aplicação por excelência dos métodos destinados ao estudo da lógica por ações). Veremos mais adiante como é possível aplicar as técnicas discutidas aqui às narrativas do tipo de *Les liaisons dangereuses*.

b) *Os personagens e suas relações.*

"O herói não é necessário à história. A história como sistema de motivos pode inteiramente dispensar o herói e seus traços característicos", escreve Tomachevski (TL, p. 296). Esta afirmação nos parece, entretanto, relacionar-se de preferência às histórias anedóticas ou, quando muito, às novelas do Renascimento do que à literatura ocidental clássica que se estende de D. Quixote ao Ulisses. Nesta literatura, o personagem parece-nos representar um papel de primeira ordem e é a partir dele que se organizam os outros elementos da narrativa. Não é, entretanto, o caso em certas tendências da literatura moderna em que o personagem desempenha novamente um papel secundário.

O estudo do personagem coloca múltiplos problemas que estão ainda longe de ser resolvidos. Vamo-nos deter sobre um tipo de personagem que é relativamente o melhor estudado: o que é caracterizado exaustivamente por suas relações com os outros personagens. Não é preciso crer que, pelo fato de que o sentido de cada elemento da obra equivale ao conjunto de suas relações com os outros, todo personagem se defina inteiramente por suas relações com os outros personagens. É, entretanto, o caso para um tipo de literatura e notadamente para o drama. É a partir do drama que E. Souriau tirou um primeiro modelo das relações entre personagens; nós o utilizaremos na forma que lhe deu A.J. Greimas. *Les liaisons dangereuses*, romance por cartas, aproxima-se em muitos pontos de vista do drama e este modelo permanece válido para ele.

Os PREDICADOS DE BASE. À primeira vista, estas relações podem parecer muito diversas, por causa do grande número de personagens, mas percebe-se rapidamente que é fácil reduzi-las a três apenas: desejo, comunicação e participação. Comecemos pelo desejo que é atestado em quase todos os personagens. Na sua forma mais difundida, que se poderia designar de "amor", é encontrado em Valmont (para com Tourvel, Cécile, Merteuil, a Viscondessa, Emilie), em Merteuil (para com Belleroche, Prévan, Danceny), em Tourvel, Cécile e Danceny. O segundo eixo, menos evidente, mas também tão importante, é o da comunicação, e ele se realiza na "confidência". A presença desta relação justifica as cartas francas, abertas, ricas de informação, como se espera entre confidentes. Assim, na maior parte do livro, Valmont e Merteuil encontram-se em relação de confidência. Tourvel tem como confidente Mme. de Rosemonde; Cécile, primeiro Sophie, depois Merteuil. Danceny confia-se a Merteuil e a Valmont, Volanges a Merteuil, etc. Um terceiro tipo de relação é a que se pode chamar a participação, que se realiza pela "ajuda". Por exemplo, Valmont ajuda Merteuil em seus projetos; Merteuil ajuda primeiro o casal Danceny-Cécile, mais tarde Valmont em suas relações com Cécile. Danceny ajuda também no mesmo sentido, embora involuntariamente. Esta terceira relação está presente muito menos frequentemente e aparece como um eixo subordinado ao eixo do desejo.

Estas três relações possuem uma generalidade muito grande, pois estão já presentes na formulação deste modelo, tal qual a deu A.J. Greimas. Não queremos, entretanto, afirmar que seja necessário reduzir todas as relações humanas, em todas as narrativas, a estas três. Seria uma redução excessiva que nos impediria de caracterizar um tipo de narrativa precisamente pela presença destas três relações. Cremos, em oposição, que as relações entre personagens, em toda narrativa, podem sempre ser reduzidas a um pequeno número e que esta rede de relações tem um papel fundamental para a estrutura da obra. É nisto que se justifica nosso intento.

Dispomos, pois, de três predicados que designam relações de base. Todas as outras relações podem-se derivar destas três, com a ajuda de duas *regras de derivação*. Uma tal regra formaliza a relação entre um predicado de base e um predicado derivado. Preferimos esta maneira de apresentar as relações entre predicados à simples enumeração, porque aquela é logicamente mais simples e porque, por outro lado, dá corretamente conta da transformação dos sentimentos, que se produz no correr da narrativa.

A REGRA DE OPOSIÇÃO. Chamaremos a primeira regra, cujos produtos estão mais difundidos, regra de oposição. Cada um dos três predicados possui um predicado oposto (noção mais estreita que a negação). Estes predicados opostos estão menos frequentemente presentes que seus correlatos positivos; e isto é motivado naturalmente pelo fato de que a presença de uma carta é já o signo de uma relação amigável. Assim o oposto do amor, o ódio, é mais um pretexto, um elemento preliminar, que uma relação bem explicitada. Pode-se destacar na Marquesa, para com Gercourt; em Valmont, para com Mme. de Volanges; em Danceny, para com Valmont. Trata-se sempre de um móvel, e não de um ato presente.

A relação que se opõe à confidência é mais frequente, embora permaneça igualmente implícita: é a ação de tornar um segredo público, de exibi-lo. A narrativa sobre Prévan, por exemplo, é fundada inteiramente sobre o direito de prioridade de narrar o acontecimento. Do mesmo modo, a intriga geral será resolvida por um gesto semelhante: Valmont, depois Danceny, publicarão as cartas da Marquesa, e isto será sua mais grave punição. De fato, este predicado está presente mais frequentemente do que se pensa, embora permaneça latente: o perigo de se fazer conhecer pelas pessoas determina uma grande parte dos atos de quase todos os personagens. É diante deste perigo, por exemplo, que Cécile cederá às investidas de Valmont. É neste sentido também que é conduzida uma grande parte da educação de Mme. de Merteuil. É com este objetivo que Valmont e Merteuil procuram constantemente apoderar-se das cartas comprometedoras (de Cécile): está aí o melhor meio de prejudicar Gercourt. Em Mme. de Tourvel, este predicado sofre uma transformação pessoal: nela, o medo do comentário dos outros é interiorizado e manifesta-se na importância que dá à sua própria consciência. Assim, no final do livro, pouco antes de sua morte, ela não lamentará o amor perdido, mas a violação das leis de sua consciência, que equivalem, no final das contas, à opinião pública, às palavras dos outros: "Enfim falando-me da maneira cruel pela qual havia sido sacrificada, acrescentou: 'Eu me acreditava disposta a morrer por causa disto, e tinha coragem de fazê-lo; mas sobreviver à minha infelicidade e à minha vergonha é o que me é impossível'" (1.149).

Enfim o ato de ajudar encontra seu contrário no de impedir, de se opor. Assim Valmont põe obstáculo às ligações de Merteuil com Prévan e de Danceny com Cécile, Mme. de Volanges aos mesmos.

A REGRA DO PASSIVO. Os resultados da segunda derivação a partir dos três predicados de base estão menos difundidos; correspondem à passagem da voz ativa à voz passiva, e podemos chamar esta regra de regra de passivo. Assim Valmont deseja Tourvel mas é também desejado por ela; ele odeia Volanges e é odiado por Danceny; ele se confia a Merteuil e é confidente de Danceny; torna pública sua aventura com a Viscondessa, mas Volanges apregoa suas próprias ações; ajuda Danceny e, ao mesmo tempo, é ajudado por este último a conquistar Cécile; opõe-se a certas ações de Merteuil e, ao mesmo tempo, sofre a oposição vinda da parte de Volanges ou de Merteuil. Em outras palavras, cada ação tem um sujeito e um objeto; mas contrariamente à transformação linguística ativa-passiva, não as trocaremos aqui de lugar: só o verbo passa para a voz passiva. Tratamos todos os nossos predicados como verbos transitivos.

Assim chegamos a doze relações diferentes que encontramos no curso da narrativa, e que descrevemos com a ajuda de três predicados de base e de duas regras de derivação. Notamos aqui que estas duas regras não têm exatamente a mesma função: a regra de oposição serve para engendrar uma proposição que não pode ser expressa de outra maneira (por exemplo, *Merteuil impede Valmont* a partir de *Merteuil ajuda Valmont*); a regra do passivo serve para mostrar o parentesco de duas proposições já existentes (por exemplo, Valmont ama Tourvel e Tourvel ama Valmont: esta última é apresentada, graças à nossa regra, como uma derivação da primeira, sob a forma *Valmont é amado por Tourvel*).

O SER E O PARECER. Esta descrição das relações fazia abstração de sua encarnação em um personagem. Se os observamos sob este ponto de vista veremos que uma outra distinção está presente em todas as relações enumeradas. Cada ação pode primeiramente parecer amor, confidência, etc., mas pode em seguida revelar-se como uma relação totalmente diferente, de ódio, de oposição e assim sucessivamente. A aparência não coincide necessariamente com a essência da relação, embora se trate da mesma pessoa e do mesmo momento. Podemos, pois, postular a existência de dois níveis de relações, o de ser e o de parecer. (Não esqueçamos que estes termos concernem à percepção dos personagens e não a nossa.) A existência destes dois níveis é consciente em Merteuil e Valmont, e eles utilizam a hipocrisia para chegar a seus fins. Merteuil é aparentemente a confidente de Mme. de Volanges e de Cécile, mas de fato serve-se delas para vingar-se de Gercourt. Valmont age do mesmo modo com Danceny.

Os outros personagens apresentam também certa duplicidade nas suas relações; ela se explica desta vez não pela hipocrisia, mas pela má-fé ou pela ingenuidade. Assim Tourvel ama Valmont, mas não ousa confessá-lo a si mesma e o dissimula sob a aparência da confidência. O mesmo com Cécile, o mesmo com Danceny (nas suas relações com Merteuil). Isto nos leva a postular a existência de um novo predicado que só aparece neste grupo de vítimas e que se situa no nível secundário em relação aos outros: é o de tomar consciência, de perceber. Designará a ação que se produz quando um personagem se dá conta de que a relação que tem com outro personagem não é a que acreditava ter.

AS TRANSFORMAÇÕES PESSOAIS. Chamamos com o mesmo nome – dizemos "amor" ou "confidência" – sentimentos que experimentam personagens diferentes e que têm frequentemente teor desigual. Para encontrar os matizes, podemos introduzir a noção de *transformação pessoal* de uma relação. Já assinalamos a transformação que sofre o medo da divulgação em Mme. de Tourvel. Um outro exemplo é-nos fornecido pela realização do amor em Valmont e Merteuil. Estes personagens decompuseram previamente, poder-se-ia dizer, o sentimento de amor, e descobriram aí um desejo de possessão e ao mesmo tempo uma submissão ao objeto amado: guardaram disto apenas a primeira metade, o desejo de possessão. Este desejo, uma vez satisfeito, é seguido pela indiferença. Tal é a conduta de Valmont com todas as suas amantes, tal é também a de Merteuil.

Façamos agora um rápido balanço. Para descrever o universo dos personagens, temos aparentemente necessidade de noções. Há em primeiro lugar os predicados, noção funcional, tal como "amar", "confiar-se", etc. Há, por outro lado, personagens: Valmont, Merteuil, etc. Estes podem ter duas funções: ou ser os sujeitos, ou ser os objetos das ações descritas pelos predicados. Empregaremos o termo genérico de agente para designar simultaneamente o sujeito e o objeto da ação. No interior de uma obra, os agentes e os predicados são unidades estáveis, o que varia são as combinações de dois grupos. Enfim, a terceira noção é a das regras de derivação: estas descrevem as relações entre os diferentes predicados. Mas a descrição que podemos fazer com a ajuda destas noções permanece puramente estática; a fim de poder descrever o movimento destas relações e, por aí, o movimento da narrativa, introduziremos uma nova série de regras que chamaremos, para distingui-las das regras de derivação, *regras de ação*.

REGRAS DE AÇÃO. Estas regras terão como dados de partida os agentes e os predicados dos quais falamos e que se encontram já em uma certa relação; elas prescreverão, como resultado final, as novas relações que se devem instaurar entre os agentes. Para ilustrar esta nova noção, formularemos algumas das regras que regem *Les liaisons dangereuses*.

As primeiras regras tratarão do eixo do desejo.

R1) Sejam A e B dois agentes, e que A ama B. Então, A age de maneira que a transformação passiva deste predicado (isto é a proposição "A é amado por B") se realiza também.

A primeira regra visa a refletir as ações dos personagens que estão apaixonados ou fingem-no. Assim Valmont, apaixonado por Tourvel, faz tudo para que esta comece a amá-lo por sua vez. Danceny, apaixonado por Cécile, procede da mesma maneira; do mesma modo Merteuil ou Cécile.

Recorde-se que introduzimos, na discussão precedente, uma distinção entre o sentimento aparente e o sentimento verdadeiro que experimenta um personagem por um outro, entre o parecer e o ser. Teremos necessidade desta distinção para formular nossa regra seguinte.

R2) *Sejam A e B dois agentes, e que A ama B em nível do ser, mas não no do parecer. Se A toma consciência em nível do ser, age contra este amor.*

Um exemplo da aplicação desta regra é-nos fornecido pelo comportamento de Mme. de Tourvel, quando toma consciência de que está apaixonada por Valmont: deixa bruscamente o castelo e torna-se, ela mesma, um obstáculo à realização deste sentimento. O mesmo ocorre com Danceny quando descobre estar apenas em uma relação de confidência com Merteuil: mostrando-lhe que é um amor idêntico ao que tem por Cécile, Valmont leva-o a renunciar a esta nova ligação. Já notamos que a "revelação" presumida por esta regra é o privilégio de um grupo de personagens que podemos denominar os "fracos". Valmont e Merteuil que não fazem parte destes não têm possibilidade de "tomar consciência" de uma diferença entre os dois níveis, pois não perderam jamais esta consciência.

Passemos agora às relações que designamos pelo nome genérico de participação. Formularemos aqui a regra seguinte:

R3) *Sejam A, B e C três agentes, e que A e B tenham uma certa relação com C. Se A toma consciência que a relação B-C é idêntica à relação A-C, ele agirá contra B.*

Notamos, para começar, que esta regra não reflete uma ação que "é evidente": A poderia agir contra C. Podemos dar-lhe muitas ilustrações. Danceny ama Cécile e acredita que Valmont seja confidente dela; desde que se apercebe de que de fato se trata de amor, age contra Valmont; provoca-o para duelo. Do mesmo modo Valmont crê ser o confidente de Merteuil e não pensa que Danceny possa ter a mesma relação; quando o sabe, age contra ele (com a ajuda de Cécile). Merteuil que conhece esta regra serve-se dela para agir sobre Valmont: é neste sentido que lhe escreve uma carta para mostrar-lhe que Belleroche se apoderou de certos bens dos quais Valmont se acreditava único detentor. A reação é imediata.

Pode-se destacar que muitas ações de oposição assim como as de ajuda não se explicam por esta regra. Mas se observamos de perto estas ações, nós nos aperceberemos de que elas são cada vez a consequência de uma outra ação que, ela participa do primeiro grupo de relações, centradas em torno do desejo. Se Merteuil ajuda Danceny a conquistar Cécile, é porque odeia Gercourt e isto é para ela um meio de vingar-se; é pelas mesmas razões que ajuda Valmont em suas investidas contra Cécile. Se Valmont impede Danceny de fazer a corte a Mme. Merteuil, é porque é ele, Valmont, que a deseja. Enfim, se Danceny ajuda Valmont a ligar-se a Cécile, é porque acreditava assim aproximar-se ele próprio de Cécile pela qual estava apaixonado. E assim sucessivamente. Percebe-se igualmente que estas ações de participação são conscientes nos personagens "fortes" (Valmont e Merteuil), enquanto elas permanecem inconscientes (e involuntárias) nos personagens "fracos".

Passemos agora ao último grupo de relações que assinalamos: os da comunicação. Eis, pois, nossa quarta regra:

R4) Sejam A e B dois agentes, e que B seja confidente de A. Se A torna-se o agente de uma proposição engendrada por R1, troca de confidente (a ausência de confidente é considerada como um caso-limite da confidência).

Para ilustrar R4, podemos lembrar que Cécile troca de confidente (Mme. de Merteuil em lugar de Sophie) desde que a ligação com Valmont começa; da mesma maneira, Tourvel, apaixonando-se por Valmont, toma Mme. de Rosemonde por confidente; pela mesma razão, em grau mais fraco, ela tinha cessado de fazer suas confidências a Mme. de Volanges. Seu amor por Cécile leva Danceny a se confiar a Valmont; sua ligação com Merteuil interrompe esta confidência. Esta regra impõe restrições ainda mais fortes no que concerne a Valmont e Merteuil, pois estes dois personagens não se podem confiar um ao outro. Consequentemente toda troca de confidente significa a interrupção de qualquer confidência. Assim Merteuil cessa de se confiar a partir do momento em que Valmont se torna demasiado insistente em seu desejo de amor. Do mesmo modo que Valmont para sua confidência a partir do momento em que Merteuil deixa ver seus próprios desejos, diferentes dos seus. O sentimento que anima Merteuil na última parte é bem o desejo de posse.

Interromperemos aqui a sucessão de regras que devem engendrar a narrativa de nosso romance, para formular algumas notas.

1) Precisemos, para iniciar, o alcance destas *regras de ação*. Elas refletem as leis que governam a vida de uma sociedade, a destes personagens de nosso romance. O fato de que se trata aqui de personagens imaginários e não reais não aparece na formulação: com a ajuda de regras semelhantes, poder-se-ia descrever os hábitos e as leis implícitas de não importa qual grupo homogêneo de pessoas. Os próprios personagens podem ter consciência destas regras: encontramo-nos pois, aqui, no nível da história e não no do discurso. As regras assim formuladas correspondem às grandes linhas da narrativa sem precisar como cada uma das ações prescritas se realiza. Este preenchimento do desenho poderá ser descrito, cremos nós, com a ajuda das técnicas que dão conta desta "lógica das ações" da qual falamos anteriormente.

Pode-se notar de outro ponto de vista que, no seu conteúdo, estas regras não diferem sensivelmente das observações que já foram feitas sobre *Les liaisons*. Isto nos leva a abordar o problema do valor explicativo de nossa apresentação: é evidente que uma descrição que não pode ao mesmo tempo fornecer-nos uma abertura sobre as interpretações intuitivas que damos à narrativa, foge à sua finalidade. É suficiente traduzir nossas regras em uma linguagem comum para ver sua proximidade dos julgamentos que têm com frequência sido levantados a propósito da ética de *Les liaisons dangereuses*. Por exemplo, a primeira regra que representa o desejo de impor sua vontade sobre a de outro foi revelada pela quase totalidade dos críticos que o interpretaram como uma "vontade da potência", ou "mitologia da inteligência". Além disto, o fato de que os termos dos quais nos servimos nestas regras estão ligados precisamente a uma ética parece-nos altamente significativo: poder-se-ia facilmente imaginar uma narrativa em que estas regras seriam de ordem social, ou formal, etc.

2) A forma que demos a estas regras exige uma explicação particular. Poder-se-ia facilmente nos reprovar por dar uma formulação pseudoerudita a banalidades: por que dizer "A age de maneira que a transformação passiva deste predicado se realize também" em lugar de "Valmont impõe sua vontade a Tourvel"? Cremos entretanto que o desejo de tornar nossas afirmações precisas e explícitas não pode, em si, ser um defeito; e nós nos reprovaríamos mais se elas não fossem sempre bastante precisas. A história da crítica literária formiga de exemplos de afirmações com frequência tentadoras, mas que, por causa de uma imprecisão terminológica, conduziram a pesquisa a impasses. A forma de "regras", que demos a nossas conclusões, permite testá-las, "engendrando" sucessivamente as peripécias da narrativa.

Por outro lado, somente uma precisão elaborada das formulações poderá permitir a comparação válida das leis que regem o universo de diferentes livros. Tomemos um exemplo: nas suas pesquisas sobre a narrativa, Chklovski formulou a regra que, na sua opinião, permitirá dar conta do movimento das relações humanas em Boiarde (*Poland apaixonado*) ou em Pouchkine (Eugênio Oneguin): "Se A ama B, B não ama A. Quando B começa a amar A, A não ama mais B" (TL, p. 171). O fato de que esta regra tem uma formulação semelhante à das nossas permite uma confrontação imediata do universo destas obras.

3) Para verificar as regras assim formuladas, devem-se colocar duas questões: todas as ações no romance podem ser engendradas

As categorias da narrativa literária

com a ajuda destas regras? E todas as ações engendradas com a ajuda destas regras encontram-se no romance? Para responder à primeira questão, devemos primeiro lembrar que as regras formuladas aqui têm, sobretudo, um valor de exemplo, e não o de uma descrição exaustiva; por outro lado, nas páginas que se seguem mostraremos os móveis de certas ações que dependem de outros fatores na narrativa. No que concerne à segunda questão, não cremos que uma resposta negativa possa fazer duvidar do valor do modelo proposto. Quando lemos um romance, sentimos intuitivamente que as ações descritas decorrem de uma certa lógica; e não podemos dizer, a propósito de outras ações que não fazem parte dele, que elas obedeçam a esta lógica. Em outras palavras, sentimos através de cada obra que não existe apenas a fala (*parole*), que existe também uma língua (*langue*) da qual ela não é mais que uma das realizações. Nossa tarefa é estudar precisamente esta língua. É apenas nesta perspectiva que podemos enfocar a questão de saber por que o autor escolheu estas peripécias para seus personagens mais que outras, já que umas e outras obedecem à mesma lógica.

II. A narrativa como discurso

Tentamos, até o momento, fazer uma abstração do fato de que lemos um livro, de que a história em questão não pertence à "vida", mas a esse universo imaginário que só conhecemos através do livro. Para explorar a segunda parte do problema, partiremos de uma abstração inversa: consideramos a narrativa unicamente enquanto discurso, fala (*parole*) real dirigida pelo narrador ao leitor.

Separaremos os procedimentos do discurso em três grupos: o tempo da narrativa, no qual se exprime a relação entre o tempo da história e o do discurso; os aspectos da narrativa, ou a maneira pela qual a história é percebida pelo narrador, e os modos da narrativa, que dependem do tipo de discurso utilizado pelo narrador para nos fazer conhecer a história.

a) O tempo da narrativa

O problema da apresentação do tempo na narrativa impõe-se por causa de uma dissemelhança entre a temporalidade da história e a do discurso. O tempo do discurso é, em um certo sentido, um tempo linear, enquanto o tempo da história é pluridimensional. Na história, muitos acontecimentos podem-se desenrolar ao mesmo tempo; mas o discurso deve obrigatoriamente colocá-los um em seguida ao outro; uma figura complexa encontra-se projetada sobre uma linha reta. É daí que vem a necessidade de romper a sucessão "natural" dos acontecimentos mesmo se o autor desejava segui-la de mais perto. Mas a maior parte do tempo o autor não tenta encontrar esta sucessão "natural" porque utiliza a deformação temporal para certos fins estéticos.

A DEFORMAÇÃO TEMPORAL. Os formalistas russos viam na deformação temporal o único traço do discurso que o distingue da história; é por isto que eles colocavam aquela como centro de suas pesquisas. Citemos a propósito um trecho da *Psychologie de l'art* do psicólogo Lev Vygotsky, livro escrito em 1925, mas que apenas acaba de ser publicado: "Sabemos já que a base da melodia é a correlação dinâmica dos sons que a constituem. Acontece exatamente o mesmo com o verso que não é a simples soma dos sons que o constituem, mas sua sucessão dinâmica, uma certa correlação. Do mesmo modo que dois sons, combinando-se, ou duas palavras, sucedendo-se, formam uma certa relação que se define inteiramente pela ordem de sucessão dos elementos, assim dois acontecimentos ou ações, combinando-se, dão juntos uma nova correlação dinâmica, que é inteiramente definida pela ordem e pela disposição destes acontecimentos. Assim os sons a, b, c, ou as palavras a, b, c, ou os acontecimentos a, b, c trocam completamente de sentido e de significação emocional, se os colocamos, digamos, na ordem seguinte: b, c, a; b, a, c. Imaginemos uma ameaça e em seguida sua realização: um assassinato; obter-se-á uma certa impressão se o leitor é posto primeiramente ao corrente da ameaça, depois conservado na ignorância quanto à sua realização, e enfim se o assassínio não é relatado a não ser após este suspense. A impressão será, entretanto, completamente outra se o autor começa pela narrativa da descoberta do cadáver, e então somente, em uma ordem cronológica inversa, narra o assassínio e a ameaça. Consequentemente a disposição mesma dos acontecimentos na narrativa, a combinação mesma das frases, representações, imagens, ações, atos, réplicas, obedece às mesmas leis de construção estética às quais obedecem a combinação dos sons em melodia ou palavras em verso" (p. 196).

Vê-se nitidamente, nesta passagem, uma das principais características da teoria formalista, e mesmo da arte que lhe era contemporânea: a natureza dos acontecimentos conta pouco, só importa a relação que mantêm (no caso presente, é uma sucessão temporal). Os formalistas ignoravam, pois, a narrativa como história, ocupando-se apenas da narrativa como discurso. Pode-se aproximar esta teoria da dos cineastas russos da época: são os anos em que a montagem era considerada como o elemento artístico propriamente dito de um filme.

Notemos, de passagem, que as duas possibilidades descritas por Vygotsky foram realizadas nas diferentes formas do romance policial. O romance de enigma começa pelo fim de uma das histórias contadas para atingir o seu início. O romance negro, em oposição, relata primeiro as ameaças para chegar, nos últimos capítulos do livro, aos cadáveres.

ENCADEAMENTO, ALTERNÂNCIA, ENCAIXAMENTO. As observações anteriores relacionam-se à disposição temporal no interior de uma só história. Mas as formas mais complexas da narrativa literária contêm diversas histórias. No caso de *Les liaisons dangereuses*, pode-se admitir que existem três histórias, que contam as aventuras de Valmont com Mme. Tourvel, Cécile e Mme. de Merteuil. Sua disposição respectiva revela-nos um outro aspecto do tempo da narrativa.

As histórias podem-se ligar de muitas maneiras. O conto popular e coletâneas de novelas conhecem já duas delas: o *encadeamento* e o *encaixamento*. O encadeamento consiste simplesmente em justapor diferentes histórias: uma vez acabada a primeira, começa-se a segunda. A unidade é assegurada, neste caso, por uma semelhança na construção de cada uma: por exemplo, três irmãos partem sucessivamente à procura de um objeto precioso; cada uma das viagens fornece a base de uma das histórias.

O encaixamento é a inclusão de uma história no interior de uma outra. Assim todos os contos das *Mil e uma noites* são encaixados no conto sobre Sherazade. Vê-se aqui que estes dois tipos de combinação representam uma projeção rigorosa das duas relações sintáticas fundamentais: a coordenação e a subordinação.

Existe, entretanto, um terceiro tipo de combinação que podemos chamar de alternância. Consiste em contar as duas histórias simultaneamente, interrompendo ora uma ora outra, para retomá-la na interrupção seguinte. Esta forma caracteriza evidentemente gêneros literários que perderam toda ligação com a literatura oral: esta não pode conhecer a alternância. Como exemplo célebre de alternância pode-se citar o romance de Hoffman *Le chat murr*, onde a narrativa do fato alterna com a do músico; igualmente o *Recit de souffrances*, de Kierkegaard.

Duas destas formas manifestam-se em *Les liaisons dangereuses*. De um lado, as histórias de Tourvel e de Cécile alternam-se ao longo de toda a narrativa; de outro, são ambas encaixadas na história do casal Merteuil-Valmont. Este romance, entretanto, sendo bem construído, não permite estabelecer limites nítidos entre as histórias: as transições estão aí dissimuladas, e o desenlace de cada uma serve para desenvolvimento à seguinte. Além do mais, elas estão ligadas pela imagem de Valmont que mantém relações estreitas com cada uma das três heroínas. Existem outras ligações múltiplas entre as histórias; elas se realizam com a ajuda dos personagens secundários que asseguram funções em muitas histórias. Por exemplo, Volanges, mãe de Cécile, é amiga e parente de Merteuil e, ao mesmo tempo, conselheira de Tourvel. Danceny liga-se sucessivamente a Cécile e Merteuil. Mme. de Rosemonde oferece sua hospitalidade tanto a Tourvel como a Cécile e sua mãe. Gercourt, antigo amante de Merteuil, quer esposar Cécile, etc. Cada personagem pode acumular múltiplas funções.

Ao lado das histórias principais, o romance pode conter outras, secundárias, que só servem habitualmente para caracterizar um personagem. Estas histórias (as aventuras de Valmont no castelo da Condessa, ou com Emile; as de Prévan com os "inseparáveis"; as da Marquesa com Prévan ou Belleroche) são, no nosso caso, menos integradas ao conjunto da narrativa que às histórias principais, e nós as sentimos como "encaixadas".

TEMPO DA ESCRITURA, TEMPO DA LEITURA. A estas temporalidades próprias dos personagens, que se situam todas na mesma perspectiva, acrescentam-se duas outras que pertencem a um plano diferente: o tempo da enunciação (da escritura) e o tempo da percepção (da leitura). O tempo da enunciação torna-se um elemento literário a partir do momento em que é introduzido na história: caso em que o narrador nos fala de sua própria narrativa, do tempo que tem para escrever ou para contá-la. Este tipo de temporalidade se manifesta muito frequentemente na narrativa que se apresenta como tal; pensemos, por exemplo, na famosa reflexão de Tristram Shandy sobre sua impotência em terminar a narrativa. Um caso-limite seria aquele em que o tempo da enunciação é a única temporalidade presente na narrativa: esta seria uma narrativa inteiramente voltada sobre si mesma, a narrativa de uma narração.

O tempo da leitura é um tempo irreversível que determina nossa percepção do conjunto, mas pode também tornar-se um elemento literário com a condição de que o autor o leve em conta na história. Por exemplo, no início da página, diz-se que são dez horas; e na página seguinte que são dez e cinco. Esta introdução inocente do tempo da leitura na estrutura da narrativa não é a única possível: existem outras nas quais não nos podemos deter; indiquemos apenas que se toca aqui no problema da significação estética das dimensões de uma obra.

b) Os aspectos da narrativa

Lendo uma obra de ficção, não temos uma percepção direta dos acontecimentos que descreve. Ao mesmo tempo que estes acontecimentos, percebemos, embora de uma maneira diferente, a percepção que dele possui aquele que os narra. É aos diferentes tipos de percepção, reconhecíveis na narrativa, que nos referimos pelo termo de aspectos da narrativa (tomando esta palavra em uma acepção próxima de seu sentido etimológico, isto é, "olhar"). Mais precisamente, o aspecto reflete a relação entre um ele (na história) e um eu (no discurso), entre o personagem e o narrador.

J. Pouillon propôs uma classificação dos aspectos da narrativa, que retomaremos aqui com modificações menores. Esta percepção interna conhece três tipos principais.

NARRADOR > PERSONAGEM (A VISÃO "POR TRÁS"). A narrativa clássica utiliza com mais frequência esta fórmula. Neste caso, o narrador sabe mais que seu personagem. Não se preocupa em nos explicar como adquiriu este conhecimento: vê através dos muros da casa tanto quanto através do crânio de seu herói. Seus personagens não têm segredos para ele. Evidentemente, esta forma apresenta diferentes graus. A superioridade do narrador pode-se manifestar seja em um conhecimento dos desejos secretos de alguém (que este alguém ele próprio ignora), seja no conhecimento simultâneo dos pensamentos de muitos personagens (do que nenhum deles é capaz), seja simplesmente na narração dos acontecimentos que não são percebidos por um único personagem. Assim Tolstoi, em sua novela *Três mortes*, conta sucessivamente a história da morte de uma aristocrata, de um camponês e de uma árvore. Nenhum dos personagens percebeu-as em conjunto; estamos, pois, em presença de uma variante da visão "por trás".

NARRADOR = PERSONAGEM (A VISÃO "COM"). Esta segunda forma é também difundida em literatura, sobretudo na época moderna. Neste caso, o narrador sabe tanto quanto os personagens; não pode fornecer uma explicação dos acontecimentos antes de os personagens a terem encontrado. Aqui também se pode estabelecer muitas distinções. De um lado, a narrativa pode ser conduzida na primeira pessoa (o que justifica o processo) ou na terceira pessoa, mas sempre segundo a visão que um mesmo personagem tem dos acontecimentos: o resultado, evidentemente, não é o mesmo; sabemos que Kafka tinha começado a escrever *O castelo* na primeira pessoa, e só modificou a visão muito mais tarde, passando para a terceira pessoa, mas sempre no aspecto "narrador" = "personagem". Por outro lado, o narrador pode seguir um único ou muitos personagens (as modificações podendo ser sistemáticas ou não). Enfim, pode-se tratar de uma narrativa, consciente por parte de um personagem, ou de uma "dissecação" de seu cérebro, como em muitas narrativas de Faulkner. Voltaremos um pouco mais tarde sobre este caso.

NARRADOR < PERSONAGEM (A VISÃO "DE FORA"). Neste terceiro caso, o narrador sabe menos que qualquer dos personagens. Pode-nos descrever unicamente o que se vê, ouve, etc., mas não tem acesso a nenhuma consciência. Certamente, este puro "sensualismo" é uma convenção, pois uma tal narrativa seria incompreensível; mas existe como modelo de uma certa escritura. As narrativas deste gênero são muito mais raras que as outras e a utilização sistemática deste processo não foi feita no século XX. Citemos uma passagem que caracteriza esta visão:

"Ned Beaumont passou de novo diante de Madvig e esmagou a ponta de seu charuto em um cinzeiro de cobre com os dedos que tremiam.

Os olhos de Madvig permaneceram fixos sobre o dorso do jovem até que ele se voltasse e retornasse. O homem louro teve um *rictus* ao mesmo tempo afetuoso e exasperado" (D. Hammett, *A chave de vidro*).

De uma tal descrição não podemos saber se os dois personagens são amigos ou inimigos, se estão satisfeitos ou descontentes, ainda menos em que pensam fazendo estes gestos... Eles mal são mencionados: prefere-se dizer "o homem louro", "o jovem". O narrador é, pois, uma testemunha que não sabe nada e, mesmo mais, não quer saber nada. Entretanto a objetividade não é tão absoluta como se desejaria ("afetuoso e exasperado").

VÁRIOS ASPECTOS DE UM MESMO ACONTECIMENTO. Voltemos agora ao segundo tipo, aquele no qual o narrador possui tantos conhecimentos quanto os personagens. Dissemos que o narrador pode passar de personagem a personagem, mas ainda é preciso especificar se estes personagens contam (ou veem) o mesmo acontecimento ou muitos acontecimentos diferentes. No primeiro caso, obtém-se um efeito particular que se poderia chamar uma "visão estereoscópica". Com efeito, a pluralidade de percepções nos dá uma visão mais complexa do fenômeno descrito. Por outro lado, as descrições de um mesmo acontecimento nos permitem concentrar nossa atenção sobre o personagem que o percebe, pois já conhecemos a história. Consideremos novamente *Les liaisons dangereuses*. Os romances por cartas do século XVIII utilizavam normalmente esta técnica, para Faulkner, que consiste em contar a mesma história várias vezes, mas vista por personagens diferentes. Toda a história de *Les liaisons* é contada de fato duas, e frequentemente mesmo três vezes. Mas, observando estas narrativas de perto, descobrimos que não somente nos dão uma visão estereoscópica dos acontecimentos, mas ainda são qualitativamente diferentes. Recordemos brevemente esta sucessão.

O SER E O PARECER. Desde o começo, as duas histórias que se alternam nos são apresentadas sob pontos de vista diferentes: Cécile conta inocentemente suas experiências a Sophie, enquanto Merteuil as interpreta nas suas cartas a Valmont; por outro lado, Valmont informa a Marquesa sobre suas experiências com Tourvel, que escreve ela mesma a Volanges. Desde o começo podemos dar conta da dualidade já notada no nível das relações entre os personagens: as revelações de Valmont instruem-nos sobre a má-fé que Tourvel põe nas suas descrições; o mesmo em relação à inocência de Cécile. Com a chegada de Valmont a Paris, nós nos damos conta do que são de fato Danceny e seus atos. Ao fim da segunda parte, é a própria Merteuil que dá duas versões do caso Prévan: uma do que é, a outra do que deve parecer aos outros. Trata-se pois novamente da oposição entre o nível aparente e o nível real, ou verdadeiro.

A ordem de aparição das versões não é obrigatória, mas é utilizada com fins diferentes. Quando a narrativa de Valmont ou de Merteuil precede a dos outros personagens, lemos esta última antes de tudo como uma informação sobre quem escreve a carta. No caso inverso, uma narrativa sobre as aparências desperta nossa curiosidade e esperamos uma interpretação mais profunda.

Vemos, pois, que o aspecto da narrativa que participa do "ser" se aproxima de uma visão "por trás" (do caso "narrador>personagem"). Embora a narrativa seja sempre narrada por personagens, alguns deles podem, tal como o autor, revelar-nos o que os outros pensam ou sentem.

EVOLUÇÃO DOS ASPECTOS DA NARRATIVA. O valor dos aspectos da narrativa modificou-se rapidamente desde a época de Laclos. O artifício que consiste em apresentar a história através de suas projeções na consciência de um personagem será mais e mais utilizado no decorrer do século XIX, e, depois de ter sido sistematizado por Henry James, tornar-se-á regra obrigatória no século XX. Por outro lado, a existência de dois níveis qualitativamente diferentes é uma herança dos tempos mais antigos: o Século das Luzes exige que a verdade seja dita. O romance posterior contentar-se-á com muitas versões do "parecer" sem pretender uma versão que seja a única verdadeira. É preciso dizer que *Les liaisons dangereuses* se distingue com vantagem de muitos outros romances da época pela discrição com a qual este nível do ser é representado: o caso Valmont, ao fim do livro, deixa o leitor perplexo. É neste mesmo sentido que se conduzirá uma grande parte da literatura do século XIX.

c) Os modos da narrativa

Os aspectos da narrativa concerniam à maneira pela qual a história era percebida pelo narrador; os modos da narrativa concernem à maneira pela qual este narrador no-la expõe, no-la apresenta. É a estes modos da narrativa a que nos referimos quando dizemos que um escritor nos "mostra" as coisas, enquanto tal outro só faz "dizê-las". Existem dois modos principais: a *representação* e a *narração*. Estes dois modos correspondem, em um nível mais concreto, às duas noções que já encontramos: o discurso e a história.

Pode-se supor que estes dois modos na narrativa contemporânea vêm de duas origens diferentes: a crônica e o drama. A crônica, ou a história, é, crê-se, uma pura narração, o autor é uma simples testemunha que relata fatos; os personagens não falam; as regras são as do gênero histórico. Em oposição, no drama, a história não é relatada, desenvolve-se diante de nossos olhos (mesmo se só fazemos ler a peça); não há narração, a narrativa está contida nas réplicas dos personagens.

FALA DOS PERSONAGENS, FALA DO NARRADOR. Se procuramos uma base linguística nesta distinção, é-nos necessário, à primeira vista, recorrer à oposição entre a fala (*parole*) dos personagens (o estilo direto) e a fala (*parole*) do narrador. Uma tal oposição nos explicaria por que temos a impressão de assistir a atos quando o modo utilizado é a representação, enquanto esta impressão desaparece no momento da narração. A fala dos personagens em uma obra literária goza de um estatuto particular. Relaciona-se, como toda fala, à realidade designada, mas representa igualmente um ato, o ato de articular esta frase. Se um personagem diz: "Você é muito bela", é que não somente a pessoa à qual se dirige é (ou não é) bela, mas que este personagem realiza diante de nossos olhos um ato: articula uma frase, faz um cumprimento. Não é preciso crer que a significação destes atos se resume no simples "ele diz"; esta significação conheceria a mesma variedade que os atos realizados com a ajuda da linguagem; e estes são inumeráveis.

Entretanto, esta primeira identificação da narração e da representação peca por seu lado simplista. Ficando-se aí, segue-se que o drama não conhece a narração, a narrativa não dialogada, a representação. Porém, pode-se facilmente convencer-se do contrário. Tomemos o primeiro caso: *Les liaisons dangereuses*, tal como o drama, só conhece o estilo direto, toda a narrativa sendo constituída por cartas. Contudo, este romance conhece nossos dois modos: se a maior parte das cartas representam atos e participam assim da representação, outras informam apenas sobre acontecimentos que se desenrolaram em outro lugar. Até o desenlace do livro, esta função é assumida pelas cartas de Valmont à Marquesa e em parte pelas respostas desta; após o desenlace, é Mme. de Volanges que retoma a narração. Quando Valmont escreve a Mme. de Merteuil, só tem um objetivo: informá-la sobre os acontecimentos que lhe ocorreram; assim ele começa suas cartas por esta frase: "Eis o boletim de ontem". A carta que contém este "boletim" não representa nada, pertence à pura narração. Acontece o mesmo às cartas de Mme. de Volanges a Mme. de Rosemonde ao fim do romance: são "boletins" sobre a saúde de Mme. Tourvel, sobre as infelicidades de Mme. de Merteuil, etc. Notamos aí que esta repartição dos modos em *Les liaisons dangereuses* é justificada pela existência de diferentes relações: a narração aparece nas cartas de confidência, que é atestada pela simples existência da carta; a representação concerne às relações amorosas e de participação, que adquiriram assim uma presença mais sensível.

Tomemos agora o caso inverso, para ver se o discurso do autor participa sempre da narração. Eis um excerto de *L'education sentimentale*:

> ...*entravam na rua Caumartin, quando, de repente, irrompeu atrás deles um ruído* semelhante ao estalar de uma imensa peça de seda que é rasgada. *Era a fuzilada do Boulevard des Capucines.*
>
> – Ah! Caçam-se alguns burgueses, *diz Frederico tranquilamente.*
>
> Pois há situações em que o homem menos cruel está tão desligado dos outros, que veria perecer o gênero humano sem um batimento do coração.

Colocamos em itálico as frases que participam da representação; como se vê, o estilo direto só cobre uma parte. Este excerto transmite a representação por três formas de discursos diferentes: pelo estilo direto; pela comparação; e pela reflexão geral. As duas últimas participam da fala do narrador, mas não da narração. Elas não nos informam sobre uma realidade exterior ao discurso, mas tomam seu sentido da mesma maneira que as réplicas dos personagens; somente desta vez, elas nos informam sobre a imagem do narrador e não sobre a de um personagem.

OBJETIVIDADE E SUBJETIVIDADE NA LINGUAGEM. Devemos abandonar esta nossa primeira identificação da narração com a fala do narrador e da representação com a dos personagens, para encontrar-lhes um fundamento mais profundo. Uma tal identificação fundar-se-ia, vemo-lo agora, não sobre as categorias implícitas, mas sobre sua manifestação, o que pode nos induzir facilmente em erro. Encontraremos este fundamento na oposição entre os aspectos subjetivo e objetivo da linguagem.

Toda fala é, sabe-se, ao mesmo tempo um enunciado e uma enunciação. Enquanto enunciado, ela se relaciona com o sujeito do enunciado e permanece portanto objetiva. Enquanto enunciação, ela se relaciona ao sujeito da enunciação e guarda um aspecto subjetivo, pois representa em cada caso um ato realizado pelo sujeito. Toda frase apresenta estes dois aspectos, mas em graus diferentes; certas partes do discurso têm por única função transmitir esta subjetividade (os pronomes pessoais e demonstrativos, os tempos do verbo, certos verbos; cf. E. Benveniste. "De la subjetivité dans le langage", em *Problèmes de linguistique générale*), outros concernem antes de tudo à realidade objetiva. Podemos, pois, falar, com John Austin, de dois modos do discurso, constatativo (objetivo) e performativo (subjetivo).

Tomemos um exemplo. A frase "M. Dupont chegou a casa às dez horas, em dezoito de março" tem um caráter essencialmente objetivo; não traz à primeira vista nenhuma informação sobre o sujeito da enunciação (a única informação é que a enunciação tem lugar depois da hora indicada na frase). Outras frases, em oposição, têm uma significação que concerne quase exclusivamente ao sujeito da enunciação, por ex.: "Você é um imbecil!" Uma tal frase é antes de tudo um ato da pessoa que a pronuncia, uma injúria, embora ela guarde também um valor objetivo. É apenas o contexto global do enunciado, entretanto, que determina o grau de subjetividade própria a uma frase. Se nossa primeira proposição tivesse sido tomada na réplica de um personagem, poder-se-ia tornar uma indicação sobre o sujeito da enunciação.

O estilo direto está ligado, em geral, ao aspecto subjetivo da linguagem; mas como o vimos a propósito de Valmont e de Mme. de Volanges, esta subjetividade se reduz por vezes a uma simples convenção: a informação é-nos apresentada como vinda do personagem e não do narrador, mas não sabemos nada sobre este personagem. Inversamente, a fala do narrador pertence geralmente ao plano da enunciação histórica, mas no momento de uma comparação (como de outra figura retórica) ou de uma reflexão geral, o sujeito da enunciação torna-se aparente, e o narrador se aproxima assim dos personagens. Assim, as falas do narrador em Flaubert assinalam-nos a existência de um sujeito da enunciação que faz comparações ou reflexões sobre a natureza humana.

ASPECTOS E MODOS. Os aspectos e os modos da narrativa são duas categorias que entram em relações muito estreitas e que concernem, todos os dois, à imagem do narrador. É por isso que os críticos literários tiveram tendência a confundi-los. Assim Henry James e, em seguida, Percy Lubbock distinguiram dois estilos principais na narrativa: o estilo "panorâmico" e o estilo "cênico". Cada um destes termos acumula duas noções: a cênica é ao mesmo tempo a representação e a visão "com" (narrador – personagem); o "panorâmico" é a narração e a visão "por trás" (narrador>personagem).

Contudo, esta identificação não é obrigatória. Para voltar a *Les liaisons dangereuses*, podemos lembrar que, até o desenlace, a narração é confiada a Valmont que tem uma visão próxima daquela "por trás"; em oposição, após o desenlace, ela é retomada por Mme. de Volanges que compreende pouco os acontecimentos que sobrevêm e da qual a narrativa participa inteiramente da visão "com" (senão "de fora"). As duas categorias devem, pois, ser bem distintas para que se possa em seguida dar conta de suas relações mútuas.

Esta confusão aparece como mais perigosa ainda caso nos lembremos que atrás de todos estes processos se desenha a imagem do narrador, imagem tomada por vezes pela do autor mesmo. O narrador em *Les liaisons dangereuses* não é evidentemente Valmont, este não é mais que um personagem provisoriamente encarregado da narração. Abordamos aqui uma nova questão importante: a da imagem do narrador.

IMAGEM DO NARRADOR E IMAGEM DO LEITOR. O narrador é o sujeito desta enunciação que representa um livro. Todos os processos de que temos tratado nesta parte nos trazem de volta a este sujeito. É ele que dispõe certas descrições antes das outras, embora estas as precedam no tempo da história. É ele que nos faz ver a ação pelos olhos de tal ou tal personagem, ou mesmo por seus próprios olhos, sem que lhe seja por isto necessário aparecer em cena. É ele, enfim, que escolhe relatar-nos tal peripécia através do diálogo de dois personagens ou mesmo por uma descrição "objetiva". Temos, portanto, uma quantidade de informações sobre ele, que nos deveriam permitir compreendê-lo, situá-lo com precisão; mas esta imagem fugitiva não se deixa aproximar e se reveste constantemente de máscaras contraditórias, indo desde a de um autor em carne e osso à de um personagem qualquer.

Há entretanto um lugar em que, parece, aproximamo-nos suficientemente desta imagem: podemos chamá-lo de nível apreciativo. A descrição de cada parte da história comporta sua apreciação moral; a ausência de uma apreciação representa uma tomada de posição também muito significativa. Esta apreciação, dizemos de imediato, não faz parte de nossa experiência individual de leitores nem da do autor real; ela é inerente ao livro e não se poderia corretamente compreender a estrutura desta sem ter isto em conta. Pode-se, com Sthendhal, descobrir que Mme. de Tourvel é o personagem mais imoral de *Les liaisons dangereuses*; pode-se, com Simone de Beauvoir, afirmar que Mme. de Merteuil é aí o personagem mais atraente; mas são interpretações que não pertencem ao sentido do livro. Se não condenamos Mme. de Merteuil, se não tomamos o partido da Presidente, a estrutura da obra teria sido alterada. É preciso dar-se conta de início que existem duas interpretações morais, de caráter realmente diferente: uma que é interior ao livro (em toda obra de arte imitativa), e outra que os leitores dão em se preocupar com a lógica da obra; esta pode variar sensivelmente segundo as épocas e a personalidade do leitor. No livro, Mme. de Merteuil recebe uma apreciação negativa, Mme. de Tourvel é uma santa, etc. Cada ato possui aí sua apreciação, embora possa não ser a do autor nem a nossa (e este é um dos critérios dos quais dispomos para julgar o sucesso do autor).

Este nível apreciativo nos aproxima da imagem do narrador. Não é necessário para isto que este nos dirija "diretamente" a fala: neste caso, ele se assimilaria, pela força da convenção literária, aos personagens. Para adivinhar o nível apreciativo, recorremos a um código de princípios e de reações psicológicas que o narrador postula comum ao leitor e a ele mesmo (este código não sendo admitido por nós hoje, encontramo-nos no estado de distribuir diferentemente os acentos de avaliação). No caso de nossa narrativa, este código pode ser reduzido a algumas máximas bastante banais: não façais mal; sede sinceros; resisti à paixão, etc. Ao mesmo tempo, o narrador apoia-se sobre uma escala avaliativa das qualidades psíquicas; é graças a ela que respeitamos e tememos Valmont e Merteuil (pela força de seu espírito, por seu dom de previsão) ou preferimos Tourvel a Cécile Volanges.

A imagem do narrador não é uma imagem solitária: desde que aparece, desde a primeira página, ela é acompanhada do que se pode chamar "a imagem do leitor". Evidentemente, esta imagem tem tão poucas relações com um leitor concreto quanto a imagem do narrador, com o autor verdadeiro. Os dois encontram-se em dependência estreita um do outro, e desde que a imagem do narrador começa a sobressair mais nitidamente, o leitor imaginário encontra-se também desenhado com mais precisão. Estas duas imagens são próprias a toda obra de ficção: a consciência de ler um romance e não um documento leva-nos a fazer o papel deste leitor imaginário e ao mesmo tempo apareceria o narrador, o que nos relata a narrativa, já que a própria narrativa é imaginária. Esta dependência confirma a lei semiológica geral segundo a qual "eu" e "tu", o emissor e o receptor de um enunciado, aparecem sempre juntos.

Estas imagens se formam a partir das convenções que transformam a história em discurso. O fato mesmo de que lemos o livro do começo ao fim (isto é, como o teria desejado o narrador) nos leva a fazer o papel do leitor. No caso do romance por cartas, estas convenções são teoricamente reduzidas ao mínimo: é como se lêssemos uma verdadeira coletânea de cartas, o autor não toma nunca a palavra, o estilo é sempre direto. Mas na sua Advertência do editor, Laclos destrói já esta ilusão. As outras convenções concernem à exposição mesma dos acontecimentos e, em particular, à existência de diferentes aspectos. Assim observamos nosso papel de leitor desde que sabemos mais que os personagens, pois esta situação contradiz uma verossimilhança no vivido.

III. A infração à ordem

Pode-se resumir todas as observações que apresentamos até aqui dizendo que tinham por objeto a estrutura literária da obra, ou, como diremos de agora em diante, uma certa ordem. Empregamos este termo como uma noção genérica para todas as relações e estruturas elementares que estudamos. Mas nossa apresentação não contém nenhuma indicação sobre a sucessão na narrativa; se as partes da narrativa fossem intercambiadas, esta apresentação não seria sensivelmente modificada. No presente, deter-nos-emos sobre o momento crucial de sucessão própria da narrativa: o desenlace, que representa, como iremos ver, uma verdadeira infração à ordem precedente. Observamos esta infração tomando como único exemplo *Les liaisons dangereuses*.

A INFRAÇÃO NA HISTÓRIA. Esta infração é sensível em toda a última parte do livro e, em particular, entre as cartas 142 e 162, isto é, entre a ruptura de Valmont com Tourvel e a morte de Valmont. Ela concerne logo de início à imagem mesma de Valmont, personagem principal da narrativa. A quarta parte começa pela queda de Tourvel. Valmont pretende, na sua carta 125, que se trata de uma aventura que não se distingue em nada das outras; mas o leitor apercebe-se facilmente, sobretudo ajudado por Mme. de Merteuil, que o tom trai uma outra relação que não é a declarada: desta vez, trata-se de amor, isto é, da mesma paixão que anima todas as "vítimas". Substituindo seu desejo de possessão e a indiferença que o seguia por amor, Valmont deixa seu grupo e destrói já uma primeira repartição. É verdade que mais tarde sacrificará este amor para afastar as acusações de Mme. de Merteuil, mas este sacrifício não resulta da ambiguidade de sua atitude precedente. Mais tarde, ainda Valmont realiza outras sondagens que deveriam reaproximá-lo de Tourvel (escreve-lhe, escreve a Volanges, sua última confidente); e seu desejo de vingança contra Merteuil deveria também indicar-nos que se arrepende de seu primeiro gesto. Mas a dúvida que não é levantada, o Redator di-lo explicitamente em uma de suas notas (1.154) sobre a carta de Valmont enviada a Mme. de Volanges para ser remetida a Mme. de Tourvel e que não está presente no livro: "É porque não se encontrou nada na continuação desta correspondência que pudesse resolver esta dúvida, que se tomou a iniciativa de suprimir a carta de Valmont". A conduta de Valmont com Mme. de Merteuil é também muito estranha, vista na perspectiva da lógica que esboçamos anteriormente. Esta relação parece reunir elementos muito diversos, e até então incompatíveis: há desejo de posse, mas também oposição e ao mesmo tempo confidência. Este último traço (que é, portanto, uma desobediência à nossa quarta regra) se revela como decisivo para a sorte de Valmont: ele continua a se confiar à Marquesa mesmo após a declaração de "guerra". E a infração da lei é punida pela morte. Do mesmo modo, Valmont esquece que pode agir em dois níveis para realizar seus desejos, dos quais se servia tão habilmente antes: nas cartas à Marquesa, confessa ingenuamente seus desejos sem tentar dissimulá-los, adotar uma tática mais flexível (o que deveria fazer por causa da atitude de Merteuil). Mesmo sem referir-se às cartas da Marquesa a Danceny, o leitor pode-se dar conta de que ela põe fim à sua relação amiga com Valmont.

A INFRAÇÃO NO DISCURSO. Damo-nos conta aqui de que a infração não se resume simplesmente a uma conduta de Valmont, que não está mais conforme as regras e distinções estabelecidas; ela concerne igualmente à maneira pela qual somos advertidos a seu respeito. Ao longo da narrativa, estávamos certos da veracidade ou da falsidade dos atos e dos sentimentos relatados: o comentário constante de Merteuil e de Valmont informava-nos sobre a essência mesma de qualquer ato, dava-nos o próprio "ser", e não somente o "parecer". Mas o desenlace consiste precisamente na suspensão das confidências entre os dois protagonistas: estes cessam de se confiar a quem quer que seja e somos, repentinamente, privados de saber com certeza, somos privados de ser e devemos sozinhos tentar adivinhá-lo através do parecer. É por esta razão que não sabemos se Valmont ama ou não ama verdadeiramente a Presidente; é pela mesma razão que não estamos certos das verdadeiras razões que levam Merteuil a agir (já que até aí todos os elementos da narrativa tinham uma interpretação indiscutível): desejaria verdadeiramente matar Valmont sem temer as revelações que ele poderia fazer? Ou ainda Danceny foi muito longe na sua cólera e deixou de ser uma simples arma entre as mãos de Merteuil? Não o saberemos jamais.

Observamos anteriormente que a *narração* estava contida nas cartas de Valmont e de Merteuil, antes deste momento de infração, e, mais tarde, nas de Mme. de Volanges. Esta troca não é uma simples substituição, mas a escolha de uma nova visão: enquanto nas três primeiras partes do livro a narração situa-se no nível do ser, na última ela toma o do parecer. Mme. de Volanges não compreende os acontecimentos que a cercam, só percebe as aparências (mesmo Mme. de Rosemonde é melhor informada do que ela; mas ela não narra). Esta troca de ótica na narração é particularmente sensível em relação a Cécile: como na quarta parte do livro não há cartas suas (a única que assina é ditada por Valmont), não temos nenhum meio de saber qual é, neste momento, seu "ser". Assim o Redator tem razão em prometer-nos, na sua nota de conclusão, novas aventuras de Cécile: não conhecemos as verdadeiras razões de sua conduta, seu destino não está claro, seu futuro é enigmático.

VALOR DA INFRAÇÃO. Pode-se imaginar no romance uma quarta parte diferente, uma parte tal que a ordem precedente não seja infringida? Valmont teria sem dúvida encontrado um meio mais flexível para romper com Tourvel; se sobreviesse um conflito entre ele e Merteuil, saberia resolvê-lo com mais habilidade e sem expor-se a tantos perigos. Os "devassos" teriam encontrado uma solução que lhes permitisse evitar os ataques de suas próprias vítimas. Ao fim do livro, teríamos os dois campos tão separados como no começo, e os dois cúmplices também igualmente poderosos. Mesmo se o duelo com Danceny tivesse ocorrido, Valmont teria sabido não se expor ao perigo mortal...

É inútil continuar: sem fazer interpretações psicológicas, damo-nos conta de que o romance assim concebido não seria mais o mesmo; não seria mesmo mais nada. Só teríamos a narrativa de uma simples aventura galante, a conquista de uma "pudica", com uma conclusão "bizarra". Isto nos mostra que não se trata aqui de uma particularidade menor da construção, mas de seu centro mesmo: tem-se antes a impressão de que a narrativa inteira consiste na possibilidade de conduzir precisamente a este desenlace.

O fato de que a narrativa perderia toda a sua espessura estética e moral se não tivesse este desenlace encontra-se simbolizado no romance mesmo. Com efeito, a história é apresentada de tal maneira que deve sua própria existência à infração da ordem. Se Valmont não tivesse transgredido as leis de sua própria moral (e as da estrutura do romance), não teríamos jamais visto publicada sua correspondência, nem a de Merteuil: esta publicação de suas cartas é uma consequência de sua ruptura e, mais genericamente, da infração. Este detalhe não é devido ao acaso, como se poderia crer: a história inteira não se justifica, com efeito, senão na medida em que existe uma punição do mal pintada no romance. Se Valmont não tivesse traído sua primeira imagem, o livro não teria o direito de existir.

As DUAS ORDENS. Até aqui não caracterizamos esta infração à ordem a não ser de uma maneira negativa, como a negação da ordem precedente. Tentamos agora ver qual é o conteúdo positivo destas ações, qual é o sistema que lhes é subjacente. Olhemos primeiro seus elementos: Valmont, o devasso, apaixona-se por uma "simples" mulher; Valmont esquecendo-se de usar a astúcia com Mme. de Merteuil; Cécile indo arrepender-se de seus pecados no mosteiro; Mme. de Volanges fazendo o papel de conselheira... Todas estas ações têm um denominador comum: obedecem à moral convencional, tal qual existia no tempo de Laclos (ou mesmo mais tarde). Portanto a ordem que determina as ações dos personagens no e após o desenlace é simplesmente a ordem convencional, a ordem exterior ao universo do livro. Uma confirmação desta hipótese é dada também pela nova retomada do caso Prévan. Ao fim do livro, vemos Prévan restabelecido na sua antiga grandeza; entretanto lembramo-nos que, no conflito com a Marquesa, todos os dois tinham exatamente os mesmos desejos escondidos e manifestados. Merteuil tinha simplesmente conseguido ser a mais rápida, não era a mais culpada. Não é pois uma justiça suprema, uma ordem superior que se instaura no fim do livro; é unicamente a moral convencional da sociedade contemporânea, moral *pudibunda* e *hipócrita*, nisto diferente da de Valmont e Merteuil no resto do livro. Assim a "vida" torna-se parte integrante da obra: sua existência é um elemento essencial que devemos conhecer para compreender a estrutura da narrativa. É somente neste momento de nossa análise que a intervenção do aspecto social se justifica; acrescentemos que ela é também de fato necessária. O livro pode parar porque estabelece a ordem que existe na realidade.

Colocados nesta perspectiva, podemos aperceber-nos de que os elementos desta ordem convencional estavam presentes também anteriormente; e eles explicam estes acontecimentos e estas ações que não podiam estar no sistema que descrevemos. Aqui se inscreve, por exemplo, a ação de Mme. de Volanges junto a Tourvel e Valmont, uma ação de oposição que não tinha as mesmas motivações que as refletidas por nossa R3. Mme. de Volanges odeia Valmont não porque esteja no número das mulheres que ele abandonou, mas de acordo com seus princípios morais. Acontece exatamente o mesmo quanto à atitude do Confessor de Cécile que se torna, também, um oponente: é a moral convencional, exterior ao universo do romance, que guia seus passos. São ações cuja motivação ou móveis não estão no romance, mas fora dele: age-se assim porque é preciso, é a atitude natural que não pede justificação. Enfim, podemos encontrar lá também a explicação da atitude de Tourvel que se opõe obstinadamente a seus próprios sentimentos em nome de uma concepção ética que diz que a mulher não deve enganar o marido.

Vemos assim toda a narrativa em uma nova perspectiva. Ela não é a simples exposição de uma ação, mas a história do conflito entre duas ordens: a do livro e a do seu contexto social. Em nosso caso até seu desenlace, *Les liaisons dangereuses* estabelece uma nova ordem, diferente da do meio exterior. A ordem exterior só está presente aqui como um móvel para certas ações. O desenlace representa uma infração a esta ordem do livro e o que o segue nos conduz a esta mesma ordem exterior, à restauração do que estava destruído pela narrativa precedente. A apresentação desta parte do esquema estrutural em nosso romance é particularmente instrutiva: ajudado pelos diferentes aspectos da narrativa, Laclos evita tomar posição a respeito desta restauração. Se a narrativa precedente era conduzida no nível do ser, a narrativa final está inteiramente no parecer. Não sabemos qual é a verdade, conhecemos apenas as aparências; e não sabemos qual é a posição exata do autor: o nível apreciativo está dissimulado. A única moral da qual tomamos conhecimento vem de Mme. de Volanges; ora, como feito a propósito, é precisamente em suas últimas cartas que Mme. de Volanges é caracterizada como uma mulher superficial, privada de opinião própria, mexeriqueira, etc. Como se o autor nos preservasse de conceder confiança demasiada aos julgamentos que ela emite! A moral do fim do livro restabelece Prévan em seus direitos; é esta a moral de Laclos? É esta ambiguidade profunda, esta abertura a interpretações opostas que distingue o romance de Laclos de numerosos romances "bem construídos" e o coloca no nível das obras-primas.

A INFRAÇÃO COMO CRITÉRIO TIPOLÓGICO. Pode-se pensar que a relação entre a ordem da narrativa e a ordem da vida que a cerca não deve ser necessariamente a que se realiza em *Les liaisons dangereuses*. Pode-se supor que a possibilidade inversa existe também: a narrativa que explicita em seu desenvolvimento a ordem existente fora dela, e cujo desenlace introduziria uma ordem nova, precisamente a do universo romanesco. Pensamos, por exemplo, nos romances de Dickens, que apresentam, em sua maioria, a estrutura inversa: ao longo de todo o livro, é a ordem exterior, a ordem da vida que domina as ações dos personagens; no desenlace produz-se um milagre, tal personagem rico revela-se subitamente como um ser generoso, e torna possível a instauração de uma ordem nova. Esta nova ordem – o reino da virtude – só existe evidentemente no livro, mas é ela que triunfa após o desenlace.

Não é entretanto certo que se deva encontrar em todas as narrativas uma infração semelhante. Certos romances modernos não podem ser apresentados como o conflito de duas ordens, mas antes como uma série de variações em gradação, relativas ao mesmo assunto. Assim se apresenta a estrutura dos romances de Kafka, Beckett, etc. Em todos os casos, a noção de infração, como também todas as que concernem à estrutura da obra, poderá servir como critério para uma tipologia futura das narrativas literárias.

Suspendemos aqui nosso esboço de um quadro para o estudo da narrativa literária.

Esperemos que esta pesquisa de um denominador comum às discussões do passado torne as do futuro mais frutíferas.

Fronteiras da narrativa

Gérard Genette
Faculté des Lettres et Sciences Humaines, Paris.

Caso se aceite, por convenção, permanecer no domínio da expressão literária, definir-se-á sem dificuldade a narrativa como a representação de um acontecimento ou de uma série de acontecimentos, reais ou fictícios, por meio da linguagem e, mais particularmente, da linguagem escrita. Esta definição positiva (e corrente) tem o mérito da evidência e da simplicidade; seu inconveniente principal é talvez, justamente, encerrar-se e encerrar-nos na evidência, mascarar aos nossos olhos aquilo que precisamente, no ser mesmo da narrativa, constitui problema e dificuldade, apagando de certo modo as fronteiras do seu exercício, as condições de sua existência. Definir positivamente a narrativa é acreditar, talvez perigosamente, na ideia ou no sentimento de que a narrativa *é evidente*, de que nada é mais natural do que contar uma história ou arrumar um conjunto de ações em um mito, um conto, uma epopeia, um romance. A evolução da literatura e a consciência literária terão tido, entre outras felizes consequências, a de chamar a atenção, bem ao contrário, sobre o aspecto singular, artificial e problemático do ato narrativo. É necessário voltar mais uma vez ao estupor de Valéry diante de um enunciado como "A marquesa saiu às cinco horas". Sabe-se quanto, sob formas diversas e muitas vezes contraditórias, a literatura moderna viveu e ilustrou esse espanto fecundo, como se quis e se fez, em seu fundo mesmo, interrogação, abalamento, contestação do propósito narrativo. Esta questão falsamente ingênua: *por que a narrativa?* – poderia pelo menos incitar-nos a pesquisar, ou mais simplesmente, a reconhecer os limites de certo modo negativos da narrativa, a considerar os principais jogos de oposições por meio dos quais a narrativa se define, se constitui em face das diversas formas da não narrativa.

Diegesis e *mimesis*

Uma primeira oposição é aquela indicada por Aristóteles em algumas frases rápidas da *Poética*. Para Aristóteles, a narrativa (*diegesis*) é um dos dois modos da imitação poética (*mimesis*), o outro sendo a representação direta dos acontecimentos por atores falando e agindo diante do público[1]. Aqui instaura-se a distinção clássica entre poesia narrativa e poesia dramática. Esta distinção estava já esboçada por Platão no 3º livro da *República*, com duas diferenças, a saber, que, por um lado, Sócrates nega ali à narrativa a qualidade (isto é, para ele, o defeito) da imitação, e que por outro lado ele toma em consideração aspectos de representação direta (diálogos) que podem comportar um poema não dramático como os de Homero. Há portanto, nas origens da tradição clássica, duas partições aparentemente contraditórias, em que a narrativa opor-se-ia à imitação, aqui como sua antítese, e lá como um dos seus modos.

Para Platão, o domínio daquilo que ele chama *lexis* (ou maneira de dizer, por oposição a *logos*, que designa o que é dito) divide-se teoricamente em imitação propriamente dita (*mimesis*) e simples narrativa (*diegesis*). Por simples narrativa, Platão compreende tudo o que o poeta narra "falando em seu próprio nome, sem procurar fazer crer que é um outro que fala"[2]: assim, quando Homero no canto I da *Ilíada* nos diz a propósito de Crisés: "Ele tinha vindo às belas naves dos Aqueus, para reaver sua filha, trazendo um imenso

---

1. 1448a.
2. 393a.

resgate e segurando, sobre seu bastão de ouro, as fitas do arqueiro Apolo; e ele suplicava a todos os Aqueus, mas sobretudo aos dois filhos de Atreu, bons estrategistas de guerra"[3]. Ao contrário, a imitação consiste, a partir do verso seguinte, no fato de Homero fazer falar o próprio Crisés, ou, segundo Platão, de falar fingindo ser Crisés, e "esforçando-se para nos dar na medida do possível a ilusão de que não é Homero que fala, mas sim o velho, sacerdote de Apolo". Eis o texto do discurso de Crisés: "Átridas, e vós também, Aqueus de boas grevas, possam os deuses, habitantes do Olimpo, conceder-vos a destruição da cidade de Príamo, e depois vosso retorno sem ferimentos a vossos lares! Mas a mim, restituí minha filha! E para isso, aceitai o resgate que vedes aqui, por consideração ao filho de Zeus, ao arqueiro Apolo". Ora, ajunta Platão, Homero teria podido igualmente prosseguir sua história sob uma forma puramente narrativa, *narrando* as palavras de Crisés em vez de reproduzi-las, o que, para a mesma passagem, teria dado, em estilo indireto e prosa: "O sacerdote, tendo chegado, pediu aos deuses que lhes concedessem a tomada de Troia e os preservassem de morrer em combate, e pediu aos gregos que lhe devolvessem a filha em troca de um resgate, e por respeito ao deus"[4]. Esta divisão teórica, que opõe, no interior da dicção poética, os dois modos puros e heterogêneos da narrativa e da imitação, conduz e funda uma classificação própria dos gêneros, que compreende os dois modos puros (narrativo, representado pelo antigo ditirambo, mimético, representado pelo teatro), mais um modo misto, ou, mais precisamente, alternado, que é o da epopeia, como se acaba de ver pelo exemplo da *Ilíada*.

A classificação de Aristóteles é, à primeira vista, completamente diferente, pois que reduz toda a poesia à imitação, distinguindo somente dois modos imitativos, o direto, que é o que Platão

---

3. *Ilíada*, l, 12-16. Tradução francesa de Mazon.
4. 393e. Tradução francesa de Chambry.

nomeia propriamente imitação, e o narrativo, que Aristóteles denomina, como Platão, *diegesis*. Por outro lado, Aristóteles parece identificar plenamente não só, como Platão, o gênero dramático ao modo imitativo, mas também, sem levar em consideração em princípio seu caráter misto, o gênero épico ao modo narrativo puro. Esta redução pode prender-se ao fato de que Aristóteles define, mais estritamente do que Platão, o modo imitativo pelas condições cênicas da representação dramática. Ela pode justificar-se igualmente pelo fato de que a obra épica, qualquer que seja a parte material dos diálogos ou discursos em estilo direto, e mesmo se esta parte sobrepuja a da narrativa, permanece essencialmente narrativa, visto que os diálogos são aí necessariamente enquadrados e conduzidos pelas partes narrativas que constituem, no sentido próprio, o fundo, ou, caso se queira, a trama de seu discurso. De resto, Aristóteles reconhece em Homero esta superioridade sobre os outros poetas épicos, que ele intervém pessoalmente o menos possível em seu poema, colocando na maior parte das vezes em cena personagens caracterizados, conforme o papel do poeta, que é imitar o mais possível[5]. Desse modo, ele parece bem reconhecer implicitamente o caráter imitativo dos diálogos homéricos e, portanto, o caráter misto da dicção épica, narrativa em seu fundo, mas dramática na sua maior extensão.

A diferença entre as classificações de Platão e Aristóteles reduz-se assim a uma simples variante de termos: essas duas classificações concordam bem sobre o essencial, quer dizer, a oposição do dramático e do narrativo, o primeiro sendo considerado pelos dois filósofos como mais plenamente imitativo que o segundo: acordo sobre o fato, de qualquer modo sublinhado pelo desacordo sobre os valores, pois Platão condena os poetas enquanto imitadores, a começar pelos dramaturgos, e sem exceção de Homero, julgado ainda demasiado mimético para um poeta narrativo, só admitindo na ci-

---

5. 1460a.

dade um poeta ideal cuja dicção austera seria tão pouco mimética quanto possível; enquanto que Aristóteles, simetricamente, coloca a tragédia acima da epopeia, e louva em Homero tudo o que aproxima sua escritura da dicção dramática. Os dois sistemas são, portanto, idênticos, com a única reserva de uma inversão de valores: para Platão como para Aristóteles, a narrativa é um modo enfraquecido, atenuado da representação literária – e percebe-se mal, à primeira vista, o que poderia fazê-los mudar de opinião.

É necessário entretanto introduzir aqui uma observação com a qual nem Platão nem Aristóteles parecem ter-se preocupado, e que restituirá à narrativa todo o seu valor e toda a sua importância. A imitação direta, tal como funciona em cena, consiste em gestos e falas. Enquanto que constituída por gestos, ela pode evidentemente representar ações, mas escapa aqui ao plano linguístico, que é aquele onde se exerce a atividade específica do poeta. Enquanto que constituída por falas, discursos emitidos por personagens (é evidente que em uma obra narrativa a parte de imitação reduz-se a isso), ela não é, rigorosamente falando, representativa, pois que se limita a reproduzir tal e qual um discurso real ou fictício. Pode-se dizer que os versos 12 a 16 da *Ilíada*, citados mais acima, nos dão uma representação verbal dos atos de Crisés, mas não se pode dizer a mesma coisa dos cinco versos seguintes: eles não *representam* o discurso de Crisés: trata-se de um discurso realmente pronunciado, eles o *repetem*, literalmente, e, caso se trate de um discurso fictício, eles o *constituem*, do mesmo modo literalmente; nos dois casos, o trabalho da representação é nulo, nos dois casos, os cinco versos de Homero se confundem rigorosamente com o discurso de Crisés: não acontece evidentemente a mesma coisa com os cinco versos narrativos que precedem, e que não se confundem de nenhuma maneira com os atos de Crisés.

"A palavra *cão*, diz William James, não morde." Caso se chame imitação poética o fato de representar por meios verbais uma realidade não verbal e, excepcionalmente, verbal (como se chama imitação pictural o fato de representar por meios picturais uma realidade não pictural e, excepcionalmente, pictural), é preciso admitir que a imitação encontra-se nos cinco versos narrativos, e não se encontra de modo nenhum nos cinco versos dramáticos, que consistem simplesmente na interpolação, no meio de um texto representando acontecimentos, de um outro texto diretamente tomado a esses acontecimentos: como se um pintor holandês do século XVII, numa antecipação de certos procedimentos modernos, tivesse colocado no meio de uma natureza morta não a pintura de concha de ostra, mas uma concha de ostra verdadeira. Esta comparação simplista foi introduzida aqui para indicar claramente o caráter profundamente heterogêneo de um modo de expressão ao qual nos habituamos tanto, que não percebemos as mais abruptas modificações de registro. A narrativa "mista", segundo Platão, quer dizer, o modo de relação mais corrente e mais universal, "imita" alternativamente sobre o mesmo tom e, como diria Michaux, "sem mesmo ver a diferença", uma matéria não verbal que ela deve efetivamente representar o melhor que puder, e uma matéria verbal que se representa por si mesma, e que se contenta o mais das vezes em *citar*. Caso se trate de uma narrativa histórica rigorosamente fiel, o historiador-narrador deve ser muito sensível à mudança de "regime, quando passa do esforço narrativo na relação dos atos realizados à transcrição mecânica das falas pronunciadas, mas quando se trata de uma narrativa parcial ou completamente fictícia, o trabalho da ficção, que se exerce igualmente sobre conteúdos verbais e não verbais, tem sem dúvida por efeito mascarar a diferença que separa os dois tipos de imitação, dos quais um está, se posso dizê-lo, em crise direta, enquanto que o outro faz intervir um sistema de engrenagens mais complexo. Admitindo (o que é entretanto difícil) que imaginar atos e imaginar falas procedem da mesma operação mental, "dizer" esses atos e dizer essas falas constituem duas operações verbais muito diferentes. Ou antes, só a primeira constitui uma verdadeira operação, um ato de *dicção* no sentido platônico, comportando uma série de transposições e equivalências, e uma série de escolhas inevitáveis entre os elementos da *história* a serem retidos e os elementos a serem abandonados, entre os diversos pontos de vista possíveis, etc. – todas as operações evidentemente ausentes quando o poeta ou o historiador se limita a transcrever um discurso. Pode-se certamente (deve-se mesmo) contestar esta distinção entre o ato de representação mental e o ato de representação verbal – entre o *logos* e a *lexis* –, mas isto significa contestar a própria teoria da imitação, que concebe a ficção poética como um simulacro da realidade, tão transcendente ao discurso que o institui quanto o acontecimento histórico é exterior ao discurso do historiador ou a paisagem representada no quadro: teoria que não faz nenhuma diferença entre ficção e representação, o objeto da ficção se reduzindo por ela a um real fingido e que espera ser representado. Ora, resulta que nesta perspectiva a noção mesmo de imitação sobre o plano da *lexis* é uma pura miragem, que desaparece à medida que nos aproximamos dela: a linguagem só pode imitar perfeitamente a linguagem, ou, mais precisamente, o discurso só pode imitar perfeitamente um discurso perfeitamente idêntico; em resumo, um discurso só pode imitar ele mesmo. Enquanto *lexis*, a imitação direta, é, exatamente, uma tautologia.

Nós fomos assim conduzidos a esta conclusão inesperada, que o único modo empregado pela literatura enquanto representação é o narrativo, equivalente verbal de acontecimentos não verbais e também (como mostra o exemplo forjado por Platão) de acontecimentos verbais, a não ser que ele se apague neste último caso diante de uma citação direta na qual se anula toda função representativa, aproximadamente como um orador judiciário pode interromper seu discurso para deixar o tribunal examinar uma prova concreta. A representação literária, a *mimesis* dos antigos, não é portanto a narrativa mais os "discursos": é a narrativa, e somente a narrativa. Platão oporia *mimesis* a *diegesis* como uma imitação perfeita a uma imitação imperfeita; mas a imitação perfeita não é mais uma imitação, é a coisa mesmo, e finalmente a única imitação é a imperfeita. *Mimesis* é *diegesis*.

Narração e descrição

Mas a representação literária assim definida, se ela se confunde com a narrativa (no sentido lato), não se reduz aos elementos puramente narrativos (no sentido estrito) da narrativa. É preciso agora introduzir de direito, no seio mesmo da *diegesis*, uma distinção que não aparece nem em Platão nem em Aristóteles, e que desenhará uma nova fronteira, interior ao domínio da representação. Toda narrativa comporta com efeito, embora intimamente misturadas e em proporções muito variáveis, de um lado representações de ações e de acontecimentos, que constituem a narração propriamente dita, e de outro lado, representações de objetos e personagens, que são o fato daquilo que se denomina hoje a descrição. A oposição entre narração e descrição, além de acentuada pela tradição escolar, é um dos traços maiores de nossa consciência literária. Trata-se no entanto aqui de uma distinção relativamente recente, da qual seria necessário estudar algum dia o nascimento e o desenvolvimento na teoria e na prática da literatura. Não parece, à primeira vista, que tenha tido uma existência muito ativa antes do século XIX, quando a introdução de longas passagens descritas em um gênero tipicamente narrativo como o romance coloca em evidência os recursos e as exigências do procedimento[6].

Essa persistente confusão, ou despreocupação em distinguir, que indica muito claramente, em grego, o emprego do termo comum *diegesis*, deve-se talvez, sobretudo, ao *status* literário muito desigual dos dois tipos de representação. Em princípio, é evidente-

---

[6]. Encontramo-la, entretanto, em Boileau, a propósito da epopeia: "Sede vivo e apressado em vossas narrações; Sede rico e pomposo em vossas descrições" (Art. Poét. III, p. 257-258).

mente possível conceber textos puramente descritivos, visando a representar objetos em sua única existência espacial, fora de qualquer acontecimento e mesmo de qualquer dimensão temporal. É mesmo mais fácil conceber uma descrição pura de qualquer elemento narrativo do que o inverso, pois a mais sóbria designação dos elementos e circunstâncias de um processo pode já passar por um esboço de descrição: uma frase como "A casa é branca com um telhado de ardósia e janelas verdes" não comporta nenhum traço de narração, enquanto que uma frase como "O homem aproximou-se da mesa e apanhou uma faca" contém pelo menos, ao lado dos dois verbos de ação, três substantivos que, por menos qualificados que estejam, podem ser considerados como descritivos somente pelo fato de designarem seres animados ou inanimados; mesmo um verbo pode ser mais ou menos descritivo, na precisão que ele dá ao espetáculo da ação (basta para se convencer deste fato comparar "empunhou a faca", por exemplo, a "apanhou a faca"), e por conseguinte nenhum verbo é completamente isento de ressonância descritiva. Pode-se portanto dizer que a descrição é mais indispensável do que a narração, uma vez que é mais fácil descrever sem narrar do que narrar sem descrever (talvez porque os objetos podem existir sem movimento, mas não o movimento sem objetos). Mas esta situação de princípio indica já, de fato, a natureza da relação que une as duas funções na imensa maioria dos textos literários: a descrição poderia ser concebida independentemente da narração, mas de fato não se a encontra por assim dizer nunca em estado livre; a narração, por sua vez, não pode existir sem descrição, mas esta dependência não a impede de representar constantemente o primeiro papel. A descrição é muito naturalmente *ancilla narrationis*, escrava sempre necessária, mas sempre submissa, jamais emancipada. Existem gêneros narrativos, como a epopeia, o conto, a novela, o romance, em que a descrição pode ocupar um lugar muito grande, e mesmo materialmente o maior, sem cessar de ser, como por vocação, um simples auxiliar da narrativa. Não existem, ao contrário, gêneros descritivos, e imagina-se mal, fora do domínio didático (ou de ficções semididáticas como as de Júlio Verne), uma obra em que a narrativa se comportaria como auxiliar da descrição.

O estudo das relações entre o narrativo e o descritivo reduz-se portanto, no essencial, a considerar as funções *diegéticas* da descrição, isto é, o papel representado pelas passagens ou os aspectos descritivos na economia geral da narrativa. Sem tentar entrar aqui no detalhe deste estudo, reter-se-á pelo menos, na tradição literária "clássica" (de Homero ao fim do século XIX), duas funções relativamente distintas. A primeira é, de certa forma, de ordem decorativa. Sabe-se que a retórica tradicional classifica a descrição, do mesmo modo que as outras figuras de estilo, entre os ornamentos do discurso: a descrição longa e detalhada apareceria aqui como uma pausa e uma recreação na narrativa, de papel puramente estético, como o da escultura em um edifício clássico. O exemplo mais célebre disso é talvez a descrição do escudo de Aquiles no canto XVIII da *Ilíada*[7]. É sem dúvida neste papel de cenário que pensa Boileau quando recomenda a riqueza e a pompa nesse gênero de trechos. A época barroca ficou marcada por uma espécie de proliferação, do excurso descritivo, muito sensível, por exemplo, no *Moyse sauvé* de Saint-Amant, mas que acabou por destruir o equilíbrio do poema narrativo em seu declínio.

A segunda grande função da descrição, a mais claramente manifestada hoje, porque se impôs, com Balzac, na tradição do gênero romanesco, é de ordem simultaneamente explicativa e simbólica: os retratos físicos, as descrições de roupas e móveis tendem, em Balzac, e seus sucessores realistas, a revelar e ao mesmo tempo a justificar a psicologia dos personagens, dos quais são ao mesmo tempo signo, causa e efeito. A descrição torna-se aqui, o que não

---

7. Pelo menos como a tradição clássica a interpretou e imitou. É preciso notar contudo que a descrição neste caso tende a animar-se e portanto a se narrativizar.

era na época clássica, um elemento maior da exposição: que se pense nas casas de Mlle. Cormon em *La vieille filie* ou de Balthasar Claës em *La recherche de l'absolu*. Tudo isso é não obstante já bem conhecido para que continue insistindo. Notemos somente que a evolução das formas narrativas, substituindo a descrição ornamental pela descrição significativa, tendeu (pelo menos até o início do século XX) a reforçar a dominação do narrativo: a descrição perdeu, sem nenhuma dúvida, em autonomia o que ganhou em importância dramática. Quanto a certas formas do romance contemporâneo que apareceram inicialmente como tentativas de liberar o modo descritivo da tirania da narrativa, não é certo que seja preciso verdadeiramente interpretá-las assim: caso se considere sob este ponto de vista, a obra de Robbe-Grillet apareceria talvez sobretudo como um esforço para realizar uma narrativa (uma história) por meio quase exclusivo de descrições imperceptivelmente modificadas de página em página, o que pode passar ao mesmo tempo por uma promoção espetacular da função descritiva, e por uma confirmação notável de sua irredutível finalidade narrativa.

É necessário observar enfim que todas as diferenças que separam descrição e narração são diferenças de conteúdo, que não têm propriamente existência semiológica: a narração liga-se a ações ou acontecimentos considerados como processos puros, e por isso mesmo acentua o aspecto temporal e dramático da narrativa; a descrição ao contrário, uma vez que se demora sobre objetos e seres considerados em sua simultaneidade, e encara os processos eles mesmos como espetáculos, parece suspender o curso do tempo e contribui para espalhar a narrativa no espaço. Estes dois tipos de discurso podem, portanto, aparecer como exprimindo duas atitudes antitéticas diante do mundo e da existência, uma mais ativa, a outra mais contemplativa e logo, segundo uma equivalência tradicional, mais "poética". Mas do ponto de vista dos modos de representação, narrar um acontecimento e descrever um objeto são duas operações semelhantes, que põem em jogo os mesmos recursos da linguagem. A diferença mais significativa seria talvez que a narração restitui, na sucessão temporal do seu discurso, a sucessão igualmente temporal dos acontecimentos, enquanto que a descrição deve modular no sucessivo a representação de objetos simultâneos e justapostos no espaço: a linguagem narrativa se distinguiria assim por uma espécie de coincidência temporal com seu objeto, do qual a linguagem descritiva seria ao contrário irremediavelmente privada. Mas esta oposição perde muito de sua força na literatura escrita, onde nada impede o leitor de voltar atrás e de considerar o texto, em sua simultaneidade espacial, como um *analogon* do espetáculo que descreve: os caligramas de Apollinaire ou as disposições gráficas do *Coup de dés* só fazem levar ao limite a exploração de certos recursos latentes da expressão escrita. Por outro lado, nenhuma narração, mesmo a da reportagem radiofônica, não é rigorosamente sincrônica ao acontecimento que relata, e a variedade das relações que podem guardar o tempo da história e o da narrativa acaba de reduzir a especificidade da representação narrativa. Aristóteles observa já que uma das vantagens da narrativa sobre a representação cênica é poder tratar diversas ações simultâneas[8]: mas é obrigada a tratá-las sucessivamente, e então sua situação, seus recursos e seus limites são análogos aos da linguagem descritiva.

Parece portanto claro que, enquanto modo da representação literária, a descrição não se distingue bastante nitidamente da narração, nem pela autonomia de seus fins, nem pela originalidade de seus meios, para que seja necessário romper a unidade narrativo-descritiva (a dominante narrativa) que Platão e Aristóteles designaram narrativa. Se a descrição marca uma fronteira da narrativa, é bem uma fronteira interior, e, tudo somado, bastante indecisa: englobar-se-á portanto sem prejuízo, na noção de narrativa, todas as formas da representação literária, e considerar-se-á a

---

8. 1459b.

descrição não como um dos seus modos (o que implicaria uma especificidade de linguagem), porém, mais modestamente, como um de seus aspectos – mesmo sendo este, de um certo ponto de vista, o mais atraente.

Narrativa e discurso

Ao ler-se a *República* e a *Poética*, parece que Platão e Aristóteles reduziram apriorística e implicitamente o campo da literatura ao domínio particular da literatura representativa: *poiesis* = *mimesis*. Caso consideremos tudo o que se encontra excluído do poético por esta decisão, veremos desenhar-se uma última fronteira da narrativa, que poderia ser a mais importante e a mais significativa. Trata-se somente, nada mais nada menos, da poesia lírica, satírica e didática: seja, para só citar alguns dos nomes que um grego dos séculos V ou IV devia conhecer, Píndaro, Alceu, Safo, Arquíloco, Hesíodo. Assim, para Aristóteles, e apesar de que usa o mesmo metro que Homero, Empédocles não é um poeta: "É preciso chamar a um poeta e ao outro físico e não poeta"[9]. Mas certamente Arquíloco, Safo, Píndaro não podem ser chamados físicos: o que possuem em comum todos os excluídos da *Poética* é que sua obra não consiste em imitação, por narrativa ou representação cênica, de uma ação, real ou fingida, exterior à pessoa e à palavra do poeta, mas simplesmente em um discurso mantido por ele diretamente e em seu próprio nome. Píndaro canta os méritos do vencedor olímpico. Arquíloco invectiva seus inimigos políticos, Hesíodo dá conselhos aos agricultores, Empédocles ou Parmênides expõem sua teoria do universo: não há neles nenhuma representação, nenhuma ficção, simplesmente uma fala que se investe diretamente no discurso da obra. Pode-se dizer a mesma coisa da poesia elegíaca latina e de tudo que chamamos hoje muito largamente poesia lírica, e, passan-

---

9. 1447b.

do à prosa, de tudo que é eloquência, reflexão moral e filosófica[10], exposição científica ou paracientífica, ensaio, correspondência, diário íntimo, etc. Todo esse domínio imenso de expressão direta quaisquer que sejam seus modos, seus torneios, suas formas, escapa à reflexão da *Poética* enquanto negligencia a função representativa da poesia. Temos aí uma nova divisão, de uma amplitude muito grande, pois que divide em duas partes de importância sensivelmente igual o conjunto do que chamamos hoje literatura.

Esta divisão corresponde aproximadamente à distinção proposta recentemente por Emile Benveniste[11] entre *narrativa* (ou *história*) e *discurso*, com a diferença que Benveniste engloba na categoria do discurso tudo que Aristóteles chamava imitação direta, e que consiste efetivamente, ao menos por sua parte verbal, em discurso emprestado pelo poeta ou narrador a um de seus personagens. Benveniste mostra que certas formas gramaticais, como o pronome *eu* (e sua referência implícita *tu*), os "indicadores" pronominais (certos demonstrativos) ou adverbiais (como *aqui, agora, hoje, ontem, amanhã*, etc.), e, pelo menos em francês, certos tempos do verbo, como o presente, o passado composto ou o futuro, se encontram reservados ao discurso, enquanto que a narrativa em sua forma estrita é marcada pelo emprego exclusivo da terceira pessoa e de formas como o aoristo (passado simples) e o mais-que-perfeito. Quaisquer que sejam os detalhes e as variações de um idioma a outro, todas estas diferenças se reduzem claramente a uma oposição entre a objetividade da narrativa e a subjetividade do discurso; mas é preciso indicar que se trata no caso de uma objetividade e de uma subjetividade definida por critérios de ordem propriamente linguística: é "subjetivo" o discurso no qual se marca, explicita-

---

10. Como é a dicção que conta aqui, e não o que é dito, excluir-se-ão desta lista, como o fez Aristóteles (1447b), os diálogos socráticos de Platão, e todas as exposições em forma dramática, que se prendem à imitação em prosa.
11. "Les relations de temps dans le verbe français", B.S.L. 1959; reimpresso nos *Problèmes de linguistique générale*, p. 237-250.

mente ou não, a presença de (ou a referência a) *eu*, mas este *eu* não se define de nenhum modo como a pessoa que mantém o discurso, do mesmo modo que o presente, que é o tempo por excelência do modo discursivo, não se define de nenhum modo como o momento em que o discurso é enunciado, sem emprego marcando "a coincidência do acontecimento descrito com a instância do discurso que o descreve"[12]. Inversamente, a objetividade da narrativa se define pela ausência de toda referência ao narrador: "Para dizer a verdade, o narrador não existe mesmo mais. Os acontecimentos são colocados como se produzem à medida que aparecem no horizonte da história. Ninguém fala aqui; os acontecimentos parecem narrar-se a si mesmos"[13].

Temos aí, sem nenhuma dúvida, uma descrição perfeita daquilo que é, em sua essência e em sua oposição radical a toda forma de expressão pessoal do locutor, a narrativa em estado puro, tal como se pode idealmente conceber e tal como se pode efetivamente localizá-la em alguns exemplos privilegiados, como os que o próprio Benveniste toma emprestado ao historiador Glotz e a Balzac. Reproduzimos aqui o extrato de *Gambara*, que analisaremos a seguir em detalhe:

"Após uma volta pela galeria, o rapaz olhou alternativamente o céu e seu relógio, fez um gesto de impaciência, entrou em uma tabacaria, onde acendeu um charuto, colocou-se diante de um espelho, e lançou um olhar a suas roupas, um pouco mais rico do que o permitem em França as leis do gosto. Reajustou seu colarinho e seu colete de veludo negro sobre o qual se cruzava diversas vezes uma dessas grossas correntes de ouro fabricadas em Gênova; então, após haver lançado de um só movimento sobre o ombro esquerdo o casaco forrado de veludo e arrumando-o com elegância,

---

12. "De la subjectivité dans le langage". Op. cit., p. 262.
13. Ibid., p. 241.

retomou seu passeio sem se deixar distrair pelas olhadelas burguesas que recebia. Quando as lojas começaram a se iluminar e a noite lhe pareceu bastante escura, ele se dirigiu para a praça do Palais-Royal como um homem que temia ser reconhecido, pois contornou a praça até a fonte, para ganhar o abrigo dos fiacres à entrada da rua Froidmanteau..."

Neste grau de pureza, a dicção própria da narrativa é de certa forma a transitividade absoluta do texto, a ausência perfeita (deixando de lado algumas infrações às quais voltaremos dentro em pouco), não somente do narrador, mas também da própria narração, pela eliminação rigorosa de qualquer referência à instância de discurso que o constitui. O texto está aí, sob nossos olhos, sem ser proferido por ninguém, e nenhuma (ou quase) das informações que contém exige, para ser compreendida ou apreciada, de ser relacionada com sua fonte; avaliada por sua distância ou sua relação ao locutor e ao ato de locução. Se compararmos um tal enunciado com uma frase como esta: "Eu esperava para escrever a você que tivesse morada fixa. Enfim estou decidido: passarei o inverno aqui"[14], medir-se-á a que ponto a autonomia da narrativa opõe-se à dependência do discurso, cujas determinações essenciais (quem é eu, quem é *você*, que lugar designa *aqui*?) só podem ser decifradas em relação à situação na qual foi produzida. No discurso, alguém fala, e sua situação no ato mesmo de falar é o foco das significações mais importantes; na narrativa, como o diz Benveniste com força, ninguém fala, no sentido de que em nenhum momento temos de nos perguntar *quem fala* (*onde* e *quando*, etc.) para receber integralmente a significação do texto.

Mas é preciso acrescentar logo que as essências da narrativa e do discurso assim definidas não se encontram quase nunca em estado puro em nenhum texto: há quase sempre uma certa proporção

---

14. SENANCOUR. *Oberman*. Carta V.

de narrativa no discurso, uma certa dose de discurso na narrativa. Para dizer a verdade, aqui se esgota a simetria, pois tudo se passa como se os dois tipos de expressão se encontrassem muito diferentemente afetados pela contaminação: a inserção de elementos narrativos no plano do discurso não basta para emancipar este último, pois eles permanecem com maior frequência ligados à referência do locutor, que fica implicitamente presente no último plano, e que pode intervir de novo a cada instante sem que este retorno seja considerado como uma "intrusão". Assim, lemos nas *Mémoires d'outre-tombe* esta passagem aparentemente objetiva: "Quando o mar estava alto e havia tempestade, as ondas, chicoteadas ao pé do castelo, do lado da grande praia, espirravam até as grandes torres. A vinte pés de altura acima da base de uma dessas torres, um parapeito de granito dominava, estreito e escorregadio, inclinado, pelo qual se atingia o revelim que defendia o fosso: tratava-se de pegar o instante entre duas ondas, atravessar o perigoso sítio antes que a onda se quebrasse e cobrisse a torre..."[15] Mas sabemos que o narrador, cuja pessoa foi momentaneamente eliminada durante esta passagem, não foi muito longe, e não ficamos nem surpresos nem embaraçados quando ele retoma a palavra para acrescentar: "Nenhum de *nós* se recusava à aventura, mas *eu* vi crianças empalidecer antes de tentá-lo". A narração não tinha verdadeiramente saído da ordem do discurso na primeira pessoa, que a tinha absorvido sem esforço nem distorção, e sem cessar de ser ele mesmo. Ao contrário, qualquer intervenção de elementos discursivos no interior de uma narrativa é sentida como uma infração ao rigor do partido narrativo. Acontece isto com a breve reflexão inserida por Balzac no texto transcrito acima: "*sua roupa um pouco mais rica do que o permitem em França as leis do bom gosto*". Pode-se dizer o mesmo da expressão demonstrativa "*uma dessas correntes de ouro fabricadas em Gênova*", que contém evidentemente o esboço de uma passagem

---

15. Livro primeiro, cap. V.

no presente (fabricadas corresponde não a *que se fabricavam*, mas sim a *que se fabricam*) e de uma alocução direta ao leitor, implicitamente tomado como testemunha. Dir-se-ia ainda o mesmo do adjetivo "olhadelas *burguesas*" e da locução adverbial "*com elegância*", que implicam um julgamento cuja fonte é aqui visivelmente o narrador; da expressão relativa "*como um homem que temia*", que em latim seria expressa no subjuntivo pela apreciação pessoal que comporta; e enfim da conjunção "pois contornou", que introduz uma explicação proposta pelo autor. É evidente que a narrativa não integra esses enclaves discursivos, justamente chamados por Georges Blin "intrusões do autor", tão facilmente quanto o discurso acolhe os enclaves narrativos: a narrativa inserida no discurso se transforma em elemento do discurso, o discurso inserido na narrativa permanece discurso e forma uma espécie de quisto muito fácil de reconhecer e localizar. A pureza da narrativa, dir-se-ia, é mais fácil de preservar do que a do discurso.

A razão desta dissimetria é de resto muito simples, mas nos designa um caráter decisivo da narrativa: na verdade, o discurso não tem nenhuma pureza a preservar, pois é o modo "natural" da linguagem, o mais aberto e o mais universal, acolhendo por definição todas as formas; a narrativa, ao contrário, é um modo particular, definido por um certo número de exclusões e de condições restritivas (recusa do presente, da primeira pessoa, etc.). O discurso pode "narrar" sem cessar de ser discurso, a narrativa não pode "discorrer" sem sair de si mesma. Mas não pode também abster-se dele sem tombar na secura e na indigência: é porque a narrativa não existe nunca por assim dizer na sua forma rigorosa. A menor observação geral, o menor adjetivo um pouco mais que descritivo, a mais discreta comparação, o mais modesto "talvez", a mais inofensiva das articulações lógicas introduzem em sua trama um tipo de fala que lhe é estranha, e como refratária. Seria preciso, para estudar em detalhe esses acidentes às vezes microscópicos, numerosas e minuciosas análises de textos. Um dos objetivos deste estudo poderia ser o de repertoriar e classificar os meios pelos quais a literatura narrativa (e particularmente romanesca) tem tentado organizar de uma maneira aceitável, no interior de sua própria *lexis*, as relações delicadas que aí entretêm as exigências da narrativa e as necessidades do discurso.

Sabe-se com efeito que o romance nunca conseguiu resolver de maneira convincente e definitiva o problema colocado por essas relações. Ora, como foi o caso da época clássica, em um Cervantes, um Scarron, um Fielding, o autor-narrador, assumindo complacentemente seu próprio discurso, intervém na narrativa com uma indiscrição ironicamente marcada, interpelando seu leitor no tom da conversação familiar; ora, ao contrário, como se vê ainda na mesma época, ele transfere todas as responsabilidades do discurso a um personagem principal que *falará*, isto é, narrará e comentará ao mesmo tempo os acontecimentos, na primeira pessoa: é o caso dos romances picarescos, de *Lazarillo* a *Gil Blas*, e de outras obras ficticiamente autobiográficas como *Manon Lescaut* ou a *Vie de Marianne*; ora ainda, não podendo se resolver nem a falar em seu próprio nome nem a confiar essa tarefa a um só personagem, ele reparte o discurso entre os diversos atores, seja sob a forma de cartas, como fez frequentemente o romance do século XVIII (*La nouvelle Héloise*, *Les liaisons dangereuses*), seja, à maneira mais ágil e sutil de um Joyce ou de um Faulkner, fazendo sucessivamente a narrativa ser assumida pelo discurso interior de seus principais personagens. O único momento em que o equilíbrio entre narrativa e discurso parece ter sido assumido com uma boa consciência perfeita, sem escrúpulo ou ostentação, é evidentemente o século XIX, a idade clássica da narração objetiva, de Balzac a Tolstoi; vê-se ao contrário a que ponto a época moderna acentuou a consciência da dificuldade, até tornar certos tipos de alocução como fisicamente impossíveis para os escritores mais lúcidos e mais rigorosos.

Sabe-se bem, por exemplo, como o esforço para conduzir a narrativa ao seu mais alto grau de pureza levou certos escritores americanos, como Hammett ou Hemingway, a excluir dela a exposição dos motivos psicológicos, sempre difícil de apresentar sem recurso a considerações gerais de natureza discursiva, as qualificações implicando numa apreciação pessoal do narrador, as ligações lógicas, etc., até reduzir a dicção romanesca a essa sucessão brusca de frases curtas, sem articulações, que Sartre reconhecia em 1943 em *L'Etranger* de Camus, e que se pôde reencontrar dez anos mais tarde em Robbe-Grillet. O que se interpretou com frequência como uma aplicação à literatura das teorias behavioristas era talvez somente o efeito de uma sensibilidade particularmente aguda a certas incompatibilidades da linguagem. Todas as flutuações da escritura romanesca contemporânea ganhariam sem dúvida se analisadas sob este ponto de vista, e particularmente a tendência atual, talvez inversa da precedente, e completamente manifestada em um Sollers ou um Thibaudeau, por exemplo, de fazer desaparecer a narrativa no discurso presente do escritor no ato de escrever, no que Michel Foucault chama "o discurso ligado ao ato de escrever, contemporâneo de seu desenvolvimento e encerrado nele"[16]. Tudo se passa aqui como se a literatura tivesse esgotado ou ultrapassado os recursos de seu modo representativo, e quisesse refletir sobre o murmúrio indefinido de seu próprio discurso. Talvez o romance, após a poesia, vá sair definitivamente da idade da representação. Talvez a narrativa, na singularidade negativa que acabamos de lhe reconhecer, seja já para nós, como a arte para Hegel, uma coisa do passado, que é preciso considerar às pressas em sua retirada, antes que tenha desertado completamente nosso horizonte.

---

16. "L'arrière-fable". *L'Arc*, número especial sobre Júlio Verne, p. 6.

Escolha bibliográfica (Dossiê)

A narrativa pertence, em princípio, a uma ciência já constituída, a história literária que, no essencial, entretanto, não foi ainda tratada de um ponto de vista estrutural; por outro lado, a bibliografia do estruturalismo é certamente abundante, mas sem relação direta com a narrativa. Disto resulta que uma bibliografia da análise estrutural da narrativa não pode ser senão muito reduzida, limitada às obras e aos textos já bem conhecidos de Propp (Morphologie du conte), *Dumézil* (La Saga de Hadingus: du mythe au roman), *Lévi-Strauss, Greimas* (Sémantique Structural) *e Bremond ("Le message narratif". In:* Communications, *n. 4), ou infinita, alongada notadamente, perspectiva monstruosa, de tudo que se escreveu sobre o conto, a epopeia, o romance, o teatro, etc. Entre estes dois partidos, escolhemos, com arbitrariedade evidente, mas ao que parece inevitável, apresentar um número modesto de trabalhos, escolhidos durante nossas leituras; esses trabalhos encontram-se todos, às vezes de uma maneira implícita, em razão de sua data, relacionados com o ponto de vista estruturalista. Não é, pois, uma bibliografia que propomos; é, caso se queira, um primeiro dossiê de trabalho.*

As obras que seguem foram escolhidas em comum pela equipe do Centre d'Etudes des Communications de Masse; foram apresentadas por C. Bremond, O. Burgelin, G. Genette e T. Todorov. São apresentadas aqui na ordem aproximada de seu aparecimento. R.B.

LUDWIG, Otto. *Studien* – Gesammelte Schriften, VI. Leipzig, 1891. Em seus estudos sobre o romance, Ludwig esboçou dois grandes tipos de narrativa que chama "a narrativa propriamente dita" e "a narrativa cênica". Na narrativa propriamente dita, o narrador deve levar em conta sua própria representação na obra: ele narra a história segundo a ordem em que a conheceu e "será obrigado a motivar seus conhecimentos sobre a coisa". Ele se pode permitir aqui a análise de seus personagens e das ações destes em seu próprio nome. Na narrativa cênica, o narrador contenta-se em representar a história sem se colocar ele próprio em questão; não tem necessidade "de explicar como chegou a conhecer o que narra". Por estes meios, a narrativa aproxima-se do drama; seu caráter artificial é sentido muito mais fortemente. Existem também diferentes combinações destes dois tipos que só raramente se encontram em estado puro.

BÉDIER, Joseph. *Les fabliaux*. Paris, 1893. Contribuição de Joseph Bédier para uma teoria estruturalista da narrativa foi assim resumida por Propp: "Um exemplo de enfoque válido pode ser tirado dos métodos de Bédier. Ele foi o primeiro a reconhecer que certas relações existem no conto entre termos invariantes e variáveis. Ele tenta esquematicamente dar conta deste fato. Nomeia 'elemento' as unidades constantes e essenciais, simbolizadas pelo signo O. Designa as variáveis pelas letras latinas. O esquema de um conto, desta maneira, escreve-se $\Omega + a + b + c$; o de um outro, $\Omega + a + b + c + n$; o de um terceiro $\Omega + m + l + n$; e assim sucessivamente. Mas esta ideia de partida, essencialmente correta, está destinada ao fracasso pelo fato da incapacidade em que se encontra Bédier de precisar a significação exata do elemento Ω".

PRIEDEMANN, Käte. *Die Rolle des Erzählers in der Epik*. Leipzig: H. Haessel Verlag, 1910. Este livro é o primeiro estudo sistemático sobre o lugar e o papel do narrador na narrativa romanesca. O narrador é descrito como um mediador entre o universo do livro e o leitor, que é determinado pelo ponto de vista que escolheu para observar a ação e no-la contar. "Este ponto de vista... revela-se no papel que este mediador representa ele próprio na narrativa, no lugar no qual ele se coloca segundo tenha tomado conhecimento do que relata como uma realidade ou uma ficção e, enfim, na distância que guarda em face das coisas". A segunda parte do livro discute, a partir da oposição entre o épico e o dramático como modos literários, os diversos meios de que dispõe a narração: descrição, estilo direto e indireto, discurso do autor, comparações e metáforas, etc. O autor propõe igualmente uma tipologia das narrativas, segundo os elementos da ação sejam apresentados "um ao lado do outro" ou "um em seguida ao outro". Vista de conjunto sobre as teorias clássicas da narrativa épica.

LUBBOCK, Percy. *The craft of fiction* (1. ed., 1921). Londres: Jonathan Cape, 1965. O autor desenvolve neste livro a teoria de Henry James sobre os "pontos de vista". Existem dois polos no modo da narração, que chama "cênico" e "panorâmico". No primeiro caso assistimos diretamente a acontecimentos evocados pelo livro; no segundo, sentimos a presença de um narrador que vê mais do que qualquer personagem o faria. A dosagem, a alternância e a lógica destes modos de narração determinam o valor da obra. O autor, ele próprio, mistura frequentemente os pontos de vista descritivo e prescritivo.

LIPS, Marguerite. *Le style indirect libre*. Paris: Payot, 1926. Este livro é um estudo das diferentes formas de discurso das quais dispõe a narrativa: estilo direto, indireto e indireto livre. O autor considera-os como manifestações de duas categorias de base: discurso com um sujeito de enunciação explícito ("a reprodução") ou implícito ("a enunciação"). "A enunciação satisfaz à necessidade de exprimir os fatos, enquanto que a reprodução insiste no sujeito que os concebeu". Os gêneros narrativos são considerados como uma mistura dos dois tipos.

Théorie de la littérature. Paris: Du Seuil, 1965 (Textos dos formalistas russos). Diversos textos desta antologia tratam da teoria da prosa literária, notadamente os de Chklovski (*"La construction de la nouvelle et du roman"*), Tomachevski (*"Thématique"*), Eikhenbaum (*"Sur la théorie de la prose"*), Propp (*"Les transformations des contes fantastiques"*), etc. Diversas noções importantes surgem dos estudos dos formalistas, em particular as de "fábula" ("o que se passou efetivamente") e de "assunto" ("a maneira pela qual o leitor tomou conhecimento daquela"). Mostram a analogia entre os procedimentos estilísticos e os procedimentos de composição; a possibilidade de considerar formas aparentemente distintas como transformações umas das outras, as leis estruturais que opõem o romance à novela, etc. Chklovski esboça igualmente uma tipologia das formas narrativas, assim como as construções "em anel" e "em níveis".

Readings in Russian Poetics (Michigan Slavic Materials, 2). Ann Arbor: University of Michigan, 1962 (em russo). Esta reedição dos textos dos formalistas russos contém extratos de dois dos livros mais importantes que eles dedicaram ao estudo da prosa: *Problèmes de la poétique de Dostoïevski*, de Bakthin, e *Marxisme et philosophie du langage*, de Volochinov. O texto de Bakthin estabelece a existência de três tipos de discurso prosaico: a simples designação; o discurso-objeto (falas dos personagens) e o discurso conotando um outro discurso (todas as espécies de estilização, pastiche e referência a um outro texto). Volochinov estuda as diferentes formas do discurso-objeto: diálogo e monólogo, estilo indireto e indireto livre; esboça uma tipologia (inspirada em Wölfflin) das relações entre a fala dos personagens e a do narrador, que vão do isolamento total à perfeita fusão.

JOLLES, André. *Einfache Formen*. 2ª Aufl. (1ª, 1929). Halle (Salle): Max Niemeyer Verlag, 1956. O autor caracteriza seu próprio trabalho como um estudo morfológico da literatura. Supõe que as formas complexas da narrativa que encontramos, por exemplo, no romance contemporâneo ou clássico, são derivadas de um pequeno número de "formas simples" que não seriam o resultado de uma criação artística, mas que estariam contidas na própria linguagem. Os problemas de composição no romance confundem-se, segundo ele, com os problemas linguísticos da sintaxe. As formas simples que estuda em seu livro são em número de nove; ele tenta dar-lhes uma definição morfológica e explorar-lhes as possibilidades. Se levarmos em conta as modificações que introduziu em sua tese após a publicação do livro, podem-se grupar estas formas da maneira seguinte (postulando-se a existência de dois níveis e de cinco modos diferentes):

Nível	Interrogação	Constatação	Silêncio	Imperativo	Optativo
real	*Fait divers*	*Raconter*	Adivinhação	Ditado	Fábula
ideal	Mito	Informação	*Mot d'espirit*	Lenda	Conto

THIBAUDET, Albert. *Réflexions sur le roman*. Paris: Gallimard, 1938. Nesta coletânea, diversos artigos contêm sugestões concernentes à estrutura da narrativa romanesca. O que caracteriza o enfoque de Thibaudet é o desejo de explicar cada elemento da narrativa pelas relações nas quais entram os outros elementos; assim o papel da intriga no romance psicológico, o das "paixões" no romance de ação, etc. Mas ele não visa absolutamente à construção de um sistema, nem mesmo à elaboração de uma terminologia.

POUILLON, Jean. *Temps et roman*. Paris: Gallimard, 1946. No segundo capítulo da primeira parte, "Les modes de la compréhension" (p. 69-154), Pouillon esboça uma tipologia das visões que pode ter o narrador dos acontecimentos representados. São: a visão "com", a visão "por trás" e a visão "de fora". As duas primeiras são longamente discutidas. Esta separação em três está recortada por uma outra, esta em dois, que opõe a *apresentação à participação* e que se relaciona mais com a reação do leitor, tal como é implicada pelo próprio livro.

MAGNY, Claude-Edmonde. *L'âge du roman américain*. Paris: Seuil, 1948. A partir do exemplo – então particularmente significativo – do romance norte-americano, e por meio de comparações muito esclarecedoras com as técnicas da narração cinematográfica, este livro constitui um dos primeiros estudos publicados na França sobre os diversos procedimentos da narração romanesca: escolha dos pontos de vista, modificações do campo, monólogos interiores, retornos, elipses, encadeamentos, etc. Este livro contribuiu fortemente para reverter sobre a literatura o interesse que a novidade dos meios cinematográficos havia suscitado em torno dos problemas da técnica narrativa.

SOURIAU, Étienne. *Les deux cent mille situations dramatiques*. Paris, 1950. Este livro é o primeiro ensaio sistemático visando a estudar as leis estruturais próprias a um gênero: o drama. Souriau distingue duas noções fundamentais, as funções e as situações. As funções, em número de seis, correspondem às forças que se encarnam nos personagens; assim, o Árbitro, o Oponente, o Representante do bem desejado. Elas representam uma abstração em relação aos personagens, "peões reais sobre o tabuleiro teatral", que podem acumular diversas funções ou desdobrar uma mesma função. As *situações*, em número de 210.441, "é a figura estrutural desenhada, num momento dado da ação, por um sistema de forças" (pelas funções dramáticas). Mas o autor ocupa-se pouco da sucessão formada por essas numerosas situações, e concentra sua atenção sobre as funções que são aproximadas igualmente dos signos astrológicos.

BLIN, Georges. *Stendhal et les problèmes du roman*. Paris: Corti, 1954. O autor estuda, no caso particular da obra de Stendhal, as condições e os limites do "realismo" na representação romanesca. Uma primeira parte é consagrada à estética teórica do romance-espelho segundo Stendhal. Uma segunda parte trata das *restrições de campo*, isto é, da maneira pela qual Stendhal, nisto precursor do romance moderno, "relativiza" sua narrativa fazendo-a manter-se tão frequentemente quanto possível no ângulo de visão de tal ou tal personagem, e entrecortando-a de monólogos interiores. Assim, *Le Rouge* é inteiramente narrado do ponto de vista de Julien, *La Chartreuse* divide-se entre os quatro heróis. A terceira parte trata das *instruções do autor*, isto é, das passagens em que Stendhal intervém em pessoa em sua narrativa, seja para dar garantia de sua autenticidade, seja para assegurar ostensivamente o domínio sobre ela, seja enfim para engajar um diálogo direto com o leitor e dar-lhe sua opinião, real ou fingida, sobre os sentimentos ou a conduta de seus heróis. Aprovação deste procedimento como meio de expressão desenvolto do egotismo stendhaliano, e limites que ele impõe ao realismo romanesco. Comparações frequentes com outros autores dão a este estudo um interesse que ultrapassa o quadro estrito da obra de Stendhal.

CURTIUS, Ernst Robert. *La littérature européenne et le Moyen Age latin*. Paris: PUF, 1956. Neste livro, balanço da tradição latina e grega na civilização ocidental, Curtius faz a súmula da herança retórica. Uma grande parte desta herança concerne diretamente à narrativa: notadamente as partes sobre os gêneros, sobre o herói, sobre os tropos etc. Excelente ponto de partida para o conhecimento do pensamento teórico sobre a narrativa até o século XVIII.

KAYSER, Wolfgang. "Wer erzählt den Roman?" In: *Die Vortragsteise, Studien zur Literatur*. Berne: Francke Verlag, 1958, p. 82-101. Sobre o estatuto do narrador numa narrativa romanesca. Kayser distingue o narrador tanto do autor quanto de uma representação do narrador na própria narrativa (enquanto personagem): de fato, o romance narra-se a si próprio. Observações originais e preciosas sobre a imagem do leitor, inerente à obra, e sobre sua interdependência com a imagem do narrador.

ROUSSET, Jean. *Forme et signification* – Essais sur les structures littéraires de Corneille à Claudel. Paris: José Corti, 1962. Em seus estudos sobre as estruturas literárias, Rousset dá numerosas sugestões sobre a construção da narrativa, sem todavia preocupar-se em sistematizá-las. Ver, por exemplo, seu estudo das visões (dos "pontos de vista") em *Madame Bovary*, suas observações sobre o romance epistolar, etc.

HARRIS, Zellig S. Discourse Analysis *Reprints*. Papers in *Formal Linguistics*, 2. Haia: Mouton, 1963. Este livrinho reúne vários estudos de Harris sobre a estrutura formal do enunciado. Seu método consiste em procurar, sem recorrer ao sentido, classes de equivalência (compostas de morfemas, palavras ou sintagmas) e em estudar sua distribuição no enunciado. Trata-se, pois, de uma descrição puramente relacional e imanente. O resultado final é a atestação de um certo tipo de estrutura formal. Como mostra o exemplo literário analisado (uma narrativa sob forma de fábula), esta estrutura formal coincide muito exatamente com a estrutura semântica da narrativa.

ECO, Umberto. *Apocalittici e integrati* – Comunicazioni di massa e teorie della cultura di massa. Milão: Bompiani, 1964. Coletânea de ensaios dos quais diversos concernentes à narrativa nos *mass media* e na literatura ocidental. São abordados em particular a "linguagem" das histórias em quadrinhos ("Lettura di Steve Canyon"); os diferentes aspectos da noção de tipo ("L'uso pratico del personaggio"); os caracteres próprios do mito numa civilização do romance ("Il mito di Superman").

BUTOR, Michel. *Répertoire II*. Paris: De Minuit: 1964. Vários artigos reunidos nesta coletânea tratam das propriedades formais da prosa literária. Dois textos teóricos devem ser retidos: "Recherches sur la technique du roman", um programa para estudos futuros, que trata da função da narrativa na sociedade; e "L'Usage des pronoms personnels dans le roman" que explora os diferentes tipos de representação por meio dos pronomes pessoais.

BENVENISTE, Émile. *Problèmes de linguistique générale*. Paris: Gallimard, 1966. Na quinta parte desta coletânea de artigos, "L'Homme dans la langue", Benveniste explora as propriedades linguísticas do discurso em geral. Sem tratar diretamente da narrativa, colocava várias noções de uma importância capital para a teoria da narrativa. Assim, a existência de dois planos de enunciação, o do discurso e o da história. Na história, "trata-se da apresentação de fatos acontecidos em um certo momento do tempo sem nenhuma intervenção do locutor na narrativa". O discurso, ao contrário, é definido como "toda enunciação supondo um locutor e um ouvinte, e no primeiro a intenção de influenciar o outro de alguma maneira". Outra categoria importante, a da pessoa: "as três pessoas" tradicionais são consideradas como formadas com base em duas correlações, a da personalidade e a da subjetividade. O estatuto dos verbos performativos é estudado em dois artigos: "De la subjectivité dans le langage" e "La philosophie analytique et le langage".

"Structural models in folklore" – Nota sobre uma pesquisa em curso

Queríamos enfim assinalar aqui uma pesquisa cuja atualidade e parentesco com as que são objeto deste número de Communications *nos marcaram. A nota seguinte comporta duas partes. A primeira foi estabelecida pela equipe do CECMAS e resume um artigo publicado com o tí-*

tulo "Structural Models in Folklore", in Midwest Folklore, *12 (3), Indiana University, 1962. A segunda deve-se a Pierre e Elli Maranda e indica os desenvolvimentos ulteriores de seus trabalhos.*

I

Em Structural Models in Folklore, Elli-Kaija Köngäs e Pierre Maranda procuram verificar, sobre textos diversos e materiais folclóricos, a fórmula proposta por C. Lévi-Strauss para o estudo dos mitos: "Parece desde o presente uma aquisição que todo mito (considerado como o conjunto de suas variantes) é redutível a uma relação canônica do tipo: F x (*a*): F y (*b*) ... F x (*b*): F *a* – 1 (*y*), na qual dois termos *a* e *b* sendo dados simultaneamente assim como duas funções, *x* e *y*, destes termos, coloca-se que uma relação de equivalência existe entre duas situações, definidas respectivamente por uma inversão *dos termos* e das *relações*, sob duas condições: 1) que um dos termos seja substituído por seu contrário (na expressão acima: a e a-1); 2) que uma inversão correlativa se produza entre o *valor de função* e o *valor de termo* de dois elementos (acima: *y* e *a*) (1)[1].

Sabe-se que, segundo Lévi-Strauss, o pensamento mítico tem por tarefa específica operar uma mediação entre termos irredutivelmente opostos. Este processo poderia relacionar-se com o modelo da conciliação de contrários por meio de um mediador, que outros pesquisadores consideram como o impulso constante dos processos simbólicos. A análise estrutural deveria desde então começar pela procura no texto a interpretar dos pares de termos opostos e de um mediador capaz de sobrepujar sua oposição. O processo mediador pode, a grosso modo, relacionar-se com uma metáfora, mas uma tal redução não satisfaz, entretanto, nem às exigências do material analisado, nem à fórmula de Lévi-Strauss, na medida em que esta última exprime o processo mediador segundo

---

1. *Anthropologie structurale*. Paris: Plon, 1958, p. 222-253.

um esquema "não linear" inacessível à simples analogia. Esta, com efeito, exprime-se sob a forma: A:B::B:C, o que se lê "A está para B assim como B está para C". A fórmula de Lévi-Strauss deve ser compreendida como a figuração de um processo mediador em que o desenvolvimento dinâmico dos diversos papéis é mais exatamente expresso do que em um modelo analógico. Nesta fórmula, *(b)* representa o mediador ou termo médio, isto é, um símbolo capaz de incluir dois opostos $fx \subset (b) \subset fy$ *(a)* representa o primeiro termo que exprime, em ligação com o contexto sócio-histórico, o polo negativo ou elemento dinâmico (especificando a função *fx*). A outra função, exprimindo o polo positivo, *fy*, oposto ao primeiro, especifica a primeira manifestação de *(b)*. Assim, *(b)* é alternativamente especificado por duas funções que ele mediatiza.

Além disso, a fórmula de Lévi-Strauss é "não linear", isto é, ela implica uma permutação dos papéis (ou funções) e dos termos: *(a)*, que é primeiramente dado como termo, torna-se uma vez invertido *a-1*, um signo de função; *y*, inicialmente dado como signo de função, torna-se do mesmo modo (*y*), isto é, um termo que figura o resultado final do processo. Esta permutação é necessária segundo a interpretação de Elli Köngäs e Pierre Maranda, para dar conta dos modelos estruturais nos quais o resultado final não representa somente um retorno cíclico ao ponto de partida após a anulação da força perturbadora, mas uma subida em espiral, uma nova situação diferente da primeira, não somente porque a suprime, mas porque faz mais do que suprimi-la. Em outros termos, se um personagem dado *(a)* se caracteriza por uma função negativa *fx* (e torna-se assim um "bandido") enquanto que um outro personagem *(b)* se caracteriza por uma função positiva *fx* (e torna-se assim um "herói"), *(b)* é suscetível de assumir, por sua vez, a função negativa (lutando contra o bandido). O processo conduz a uma "vitória" tanto mais completa quanto resulta da ruína do termo *(a)* e consagra definitivamente o valor positivo *(y)* do resultado final.

Escolha bibliográfica (Dossiê)

Lévi-Strauss utiliza sua fórmula para dar conta das relações que existem entre a série completa das variantes de um mesmo mito e o contexto sócio-histórico do qual se originaram. Isto leva a considerar que o mito é constituído, não somente pelo conjunto de suas variantes acessíveis, mas ainda por todas as variantes da contrapartida sócio-histórica do mito. Este último ponto não está nitidamente estabelecido por Lévi-Strauss, mas aparece como a consequência inelutável da interação entre sub e superestruturas que este autor sublinha tão vigorosamente. Esta consideração conduziu Elli Köngäs e Pierre Maranda, de um lado, a estender a aplicação da fórmula ao conjunto do folclore e, de outro, a restringir esta aplicação a variantes representativas.

No curso do trabalho, eles descobriram logo que sua interpretação desta fórmula não convinha senão a certos tipos de textos, aqueles nos quais o resultado final traduz uma permutação ou, com outras palavras, aqueles nos quais o termo médio conseguia operar a mediação. Não era possível, com efeito, que todos os textos construídos sobre uma oposição inicial indicassem a possibilidade de um processo mediador; e, além disso, encontram-se casos em que o mediador fracassa. Estas constatações conduzem a estabelecer a série de modelos seguintes, indo do mais simples ao mais complexo:

- ausência do mediador (modelo I),
- fracasso do mediador (modelo II),
- sucesso do mediador: anulação da tensão inicial (modelo III),
- sucesso do mediador: reviravolta da tensão inicial (modelo IV).

Diversos exemplos, tirados de mitos, de sagas, de baladas populares, mas também de poemas líricos (um soneto Cheremis), de encantações, de adivinhações, de superstições tomadas de folclores diversos, ilustram o campo de aplicação destes modelos. Em conclusão, os autores propõem as distinções genéricas seguintes:

Escolha bibliográfica (Dossiê)

Gêneros	Líricos	Narrativo	Ritual
Disposição inicial:	Não resolvida	Resolvida na própria narrativa	Resolvida pela cooperação do emissor e do destinatário
Intriga:	Inexistente	Existente	
Mediação:	Não procurada	Encontrada na intriga	Encontrada fora da intriga por uma ação exterior
Níveis	Objetivo	Objetivo	Objetivo depois subjetivo

II

Na intenção dos autores, *Structural Models in Folklore* só representava uma redação provisória. Este primeiro esboço devia ser refundido e desenvolvido em uma obra mais considerável. A sequência de nossas pesquisas conduziu-nos entretanto a novos procedimentos analíticos e obrigou-nos a deixar para mais tarde a reformulação de nosso enfoque. As quatro direções que se seguem marcam uma etapa. Um reagrupamento sistemático só será possível em um futuro ainda muito afastado.

1) *Experimentação*. Elli Köngäs Maranda utilizou os quatro modelos estruturais em testes de conservação das estruturas da narrativa. No quadro de uma experiência conduzida no Harvard Center for Cognitive Studies e inspirando-se nos métodos de Piaget em psicologia genética do conhecimento, ela escolheu contos folclóricos americanos, uns do tipo III, outros do tipo IV. Estes contos eram narrados a crianças de cinco a doze anos que deviam repeti-los, seja à experimentadora, seja a outras crianças da mesma idade (em cadeias de oito a dez malhas). Estas sessões eram registradas em fita magnética.

Os resultados obtidos podem sumariamente resumir-se como segue: as crianças de menos de sete anos não conservam nenhuma estrutura e só repetem elementos descontínuos; os de menos de dez anos reduzem os modelos III e IV a modelos I e às vezes II; enfim os de mais de dez anos retêm o caráter próprio de cada modelo (cf. Elli Köngäs Maranda, 1964).

2) *Aplicações etnográficas*. Os autores e outros pesquisadores (em artigos a serem publicados) examinaram a repartição dos quatro modelos em diferentes sociedades, a fim de saber se um ou outro tipo estrutural domina nesta ou naquela e se este enfoque pode ser utilizado como uma rede de classificação pelo etnólogo. Muito poucas análises foram já conduzidas em *corpus* suficientemente grandes para que se tenham resultados concludentes. Dois casos entretanto parecem claros: enquanto que o modelo IV domina o folclore europeu (em uma perspectiva "capitalista" em que o resultado é um benefício individual), o modelo III é aí raro (no conto popular francês, por exemplo, este modelo reduz-se quase exclusivamente às narrativas cujos heróis são femininos), e os modelos II e I são aí excepcionais. A mitologia esquimó, ao contrário, acusa os modelos II e III, o modelo IV sendo aí muito raro (cf. MARANDA, E.,1965, 1966a, 1966b; MARANDA, P. 1966d).

3) *Sintagmas metafóricos*. A análise de sintagmas constituídos pela interseção de dois conjuntos paradigmáticos formando metáfora abre uma outra pista. Desvios diferenciais no seio dos conjuntos paradigmáticos marcam com efeito o que se poderia denominar os "entalhes" de um mostrador semântico (em geral metonímias). Quando as zonas de dois conjuntos paradigmáticos interferem, uma metáfora toma forma, ligando os dois polos por um eixo. Assim, no soneto de Baudelaire, analisado por Lévi-Strauss e Jakobson, o conjunto paradigmático / natureza / gira e para no entalhe "árvore", enquanto que o conjunto paradigmático / templo / para no entalhe "coluna". Obtém-se a interseção: "a natureza é um templo".

Este gênero de sintagmas metafóricos no nível da narrativa preside os sistemas de metamorfoses que se encontram nos mitos e permite esclarecer seu mecanismo.

Não resta dúvida de que o enfoque metafórico, linear, não parece poder ser útil para formalizar os processos de inversão, não lineares, tão importantes em mitologia.

4) *Análise automática*. Seria demasiado longo entrar em uma descrição, mesmo muito sumária, dos procedimentos de análise em ordenadores desenvolvidos depois de *Structural Models in Foklore*. Remetemos, pois, às exposições e discussões pertinentes (P. Maranda em Dundes, Leach, Maranda e Maybury-Lewis, 1966; P. Maranda, 1966a, 1966c, 1966d). Basta mencionar nesta nota que a pesquisa de categorias binárias no início da análise – tal como está sugerida em Structural Models – revelou-se inadequada e que procedimentos quantitativos e qualitativos mais refinados foram desenvolvidos (sobre a importância teórica e prática desta questão, cf. Leach, 1961: cap. I).

Os ordenadores não procuram, pois, localizar desvios diferenciais mas descrevem logo os documentos em termos quantitativos e distribucionais por um lado, para em seguida abstrair deles a estrutura circunstancial. Estas últimas saídas são ainda elementares e procedimentos mais possantes serão desenvolvidos. Todavia, os resultados já obtidos permitem separar rápida e economicamente os traços estruturais de diferentes mitos. Desvios diferenciais revelam-se então ao analista, mas antes emergem no fim da análise do que são aí procurados no início.

Referências

DUNDES, A.; LEACH, E.R.; MARANDA, P.; MAYBURY- LEWIS, D. (1966). "An Éxperiment in Structural Analysis". In: *Structural Analysis of Oral Tradition*. Editado por P. e E. Maranda.

LEACH, E.R. (1961). *Rethinking Anthropology*. Londres.

LÉVI-STRAUSS, C. (1964). *Le cru et le cuit*. Paris.

Escolha bibliográfica (Dossiê)

MARANDA, E. (1966a). "What does a myth tell about society?" *Radcliffe Institute Seminars.* Cambridge.

_____ (1966b). "Two tales of orphans". *Radcliffe Seminars.* Cambridge.

_____ (1965). "Art and myth as teaching materials". *Occasional Paper*, n. 5. Cambridge: Educational Services Incorporated.

_____ (1964). "Compte rendu de recherches". In: *Annual Report.* Cambridge: Harvard Center for Cognitive Studies.

MARANDA, P. (1966a). "Computers in the Bush: Tools for the automatic analysis of myths". *Proceedings of the Annual Meetings of the American Ethnological Society.* Filadélfia.

_____ (1966b). "Analyse quantitative et qualitative de mythes sur ordinateurs". *Actes des Journées Internationales d'Etudes sur les Méthodes de Calcul dans les Sciences de l'Homme.* Roma.

_____ (1966c). "Formal analysis and intra-cultural studies". *Proceedings of the International Symposium on Cross-Cultural Research Tools in Social Anthropology.* Paris.

_____ (1966d). "Of bears and spouses: The ethnographic bearing of transformations rules". In: *Structural analysis of oral tradition.* Editado por P. e E. Maranda.

VOZES NAS
Letras e Literatura

EDITORA VOZES